本書是二〇一七年江蘇省社會科學基金重大項目
“江蘇區域文化內涵和特徵研究”（項目編號：17ZD008）成果之一

黃橋歷史文化叢書

黄橋鎮表徵

何振 編

鳳凰出版社

圖書在版編目（CIP）數據

黄橋鎮表微 / 何振編. -- 南京 : 鳳凰出版社,
2020.9
（黄橋歷史文化叢書）
ISBN 978-7-5506-3231-8

Ⅰ. ①黄… Ⅱ. ①何… Ⅲ. ①黄橋鎮－概況 Ⅳ.
①K295.35

中國版本圖書館CIP數據核字(2020)第154175號

書名	黄橋鎮表微
編者	何 振
書名題簽	陳仲明
責任編輯	徐珊珊
裝幀設計	陳貴子
出版發行	鳳凰出版社(原江蘇古籍出版社) 發行部電話025-83223462
出版社地址	江蘇省南京市中央路165號,郵編:210009
出版社網址	http://www.fhcbs.com
照排	南京凱建文化發展有限公司
印刷	蘇州市越洋印刷有限公司 江蘇省蘇州市吴中區南官渡路20號,郵編:215104
開本	850毫米×1168毫米 1/32
印張	10
字數	187千字
版次	2020年9月第1版
印次	2020年9月第1次印刷
標準書號	ISBN 978-7-5506-3231-8
定價	68.00圓

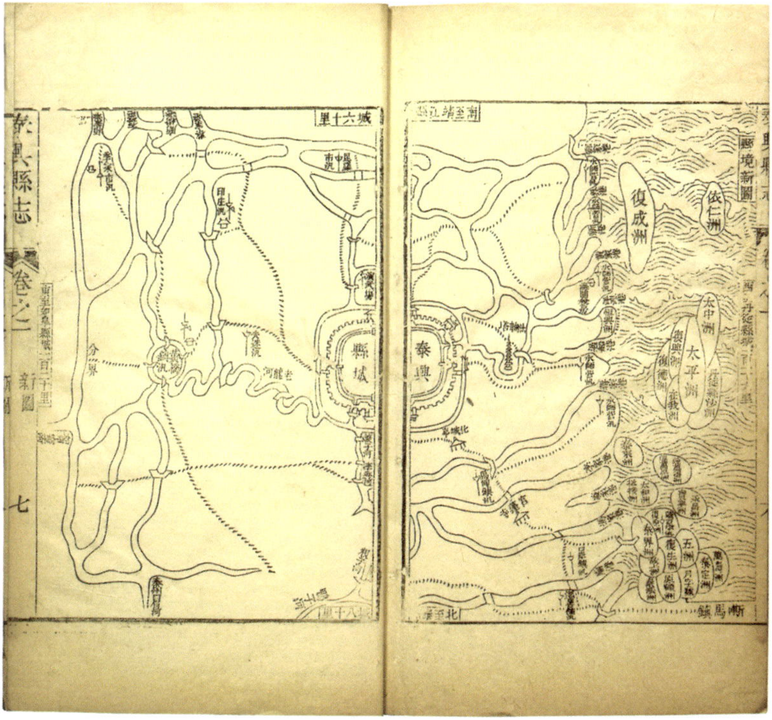

嘉慶《重修泰興縣志》卷一《縣境新圖》
清嘉慶十八年刻本，南京圖書館藏

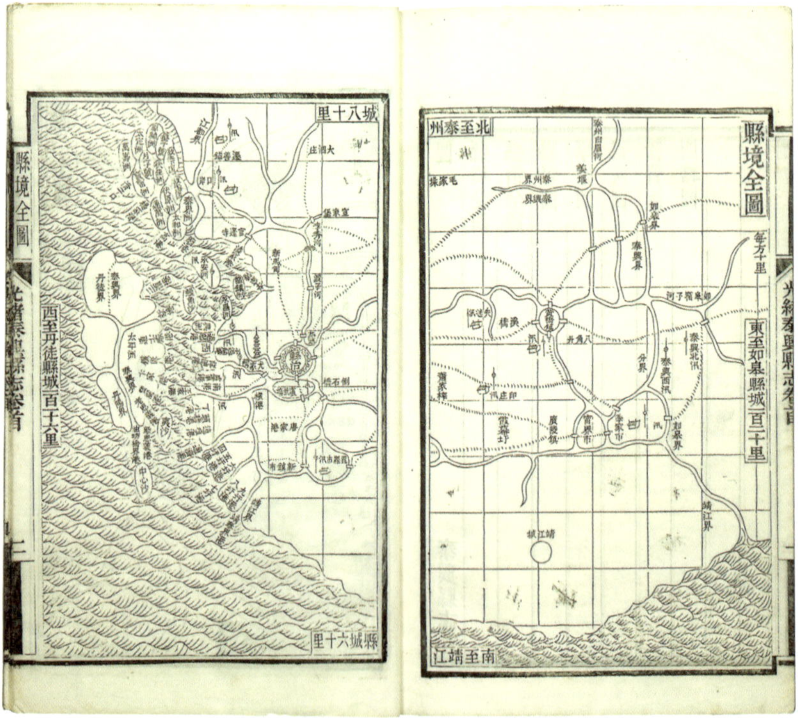

光緒《泰興縣志》卷首《縣境全圖》
清光緒十二年刻本，南京圖書館藏

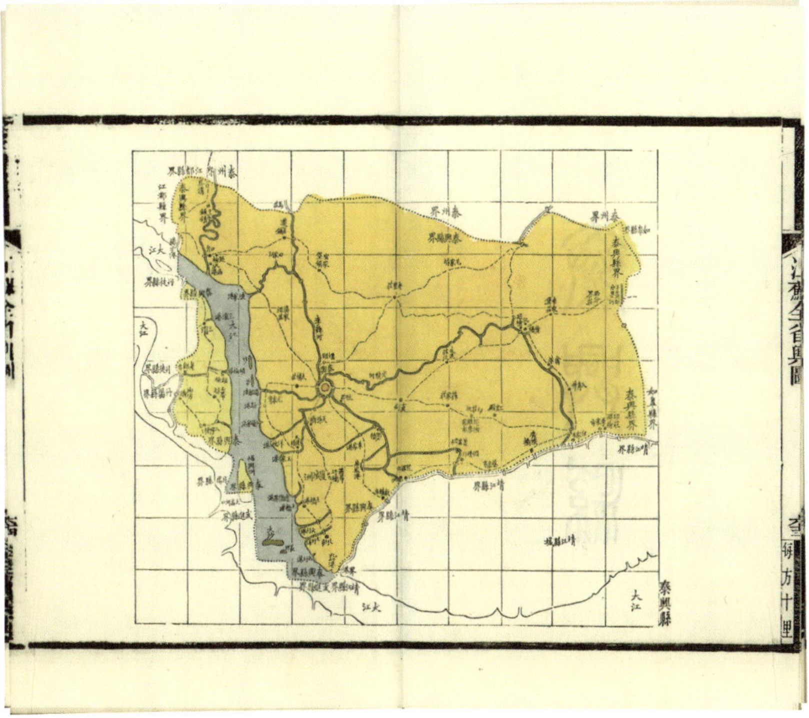

《江蘇全省輿圖·泰興縣圖》
清光緒二十一年刻本，南京圖書館藏

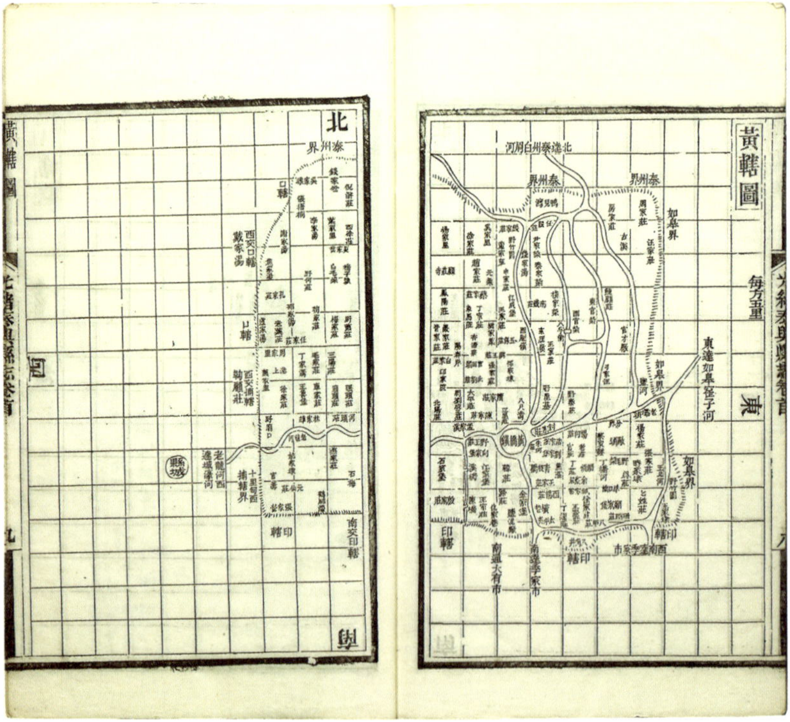

光緒《泰興縣志》卷首《黃轄圖》
清光緒十二年刻本，南京圖書館藏

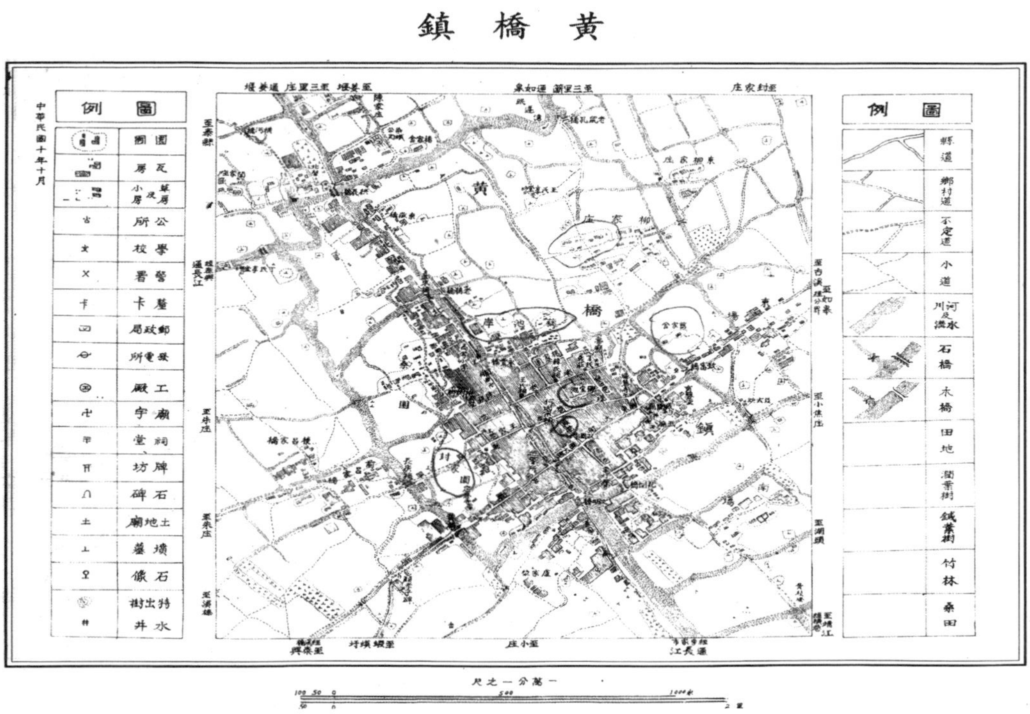

黃橋鎮圖

民國十年寫本，載《黃橋歷史文化研究》總第一三期，二〇一四年

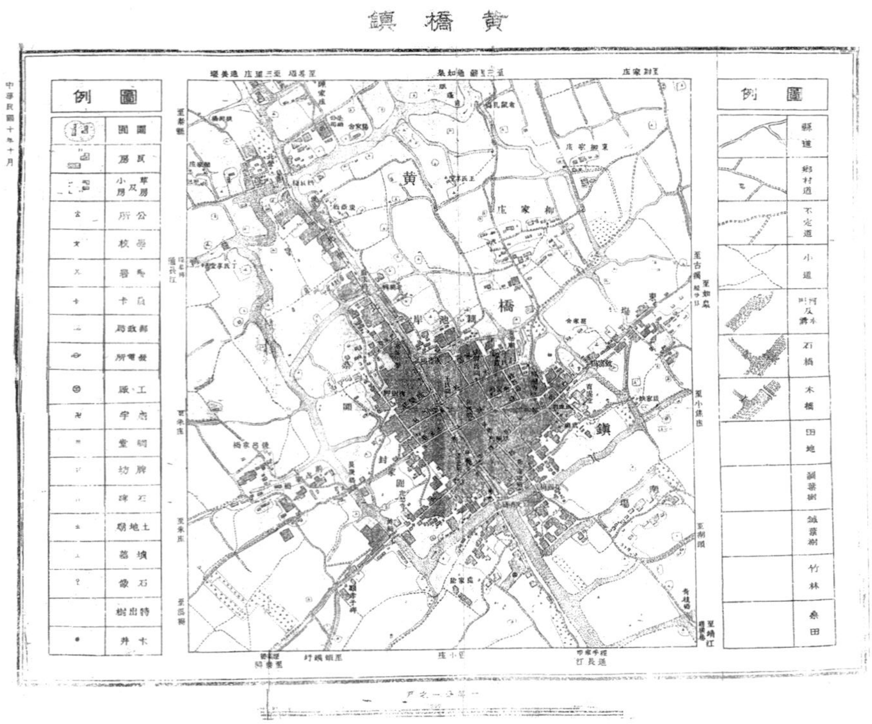

黄橋鎮圖
民國十年寫本，丁正祺先生提供

目次

卷四

卷五

卷六

卷七

卷八

卷九

卷十

例言

一、是編爲網羅黄橋鎮放佚舊聞而作。何萱泰興縣志略有表微類，因以顔曰黄橋鎮表微。

二、上溯不一，定於文獻。下迄宣統三年，間至民國十年。

三、圖録分輿圖一門。輿圖輯有「黄橋」者。本欲仿國家清史體例，廣徵博録，依類分排，力不足也。

四、地理分界域、河渠、橋梁、街巷、村落、道路、園囿、宅墓八門。河渠述清末民初之形，橋梁、街巷、村落、道路四門皆述民國十年黄橋鎮圖所載，道路祇述出鎮外者，宅墓輯泰興諸志所載。

五、建置分沿革、人口、保甲、公署、營汛五門。

六、社會分學校、義宇、廟宇、祠堂、表坊五門。

七、風土分物産、諺言二門。此篇以家祖母所詁爲本。祖母，鎮北三里莊人，生於民國二十八年，一九五七年適鎮東西官莊。所詁或非鎮情，未必不能爲也。

八、經濟分市集、工商、賦税、額俸四門。工商不輯今人著述，因時過境遷，偶有誤記。

九、職官分黄橋巡檢司巡檢、黄橋市自治職員、泰興營右哨把總三門。泰興營右哨把總乾隆八年始調駐此鎮，今備録存之。申報載黄橋卡緝私分巡委員，兹不録焉。

十、選舉分貢生、舉人、進士、材勇、薦辟、應例、學校畢業、軍校畢業八門。有傳者不注出處，家譜今存者不詳世系，學校、軍校二門不注職位。

十一、人物輯方志有傳者。僅見泰興諸志者仍之，否則重新輯擬。卒於宣統三年之後者無傳，舊志已載則不拘此例。光緒泰興縣志所省姓氏徑補。清人以順康、雍乾、嘉道、咸同、光宣爲序，以家族爲類。選舉、人物寧缺不濫。

十二、藝文分著述、詩歌、文章、小説、金石五門。著述輯鎮人所撰，無論存佚。惟譜牒屢經修纂，故祇輯今存者。丁文江著述斐然，雖未立傳，於此不得不采輯搜尋。詩歌、文章、小説三門皆輯言及「黄橋」或其事物者，文牘繫於各條之後。金石輯此鎮今存舊有之器物銘文。

十三、是編前有「徵引文獻」，以便檢核。

十四、正文後繫校勘、援引、考異。校勘多爲他校，祇校異文，不校異體字。所記大同小異者不盡輯録。附會訛誤者不加考辨，不予徵存。

十五、正文之全引他書者不加引號，半引用半自擬者置引文於引號内，末皆注明出處。

全爲自擬者無引號，不注出處，注則冠以「據」字。注文先明出處，引文置於引號内或另行移録。書名簡稱詳「徵引文獻」。

十六、引文之據文意補出者置於六角括號内。原缺字以空圍代之，缺字數同空圍數，字數無考者識以「（缺）」。簡化字、異體字等改爲規範繁體字，缺筆避諱字徑補，「己已巳」「未末」「千干」「戊戌」等習見因字形而誤者隨文改正，舊字形改爲新字形。

十七、是編使用全式標點，缺字多者、行款特殊者不畫專名綫。

十八、自擬文字，言「今」指編寫之時，所用度量衡爲今制，方位里程據民國十年黄橋鎮圖或「國家地理信息公共服務平臺」網站。

十九、前修時賢之教正，皆隨書名氏，用申謝忱，勿敢掠美。

徵引文獻

新唐書　宋歐陽修、宋祁撰，一九七五年中華書局排印本。

宋史　元脱脱等撰，一九八五年中華書局排印本。

明史　清張廷玉等撰，一九七四年中華書局排印本。

清史稿　趙爾巽等撰，一九七七年中華書局排印本。

以上史部正史類

資治通鑑　宋司馬光編著，元胡三省音注，一九五六年中華書局排印本。

明實録　臺北「中央研究院歷史語言研究所」校印本。

清實録　中華書局影印本。

以上史部編年類

弇山堂别集　明王世貞撰，景印文淵閣四庫全書本。

以上史部雜史類

鄭端簡公奏議　明鄭曉撰，續修四庫全書第四七六至四七七册影印明隆慶項氏萬卷堂刻本。

以上史部詔令奏議類

孝順事實　明朱棣撰，書目文獻出版社北京圖書館古籍珍本叢刊第一四册影印明永樂十八年内府刻本。

延令丁氏重修家乘十四卷　丁焕文修，楊鳳奇纂，張定藏民國二十五年步雲堂活字本。

丁氏長年公支譜一卷　丁正祺藏民國丁崇德鈔本。

延令黃橋丁氏重修家乘　一九五五年緑野堂活字本。（丁正祺先生提供）

丁氏楷三房支譜一卷　二十世紀五六十年代丁德溥鈔本。（丁正祺先生提供）

延令王氏重修家乘十卷　清王見恒修，清趙鴻綸纂，清光緒十七年活字本。（王德甫先生提供）

泰興城東尹氏族譜首四卷世系圖二卷年表十六卷　尹文焯、尹積喬修，趙鴻綸纂，民國五年三畏堂活字本。（尹之麗先生提供）

延令吕氏重修族譜八卷　吕元章、吕鴻逵修，韓伯仁纂，張定藏民國八年活字本。

泰興何氏家乘六十卷首一卷　清光緒十九年刻本。（張定先生提供）

洛塘周氏家乘十二卷首一卷附洛塘周氏續修家乘　美國哥倫比亞大學圖書館藏清道光七年硤川清白堂刻光緒十四年增刻本。

延令東永豐鎮閭氏重修家乘六卷　清閭硯田修，清倪瑞堂纂，閭啓文藏清光緒二十五年尚志堂活字本。

武陵小史初編一卷彙編一卷　明顧葉墅等撰，中國國家圖書館藏清鈔本。

武陵宗譜彙編七卷首一卷　清顧步青纂修，上海圖書館藏清嘉慶十八年序刻本。

顧氏族譜　民國二十二年孝禮堂活字本。（何雨生先生提供）

以上史部傳記類

太平寰宇記　宋樂史撰，景印文淵閣四庫全書本。

元豐九域志　宋王存等撰，景印文淵閣四庫全書本。

大明清類天文分野之書　題明劉基等撰，續修四庫全書第五八五至五八六册影印明刻本。

讀史方輿紀要　清顧祖禹撰，續修四庫全書第五九八至六一二册影印稿本。

嘉慶重修一統志　四部叢刊續編影印進呈寫本。

安平縣志　清陳宗石修，清周之翰等纂，二〇〇六年上海書店中國地方志集成河北府縣志輯第五一册影印清康熙患立堂刻本。

南畿志　明聞人詮修，明陳沂纂，二〇一五年鳳凰出版社江蘇歷代方志全書省部第一册影印明嘉靖刻本。

江南通志　清于成龍等修，清張九徵、陳焯等纂，二〇一五年鳳凰出版社江蘇歷代方志全書省部第二至四册影印清康熙刻本。

無錫金匱縣志　清裴大中、倪咸生等修，清秦緗業等纂，一九九一年江蘇古籍出版社中國地方志集成江蘇府縣志輯第二四册影印清光緒七年刻本。

光緒睢寧縣志稿　清侯紹瀛修，清丁顯纂，一九九一年江蘇古籍出版社中國地方志集成江蘇府縣志輯第六五册影印清光緒刻本。

昆新兩縣續修合志　清金吴瀾、丁廷鸞等修，清汪堃、朱成熙纂，一九九一年江蘇古籍出版社中國地方志集成江蘇府縣志輯第一六至一七册影印清光緒刻本。

通州志　明沈明臣纂修，一九六三年上海古籍書店天一閣藏明代方志選刊影印明萬曆刻本。

直隸通州志二十二卷　清王繼祖修，清夏之蓉纂，南京圖書館藏清乾隆刻本。

海曲拾遺六卷　清金榜撰，清徐縉續補，美國哥倫比亞大學圖書館藏清嘉慶二十二年徐氏芸暉閣補刻本。

江南直隸通州志　清顧鴻修，清李琪、楊廷撰纂，二〇一四年國家圖書館出版社中國科學院文獻情報中心藏稀見方志叢刊第五〇至五二冊影印清道光刻本。

通州直隸州志　清梁悦馨、莫祥芝修，清季念詒、沈鍠纂，一九九一年江蘇古籍出版社中國地方志集成江蘇府縣志輯第五二冊影印清光緒刻本。

重修如皋縣志　明謝紹祖纂修，一九九〇年上海書店天一閣藏明代方志選刊續編第一〇冊影印明嘉靖刻本。

如皋縣志　明李廷材等修，明呂克孝等纂，二〇一三年國家圖書館出版社原國立北平圖書館甲庫善本叢書第三〇五冊影印明萬曆刻本。

如皋縣志三十二卷附録一卷　清鄭見龍修，清周植等纂，美國哈佛大學圖書館藏清乾隆刻本。

如皋縣志二十卷首一卷末一卷　劉焕等修，沙元炳、沈文瀚、金鉽纂，如皋市檔案館藏民國排印本。（卷首至卷五）

嘉靖惟揚志　明朱懷幹修，明盛儀纂，二〇一五年廣陵書社揚州文庫第一冊影印明嘉靖刻本。

揚州府志　明楊洵等修，明陸君弼等纂，二〇一五年廣陵書社揚州文庫第一冊影印明萬曆刻本。

揚州府圖説一卷　美國國會圖書館藏明末彩繪本。

江都縣續志　錢祥保等修，桂邦杰纂，二〇一五年廣陵書社揚州文庫第一三册影印民國十五年揚州集賢齋刻本。

續纂泰州志　清胡維藩修，清盧福保纂，二〇一四年鳳凰出版社泰州文獻第三册影印清宣統稿本。

續纂泰州志　韓國鈞、王貽牟纂，二〇一四年鳳凰出版社泰州文獻第三册影印民國三十年程法鈔本。

靖江縣志　清葉滋森修，清褚翔纂，二〇一四年鳳凰出版社泰州文獻第一一至一二册影印清光緒五年刻本。

泰興縣志　明陳繼疇纂，明王稚登修，二〇一四年鳳凰出版社泰州文獻第五册影印明萬曆二十七年序刻本。簡稱「萬曆縣志」。

泰興縣志　清錢見龍、吴樸纂修，二〇一四年鳳凰出版社泰州文獻第五册影印清康熙二十七年序刻乾隆補刻本。簡稱「康熙二十七年縣志」。

泰興縣志　清宋生纂修，二〇一四年鳳凰出版社泰州文獻第五册影印清康熙五十五年序刻本。簡稱「康熙五十五年縣志」。

重修泰興縣志 清凌圻、張先甲修，清張福謙等纂，二〇一四年鳳凰出版社泰州文獻第五册影印清嘉慶十八年刻本。簡稱「嘉慶縣志」。

泰興縣志 清楊激雲修，清顧曾烜纂，二〇一四年鳳凰出版社泰州文獻第六册影印清光緒十二年刻本。簡稱「光緒縣志」。

泰興縣志稿 王元章修，金鉽纂，二〇一四年鳳凰出版社泰州文獻第六册影印南京圖書館藏稿本。簡稱「縣志稿」。

宣統泰興縣志 王元章修，金鉽纂，二〇一四年鳳凰出版社泰州文獻第六册影印民國排印本。宣統泰興縣志分泰興縣志續、泰興縣志補與泰興縣志校，依次簡稱「縣志續」「縣志補」與「縣志校」。

山陰縣志三十八卷 清范其鑄修，清姜希轍纂，中國國家圖書館藏清康熙刻本。

閩書 明何喬遠等撰，四庫全書存目叢書史部第二〇四至二〇七册影印明崇禎刻本。

長樂縣志十卷首一卷 清賀世駿修，清沈成國等纂，中國國家圖書館藏清乾隆二十八年刻本。

興化府莆田縣志三十六卷首一卷 清金皐謝修，清林麟焻、朱元春纂，中國國家圖書館藏清康熙刻本。

武平縣志　清劉昈纂修，清趙良生續纂修，二〇〇〇年上海書店中國地方志集成福建府縣志輯第三四册影印清康熙十一年修三十八年續修民國十九年鍾幹丞排印本。

江西通志　清曾國藩等修，清劉繹等纂，續修四庫全書第六五六至六六〇册影印清光緒七年刻本。

九江府志　明何棐、馮曾修，明李泛纂，一九六二年上海古籍書店天一閣藏明代方志選刊影印明嘉靖刻本。

饒州府志四十卷首一卷　清黃家遴修，清王用佐等纂，中國國家圖書館藏清康熙刻本。

德興縣志　清吳啓新、韓世俊修，清葉友柏等纂，一九八九年成文出版社中國方志叢書華中地方第九二三號影印清康熙刻本。

籌海圖編十三卷　明鄭若曾撰，中國國家圖書館藏明嘉靖刻本。

冬集紀程一卷附詩一卷　清周廣業撰，美國哥倫比亞大學圖書館藏清道光二十年種松書塾刻本。

以上史部地理類

唐六典　唐張九齡等撰，唐李林甫等注，景印文淵閣四庫全書本。

以上史部職官類

唐會要 宋王溥撰，景印文淵閣四庫全書本。

宋會要 清徐松輯，續修四庫全書第七七五至七八六册影印稿本。

重訂賦役成規 明熊尚文等撰，續修四庫全書第八三三册影印明萬曆四十三年刻本。

兩淮鹽法志 清佶山修，清單渠纂，清方浚頤、龐際雲續修，二〇一五年廣陵書社揚州文庫第三二至三三册影印清嘉慶修同治九年揚州書局重刻本。

兩淮鹽法志 清曾國荃等修，清王定安等纂，二〇一五年廣陵書社揚州文庫第三四至三七册影印清光緒三十一年刻本。

以上史部政書類

直齋書録解題 宋陳振孫撰，佚名批校，二〇一七年國家圖書館出版社南京圖書館藏稀見書目書志叢刊第一至三册影印清乾隆浙江刻武英殿聚珍版叢書本。

千頃堂書目 清黃虞稷撰，景印文淵閣四庫全書本。

傳是樓書目 清徐乾學藏，續修四庫全書第九二〇册影印清道光八年劉氏味經書屋鈔本。

四庫全書總目 清永瑢等撰，一九六五年中華書局影印本。

以上史部目録類

封氏聞見記十卷　唐封演撰，中國國家圖書館藏明鈔本。

皇朝仕學規範　宋張鎡編，二〇〇三年北京圖書館出版社中華再造善本影印宋刻本。

戒庵老人漫筆　明李詡撰，續修四庫全書第一一七三册影印明萬曆刻本。

以上子部雜家類

玉海　宋王應麟撰，一九九〇年江蘇古籍出版社、上海書店影印清光緒九年浙江書局刻本。

以上子部類書類

右台仙館筆記　清俞樾撰，續修四庫全書第一二七〇册影印清光緒二十五年刻春在堂全書本。

鸝砭軒質言四卷　清戴蓮芬撰，南京圖書館藏清光緒五年序上海申報館排印本。

以上子部小説家類

梧溪集　元王逢撰，書目文獻出版社北京圖書館古籍珍本叢刊第九五册影印元末明初刻景泰七年陳敏政重修本。

宋學士文集　明宋濂撰，四部叢刊初編影印明正德刻本。

蘇平仲文集　明蘇伯衡撰，四部叢刊初編影印明正統七年刻本。

匏翁家藏集 明吴寬撰，四部叢刊初編影印明正德刻本。
柴墟文集 明儲巏撰，四庫全書存目叢書集部第四二册影印明嘉靖四年刻本。
東田遺稿 明張羽撰，景印文淵閣四庫全書本。
延令纂 明王稚登撰，四庫禁毁書叢刊集部第一七五册影印明刻王百穀集十九種本。
甜雪齋詩文集 明單思恭撰，四庫全書存目叢書集部第一九〇册影印清鈔本。
十山樓稿三十二卷 清范國禄撰，南京圖書館藏清鈔本。（存卷一至卷二一、卷二五至卷三二）
湖海樓詩集 清陳維崧撰，四部叢刊初編影印忠立堂陳迦陵文集本。
木田詩鈔 清張不揚撰，二〇一五年鳳凰出版社泰州文獻第四八册影印清雍正刻本。
映日堂詩 清王令樹撰，二〇一五年鳳凰出版社泰州文獻第四八册影印清康熙刻本。
尺木樓詩集 清程世繩撰，四庫未收書輯刊第八輯第二七册影印清乾隆二十五年程志隆刻本。
充射堂文鈔 清魏周琬撰，二〇一五年鳳凰出版社泰州文獻第六一册影印清刻充射堂集本。
潛夫詩鈔 清王新銘撰，二〇一〇年上海古籍出版社清代詩文集彙編第二四四册影印清乾隆二年刻本。

自適齋詩鈔二卷　清李震撰，南京圖書館藏民國九年借園李氏活字本。

少山詩鈔六卷少山詩餘一卷　清李琪撰，南京圖書館藏清道光三年五華山館刻本。

養默山房詩稿　清謝元淮撰，二〇一〇年上海古籍出版社清代詩文集彙編第五四六册影印清光緒元年養默山房刻本。

蠹餘草　清顔馴撰，二〇一五年鳳凰出版社泰州文獻第五五册影印民國十年排印本。

雙桐書屋詩集　清徐豐曾撰，二〇一五年鳳凰出版社泰州文獻第五五册影印民國十三年石印本。

以上集部别集類

全唐文　清董誥等編，一九八三年中華書局影印清嘉慶刻本。

五山耆舊集二十卷　清楊廷撰編，南京圖書館藏清道光四年一經堂刻本。

五山耆舊今集初刊八卷　清楊廷撰編，南京圖書館藏清楊氏一經堂刻本。

崇川詩鈔彙存　清王藻編，二〇一六年國家圖書館出版社歷代地方詩文總集彙編第一六至一二三册影印清咸豐七年刻本。

以上集部總集類

國朝詩人徵略二編　清張維屏編，續修四庫全書第一七一三册影印清道光二十二年刻本。

水雲樓詞續　清蔣春霖撰，續修四庫全書第一七二七册影印清同治十二年刻本。

以上集部詩文評類

扒搶記二卷　泰興市檔案館藏一九五九年泰興縣人民委員會文教局油印本。

以上集部詞曲類

丁文江年譜　宋廣波編著，二〇〇九年黑龍江教育出版社排印本。

丁西林研究資料　孫慶升編，一九八六年中國戲劇出版社排印本。

丁廷楣先生訪問紀録　劉鳳翰訪問，劉海若紀録，一九九一年臺北「中央研究院近代史研究所」排印本。

中國中醫古籍總目　薛清録主編，二〇〇七年上海辭書出版社排印本。

中國地方志聯合目録　中國科學院北京天文臺主編，一九八五年中華書局排印本。

中國名鎮黄橋印譜　吴曾蔭編著、治印，二〇〇七年廣陵書社排印本。

四庫提要辨證　余嘉錫著，一九八〇年中華書局排印本。

江蘇地方文獻書目　江慶柏主編，二〇一三年廣陵書社排印本。

如皋市歷史地圖集　如皋市勘測院等編製，二〇一八年哈爾濱地圖出版社排印本。

泰興民俗風情　吕耕樵、吕曉文編著，二〇〇八年海天出版社排印本。

泰興老字號　政協泰興市委員會編，二〇一〇年排印泰興文史資料第一六輯本。

泰興何氏家乘林支續編　何伯良編，二〇〇九年整理本。

泰興縣志　泰興縣志編纂委員會編，一九九三年江蘇人民出版社排印本。簡稱「九三縣志」。

泰興縣志（初稿）　泰興縣志編修委員會編，泰興市檔案館藏油印本。紀事迄一九五七年，簡稱「五七縣志」。（存第一至五卷）

黄橋名人録　林任申著，二〇〇三年中國文聯出版社排印本。

黄橋名勝　黄橋歷史文化研究會編，二〇一九年排印本。

黄橋記憶　丁正祺著，二〇一九年排印本。

黄橋鎮教育志　泰興市黄橋鎮教育辦公室編，一九九七年排印本。

清人詩集叙録　袁行雲著，二〇一六年人民文學出版社排印本。

清代家集叙録　徐雁平編著，二〇一七年安徽教育出版社排印本。

清代硃卷集成　顧廷龍主編，成文出版社影印本。

雍正朝漢文硃批奏摺彙編　中國第一歷史檔案館編，一九九一年江蘇古籍出版社影印本。

輿圖要録　北京圖書館善本特藏部輿圖組編，一九九七年北京圖書館出版社排印本。

以上今人著述

文明橋徵信録　橋工辦事處頒布，民國六年□齋寶號排印本。（丁正祺先生提供）

江蘇省內務行政報告書　江蘇省行政公署內務司編輯，二〇〇九年大象出版社民國史料叢刊第九八至九九册影印民國三年排印本。

何逢生訃聞　民國二十五年排印本。（張定先生提供）

姜堰鎮圖　參謀本部陸地測量總局測繪，臺北「中央研究院近代史研究所檔案館」藏民國十三年製版二十二年印刷本。（館藏號：13－02－11－162）

泰興縣耀黃電燈公司檔案　臺北「中央研究院近代史研究所檔案館」藏。（館藏號：23－25－11－070－01與23－25－11－070－02）

唐灣鎮圖　參謀本部陸地測量總局測繪，臺北「中央研究院近代史研究所檔案館」藏民國五年測圖二十一年複製二十二年印刷本。（館藏號：13－02－11－186）

黃橋民居群江蘇省文物保護單位申報材料　二〇〇一年打印本。（丁正祺先生提供）

清史編纂手册　國家清史編纂委員會編，二〇〇八年排印本。

十橋中路的前世今生　林任申撰，載黄橋歷史文化研究總第一〇期，二〇一二年。

以上檔案文牘

七十年前的黄橋　湯建楨撰，載黄橋歷史文化研究總第四期，二〇〇二年。

上海將開商法討論會　載申報宣統元年十一月初六第一張第四至五版。

内河行駛小輪　載神州日報民國二年十一月二十七日第五張。

江南籌辦地方自治總局批泰興縣詳縣境東鄉黄橋鎮設立法政講習所情形　載南洋官報總第五七期，宣統元年九月三十日。

江督轅門抄　載申報光緒十五年十一月初三。

江蘇省行政公署批第一千八百三十一號　載江蘇省公報總第一六〇期，民國二年六月二十一日。

兩淮輪委酌委差使班次期限單　載申報光緒十二年正月二十五日。

明代明堂證券重見天日　林林撰，載黄橋歷史文化研究總第三期，二〇〇一年。

明代插屏發現記　林任申撰，載黄橋歷史文化研究總第一期，二〇〇〇年。

南洋勸業會銀行廣告　載申報宣統二年四月十六日第一張第四版。

省長批原具呈人泰興縣黄橋鎮商人朱沛等呈請飭廳派委澈查泰興縣黄橋鎮組織商會情

形　載江蘇省公報總第二〇七九期，民國八年十月五日。

省視學林懿均視察泰興縣教育狀況報告書　載江蘇教育公報第六年第一期，民國十二年。

省視學林懿均視察泰興縣教育狀況報告書　載江蘇教育公報第四年第三期，民國十年。

泰興掘獲唐開元古物　載新聞報民國十八年四月二日第五張。

泰興縣鄉土志　金森寶撰，載江蘇省立第四師範學校校友會雜志民國五年第一期。

喚醒鄉愚　載申報宣統二年五月二十七日第一張第一版。

現任教職員一覽表　載黄中總第二期，民國二十一年。

黄橋古街巷一覽　丁正祺、佘學斌、陳慶生撰，載黄橋歷史文化研究總第一一期，二〇一三年。

黄橋周莊發現貞節牌坊石柱　載黄橋歷史文化研究總第三期，二〇〇一年。

黄橋建郵有檔可依　張鑄泉撰，載江蘇集郵一九九七年第五期。

黄橋挖出17座古墓　載泰州晚報二〇一四年一月二十七日第八版。

黄橋經濟之概况　龔汲三撰，載交行通信總第六卷第三號，民國二十四年。

黄橋經濟概况（續本卷三號）　龔汲三撰，載交行通信總第六卷第五號，民國二十四年。

黃橋錢氏宗祠及其他　錢漢文撰，載黃橋歷史文化研究總第五期，二〇〇四年。

黃橋鎮最早電源耀黃電燈公司　戴家賓撰，載黃橋歷史文化研究總第二期，二〇〇〇年。

視察泰興縣各學校評語清單　省視學報告，載江蘇教育行政月報總第二號，民國二年。

農商部咨江蘇省長爲黃橋染織公司應准注册給照文　載政府公報總第一九八九號，民國十年九月六日。

養仁慈善會志謝　載申報民國四年十月五日第四版。

醉鄉之宜十有一　林任申、王扣明標注，載黃橋歷史文化研究總第三期，二〇〇一年。

齒德可風匾額溯源　林任申撰，載黃橋歷史文化研究總第二期，二〇〇〇年。

蘇省撫轅抄　載申報光緒十五年十一月二十二日。

蘇省撫轅抄　載申報光緒十五年十一月二十七日。

蘇撫堅持米糧漏海之政見　載申報宣統三年正月二十七日第一張後幅第二版。

以上報刊文章

黃橋鎮表微卷一

泰興 何振 輯

圖録

輿圖

江南省全圖

清末彩印本，中國國家圖書館、法國國家圖書館等藏。

江蘇圖

Edwin John Dingle, *The New Atlas and Commercial Gazetteer of China*: *A Work Devoted to Its Geography & Resources and Economic & Commercial Development*, Shanghai: North-China Daily News & Herald, Ltd, 1917. 中國國家圖書館、北京大學圖書館等藏。

嘉慶重修一統志之通州直隸州圖

四部叢刊續編影印進呈寫本。

通州直隸州志之通州全屬圖

清光緒刻本，中國國家圖書館、南京圖書館等藏。

江蘇全省輿圖之通州圖

清光緒二十一年刻本，中國國家圖書館、南京圖書館等藏。

嘉靖惟揚志之今泰興縣圖

明嘉靖刻本，寧波市天一閣博物館藏。

揚州府志之泰興縣四境圖

明萬曆刻本，中國國家圖書館、上海圖書館等藏。

康熙三年、十四年、二十四年《揚州府志》，萬曆、康熙二十七年、五十五年《泰興縣志》，與乾隆《直隸通州志》，所載泰興縣境圖，皆與萬曆府志相近。

揚州府圖說之泰興縣圖

明末彩繪本，美國國會圖書館藏。〇明末絹底彩繪本，鎮江博物館藏。〇清康熙彩繪本，中國國家圖書館藏。

重修泰興縣志之縣境新圖

清嘉慶十八年刻本，中國國家圖書館、南京圖書館等藏。

通州直隸州志之泰興縣四境圖

清光緒刻本，中國國家圖書館、南京圖書館等藏。

泰興縣志之縣境全圖

清光緒十二年刻本，中國國家圖書館、南京圖書館等藏。（縣志稿區域志四境爲之校正）

江蘇全省輿圖之泰興縣圖

清光緒二十一年刻本，中國國家圖書館、南京圖書館等藏。

江寧布政司屬府廳州縣輿地圖之泰興縣圖

清寫本，臺北「國家圖書館」藏。

泰興縣志之黄轄圖

清光緒十二年刻本，中國國家圖書館、南京圖書館等藏。（縣志稿區域志四境爲之校正）

此實黄橋巡檢司信地圖。

黄橋鎮圖

民國五年測圖二十五年修正同年製版本，中國國家圖書館、臺北「中央研究院近代史研究所檔案館」等藏。

此爲黄橋地區圖。

黄橋鎮圖

民國十年寫本。

黄橋耀黄電燈股份有限公司外綫圖

民國十一年寫本，載臺北「中央研究院近代史研究所檔案館」藏泰興縣耀黃電燈公司檔案。（館藏號：23－25－11－070－01）

此實黃橋鎮電綫圖。

輿圖要録、江蘇地方文獻書目所載地圖頗多，未能目驗，茲不録焉。

黄橋鎮表微卷二

泰興　何振　輯

地理

界域

黄橋鎮東至致富橋，西至黄橋，南至文明橋，北至拱辰橋。東西廣二里，南北袤三里。西距泰興四十里，南距靖江五十里，東距如皋七十里，東南距南通一百三十里，西北距泰州八十里，揚州一百五十里，西距南京二百七十里，北距北京一千八百四十里。〔一〕

〔一〕揚州府圖説泰興縣圖説：「境以黄橋爲重鎮，馬橋爲襟喉，王家港爲要害，印莊、口岸爲屏蔽。」光緒縣志卷三區域志三分率引萬曆縣志：「以黄橋、新市爲巨鎮，以印莊、嘶馬爲屏蔽。」康熙二十七年縣志卷一疆域：「以黄橋、口岸爲巨鎮，以印莊、嘶馬爲東西屏翼。」顧祖禹讀史方輿紀要卷二三南直五：「黄橋。〔泰興〕縣東四十五里，有巡司戍守。嘉靖中，官軍嘗敗倭於此。」乾隆直隸通州志卷二疆域志：「〔泰興〕縣東皆居村墟，惟黄橋一鎮水陸通衢，爲縣重地，故設有巡檢以司稽察。」

萬曆如皋縣志卷二疆域考引舊志：「黄橋其出入之衝，海安其控扼之所。」

河渠

白眉河一名老龍河，承運鹽河於白米，南經蔣垛、西雁嶺，合古溪來水於七里斷，西南經八尺溝，西折爲眠蓬灣，至於黄橋鎮北，接龍開河。古溪來水亦通運鹽河。〔一〕

〔一〕民國續纂泰州志卷二河渠：「老龍河即白眉河，在白米南。」「白眉」，疑當作「白米」，「眉」「米」方音相近。

縣志稿區域志水道：「自泰州，白眉河南流三十里徑坍子里、曹家岱、蔣垛入縣境，成家莊、西雁嶺，達黄橋。此河常時通行，較他處爲便。」又：「由泰縣蔣垛南流入縣境在鴨兒灣西。十餘里至西雁嶺，又西十里徑七里斷至黄橋。右爲蔣垛一水南流徑西雁嶺至七里斷與古溪一水合流入黄橋之河。由古溪在鴨兒灣東。西南流十餘里至八字橋，再西一里東雁嶺，再西二里七里斷，再七里至黄橋。右爲古溪一水西南流徑東雁嶺至七里斷與蔣垛一水合流入黄橋之河。」

縣志續卷一區域志第一河渠載光緒二十七年六月泰興知縣龍璋上督撫文：

泰興東北高阜，西南低窪。境内諸港以淮水爲來源，以大江爲歸宿，以内地河汊爲脉絡。如能因勢而導，蓄泄得宜，農田既灌溉以時，商艇亦往來皆便，地多成市，歲鮮不登。此泰興水利之必待講求者也。

泰境東北諸港之通淮者，一由泰州鴨子河、一由白眉河分流入境。自鴨子河之滕壩忽焉中閉，白眉河分流諸水亦莫不有壩，水利遂由是而敗壞。蓋北來之淮源既塞，衹引江水以灌田園。潮漲則坍淹堪虞，潮退則淤淺可待。一交冬令，往往斷流。以致去江較遠之地滋培不能及時，率種旱穀雜糧，收穫之利減色。本地所産穀米，民食不敷，遂賴商販接濟。河道既多涸竭，又需盤壩而來，駁運煩勞，畏難輒退。從前，邑人雖間有去壩置閘之請，每因利害不能詳達，議皆中輟。（略）

適值六月大雨兼旬，西南各鄉間被淹浸，縣民稟稱「挑河修圩，勢不可緩」。若能將通境河道同力合作，不獨西南可免水患，即東北各鄉向種旱糧，亦可仍種禾稻，利得數倍。（略）

諸河源委又據如皋市歷史地圖集之民國五年蔣垛鎮圖、黄橋鎮圖、七年如皋城圖，十年黄橋鎮圖，十三年姜堰鎮圖。

眠蓬灣在黄橋鎮東北白眉河内。（據民國十年黄橋鎮圖）

黄橋河承鴨子河於大泗莊南，東北至於張甸，東南經雙泰橋，合姜堰來水於北徐莊，南經丁家莊至於黄橋鎮北，入白眉河。〔一〕丁家莊北一名花家港，南名七里港。鴨子河通運鹽河。

姜堰來水亦名黄橋河，一名官溝，又名運糧河、花魚港，承運鹽河。〔二〕

〔一〕縣志稿區域志水道：「自泰州，鴨子河南流三十里徑大泗莊入縣境。一水沿界東流八里至西佴家莊，又十五里至雙泰橋，新增，見副册。又十二里至北徐莊與花魚港合流，南流十五里達黄橋。此河土名黄橋河，年久淤塞。雙泰橋創鎮後，鎮人暨附近居民集資疏浚，現已通行。」又津梁副册：「雙泰橋在治平鄉西北，與泰縣接壤。民國二年，邑人蔣占元等集股創鎮於此，現已建街衢二、市房四百餘間。」

〔三〕宣統續纂泰州志卷二河渠：「黃橋河一名官溝，由姜堰西入口，達黃橋。」民國續纂泰州志卷二河渠：「運糧河在姜堰南二十里，由運糧莊折而西南至顧家莊、高家莊入泰興，黃橋、季家市，通江，北通上河。稍挑浚即通河。」縣志稿區域志水道：「自泰州姜堰鎮南流徑乾溝三十里至顧高莊，又十里達縣境北徐莊與黃橋河匯流。此河土名花魚港。」又：「由泰縣姜堰，一水南流三十里至高家莊西首，徑丁家莊、八字橋，此另一八字橋，非東雁嶺東之八字橋。再南王家莊、三里莊，共約二十餘里至黃橋，入小關橋與拱辰橋，合流折而向西即爲龍開河。右爲姜堰西首南達黃橋北關之河，水大時可行舟，水小則淤阻不通。按：此河舊志圖與河渠均未載者，諒以其非通行之河，故從略。」花家港、七里港二名與諸河源委又據如皋市歷史地圖集之民國五年蔣垛鎮圖、黃橋鎮圖，唐灣鎮圖，十年黃橋鎮圖。

窑子河承運鹽河於如皋城，西經潘涇，分界至於黃橋鎮南，入沙港。〔一〕

〔一〕縣志稿區域志四境：「由如皋，窑子河入縣境，西流徑鹽河，再西流亦可入黃橋。（略）時值水大可以行舟，水淺則舟不可通。」乾隆如皋縣志卷四河渠志：「窑子河從如皋縣西壕河，（略）（西）徑加力庵、東潘涇、西潘涇，（略）（又西）徑芹湖，又西入泰興境。」如皋市歷史地圖集之民國五年石莊鎮圖名此河曰官河。又民國七年如皋城圖載此河名小河，在窑子河南，皆承運鹽河於如皋城。民國如皋縣志卷首之如皋縣全境分區圖謂之小溪河，其北之水曰窑子河。

諸河源委又據如皋市歷史地圖集之民國五年黄橋鎮圖，十年黄橋鎮圖。

鎮南之水一名寨河。泰興何氏家乘卷四墓文之張京元處士繼齋公墓志銘：「以萬曆乙巳年十二月廿六日，扶先生柩於本鎮寨河南之高原。」卷一六塋域載何瑡墓在「鎮南一接」。瑡號繼齋。

沙港承龍開河於黄橋鎮西北，南二十五里經横巷至於季家市，入界河。有水承界河於季家市，南經孤山、靖江城，入於江。〔一〕

〔一〕縣志稿區域志四境：「黄橋至季家市之河名沙港，直達季家市北首，并無迂曲。」又水道：「沙港東西兩岸，自黄橋至季家市之中二十五里，除盧新橋舊名桑木橋，盧如興易石，更今名。由東來一水入沙港外，其餘絶無與該港相通之處。」

萬曆縣志卷一：「沙港。在城東南五十里。」

諸河源委又據如皋市歷史地圖集之民國五年靖江城圖、黄橋鎮圖，十年黄橋鎮圖。

龍開河一名龍河、老龍河，自黄橋鎮北，西經泰興城，入於江。〔一〕

〔一〕縣志稿區域志水道：「由泰縣姜堰，一水南流三十里至高家莊西首，徑丁家莊、八字橋，此另一八字橋，非東雁嶺東之八字橋。再南王家莊、三里莊，共約二十餘里至黄橋，入小關橋與拱辰橋，合流折而向西即爲龍開河。」

龍河、老龍河二名及其源委又據如皋市歷史地圖集之民國五年黃橋鎮圖，十年黃橋鎮圖。鴨子河、沙港、窑子河、白眉河、古溪來水等皆與之統稱龍開河。王逢梧溪集卷二題馬洲書院序：「馬洲書院者，孔聖五十二代孫元虔昆弟之所建也。元虔五世祖若窣，高抗不群，長於春秋。當宋南渡，自闕里將之衢，留滯泰興，見河流達南江，詢之老人，曰：『此龍開河也，西北通淮、泗。』因嘆曰：『吾洙、泗、龍泉之支流，其在茲乎。』遂築室河上，與其子端志各授弟子業。從游日衆，乃有菑田百畝，人助以力，官復其税。戒子孫治生勿求富，讀書勿干榮。邑大夫嘉之，易名龍開河曰揚教，示崇化也。年六十卒，葬河之陽。」萬曆縣志卷一：「龍開河在城東，由永豐鎮達如皋、通州諸處。河流委曲迴環，相傳爲神物所開。」嘉慶縣志卷一山川河渠：「龍開河在城東，河流委曲迴環，相傳爲龍所開。可由黃橋通界港，達如皋、通州各場，爲邑水來脉。乾隆二十二年，介令玉濤深明地理，逐段丈估，詳請開浚。旋以調任，未獲舉行。」嘉慶重修一統志卷一〇六通州：「龍開河。在泰興縣東北，其上流有二：一北接揚州府泰州運鹽河，一東接如皋縣瀛溪。東南流至縣東四十里黃橋鎮分支爲印莊河，又西流繞城，北接通泰河，分流爲城河，又西南達於江。河流經縣東北，其流曲折，名相見灣。」又：「黃浦溪。在如皋縣西北，東接運鹽河，西流爲瀛溪，又西入泰興縣界，匯於龍開河。」

寨河承白眉河於岷蓬灣東，南入窑子河。〔一〕

〔一〕延令王氏重修家乘卷四年表：「始祖從恩，字承詔。（略）歷前明洪武兵燹，復遷維揚郡泰興城東黃橋鎮而安居焉。（略）〔與妻須氏〕合葬東寨河東正穴西南向。」泰興何氏家乘譜傳載何岷正德六年卒，「葬本鎮東寨河西官路北正堂」。

河流源委據民國十年黄橋鎮圖。

兜包池在福慧寺西。（民國十年黄橋鎮圖作「兜寶池」）

一水接黄橋河，承白眉河，南經黄橋鎮，入沙港、窑子河。〔一〕

〔一〕河流源委據民國十年黄橋鎮圖。

民國十年黄橋鎮圖所載無名之水頗多。

橋梁

致富橋架寨河上，石橋。咸豐九年重建。〔一〕

〔一〕今存致富橋題字。（詳藝文金石）

縣志稿人物志義行載顧曾烜燕詒尹君家傳：「鎮文明、致富、直來、拱辰諸梁久不治，君杙以木，絙以鐵，甃以石。」高昌，有傳。

青枝橋架沙港東支上，木橋。〔一〕

〔一〕泰興何氏家乘卷一五祠宇：「同治十三年，續買鎮南青芝橋高地肆拾捌畝陸分伍厘。」

花園橋架窑子河上，石橋。〔一〕

〔一〕光緒縣志卷五區域志五河渠：「〔縣東〕四十里，黄橋。其鎮有永豐、拱辰、文明、永安、花園、呂家、致富、永昌、直來諸橋。」

文明橋在花園橋西，架沙港上，石橋。民國六年重建。〔一〕

〔一〕今存重建文明橋記、文明橋徵信碑與文明橋題字。（詳藝文金石）

一名南壩橋。嘉慶縣志卷二祀典載乾隆四十六年詳定義冢原額：「向家堡二畝六分四厘，野王莊一畝一分六厘，南壩橋六畝五分八厘一毫，黃橋四畝一分一厘一毫。」泰興何氏家乘卷五行狀之何松徠昆田公行述：「鎮之南壩橋，往來之通衢也。圮於水，行者苦之。吾父倡議勸捐修造，不避勞，不避怨，閱數寒暑工始竣。」璠號昆田，生於乾隆三十六年，道光二十六年卒，年七十六。

縣志稿人物志義行韓鵠傳：「捐金倡修文明、拱辰諸梁。」

同篇載顧曾烜燕詒尹君家傳：「鎮文明、致富、直來、拱辰諸梁久不治，君杙以木，緪以鐵，甃以石。」高昌，有傳。

永安橋架鎮中之水上，石橋。〔一〕（民國十年黃橋鎮圖未載名）

〔一〕光緒縣志卷五區域志五河渠：「〔縣東〕四十里，黃橋。其鎮有永豐、拱辰、文明、永安、花園、呂家、致富、永昌、直來諸橋。」

永昌橋架鎮中之水上，石橋。嘉慶九年修。〔一〕（民國十年黃橋鎮圖未載名）

〔一〕重修直來橋碑：「支錢拾四千叁伯文，修永昌、永豐橋工石。」（詳藝文金石）

紅橋在永昌橋北，木橋。嘉慶九年修。〔一〕（民國十年黃橋鎮圖未載名）

〔一〕重修直來橋碑：「支錢拾千文，修紅橋杉木、匠工。」（詳藝文金石）

永豐橋在紅橋北，石橋。嘉慶九年修。〔一〕

〔一〕重修直來橋碑：「支錢拾四千叁伯文，修永昌、永豐橋工石。」（詳藝文金石）

萬曆揚州府志卷二郡縣志下：「黃橋，永豐橋。」

直來橋架沙港東支上，石橋。康熙中建。嘉慶九年重建。光緒三十年修。〔一〕

〔一〕重修直來橋碑：「百餘年未經修輯。」（詳藝文金石）

縣志續卷一區域志第一津梁：「直來橋。光緒三十年，黃橋把總李遐齡修。」

縣志稿人物志義行載顧曾烜燕詒尹君家傳：「鎮文明、致富、直來、拱辰諸梁久不治，君杙以木，絙以鐵，甃以石。」高昌，有傳。

老鴉橋在直來橋東，木橋。〔一〕

〔一〕疑一名太平橋。重修直來橋碑：「太平橋南近三甲市門，北接拱辰橋，而直來兼之。」（詳藝文金石）

東岳橋側東岳廟，架鎮中之水上，木橋。

拱辰橋架龍開河上，石橋。崇禎元年建。康熙五十二年、乾隆三十二年重建。〔一〕

〔一〕縣志補卷一區域志第一河渠載宋生重建拱辰橋碑記：

邑治之東四十里爲黃橋鎮，其地有龍開河，四達之會也。東至雉皋，西入城邑，南抵驥江，北通海陵，舟車商賈，無日不□。□於河口，有民渡船以通行人，舟人需索，民甚病之。明季崇禎元年，有王元忠、吕錠者睹涉濟之艱，不惜破家，慨然建橋，名曰拱辰，由是而民之往來便矣。越八十餘年以至於今，車震水汨，積日既久，橋之頂足俱爲傾覆。行道之人至其間者，莫不徘徊□嘆息，慨修治之無人也。今里人閻超凡等合力一心，倡爲義舉，各捐己資，買置物料，親率工徒，朝夕靡怠，擴其遺址，倍加堅固，又有好義□從而捐助焉。計費前後共三百一十金，用人之力共一千二百四十工，爲時共兩月十日。廓然一新，行者□悦。既成，而請余文以爲記。

余思津梁要地，王政之急務也。其在月令曰「歲十一月，徒杠成。十二月，輿梁成」，則濟渡之地，政所宜先，爲有司者當盡心乎此也。余謬叨一職，濫官斯地，簿書鞅掌碌碌，不克與邑之父老講求利濟斯民之計。而閻超凡等者乃□心利物，力任不辭，使舟行者無抵石覆溺之虞，徒步者無褰裳厲揭之苦，四方過客莫不歡欣於道路間也，豈非好義輕利、樂善不倦者哉。

抑余思之，事不患前無創者，而患後無繼者。斯橋之建，固起於前之王元忠、吕錠矣。使今非閻超凡、孫于受等重爲修整，則遺惠烏有哉。自今以往百年之後，斯橋保無傾圮。倘舟之來者如故，車之驅者如故，擔簦販負行旅之徒攘攘不絶，其或臨河致嘆，欲渡無由也，不且有負於前之王元忠、吕錠，今之閻超凡等乎。後之君子睹斯碑也，可以慨然興矣。

知泰興縣事宋生謹撰，典史鄭成同立，黃橋司金成先助銀三兩。同事者：閻超凡，孫于受，于漢祁，殷若愚，吕鴻音，汪明章。（衆姓樂助人略）

康熙五十二年十月立。

後有「碑在近橋東岳廟内」句。

又載吴坦重建拱辰橋碑記：

余兩莅泰興，政績無可稱述，獨惓惓以息事寧人爲先務。邑人□□匹婦，或有諒余悃愊之誠而以爲忠信慈惠者，余深以爲愧。顧本性恬退，不欲争一時赫赫之名。所謂武健嚴酷，擾民以自便，概不忍爲。而地方利弊，凡有所興舉，未嘗不隨時經畫，樂觀其成。

永豐鎮之拱辰橋建於明季，里人王元忠、吕錠等實始其事。商賈負販行李之往來，東抵雉皋，西入城市，南驥沙，北海陵。民未有病涉者，橋之爲利久矣。康熙癸巳間，閻超凡等繼之，各捐己資，修築完固。前令宋君爲文，勒之碑。迄今五十餘年，橋日就圮，宋明遠、吕德音等請於余，創議重建。余惟川澤橋梁之政載在周禮，官程其功，衆傳其力，皆於農隙以蕆事。而廢者舉之，俾前人已成之功不致隳壞，亦鄉老耆民之職也。

橋重建於乾隆三十一年九月十七日，迄次年十一月初一日橋成，共糜千有餘金。余深嘉吕爾常、汪禹洲、吕茂實等之急公襄事而不私其財，大程子之言曰「一介之士，苟存心於利物，於物必有濟」，况司牧者歟。

知泰興縣事錢塘吴坦撰，知泰興縣事晋江莊拔萃、黄橋司山陰宋明遠捐銀十兩、旗杆一對。

（董事吕德音等二十一人略）

橋頂闊一丈三尺五寸，水門闊一丈九尺，燕尾每邊三丈，橋高二丈，裏石三層有八尺，裏石二層有六尺，裏石一層有六尺，杉木樁一千八百根有零。

一、本廟原山田二十六畝，錢萬祥施。一、衆姓置買田七分半，坐落廟東山。一、孫民望施田三畝，坐落西韓莊。一、徹儒續置山田四畝七分，坐落廟東。

乾隆三十二年歲次丁亥十一月立。

後有「同上」句，即「碑在近橋東岳廟内」。

縣志稿人物志義行韓鵠傳：「捐金倡修文明、拱辰諸梁。」

同篇載顧曾烜燕詒尹君家傳：「鎮文明、致富、直來、拱辰諸梁久不治，君杙以木，絙以鐵，甃以石。」高昌，有傳。

小關橋側拱辰橋，架七里港上，木橋。〔一〕（民國十年黄橋鎮圖未載名）

〔一〕縣志稿區域志水道：「由泰縣姜堰，一水南流三十里至高家莊西首，徑丁家莊、八字橋，此另一八字橋，非東雁嶺東之八字橋。再南王家莊、三里莊，共約二十餘里至黄橋，入小關橋與拱辰橋，合流折而向西即爲龍開河。」

横河橋架七里港西支上，木橋。

老鼠孔橋在眠蓬灣東，架白眉河南支上，木橋。

黄橋架沙港上，石橋。光緒二十二年修。〔一〕

〔一〕縣志續卷一區域志第一津梁：「黄橋。光緒二十二年，黄橋巡檢袁礽傳修。」

蘇伯衡蘇平仲文集卷三王銘傳：「〔至正十八年〕戊戌四月，復從預國公擊通州，拔黄橋、鵝項、張榮等寨。」

萬曆揚州府志卷二郡縣志下：「黄橋，永豐橋。」

一名西門橋，又名西寺橋。縣志補卷二建置志第二名迹載乾隆二十三年重修永豐鎮城隍廟碑記：「忠義祠春秋祭祀田二十八畝，坐落西門橋外。」嘉慶縣志卷二祀典：「忠義祠在黃橋鎮。（略）嘉靖三十九年，公捐置高地二十八畝，在太平鄉十六都本鎮西寺橋外官路南。」

長庚橋在黃橋北，石橋。〔一〕

〔一〕一名呂家橋。光緒縣志卷五區域志五河渠：「（縣東）四十里，黃橋。其鎮有永豐、拱辰、文明、永安、花園、呂家、致富、永昌、直來諸橋。」

無名石橋二：一側文明橋，架鎮中之水上；一在永安橋北。

無名木橋九：一在致富橋南；一在花園橋東；一在東岳橋南，架鎮中之水西支上；一在老鼠孔橋東南；一在拱辰橋東北，架七里港東支上；一在黃橋南，架沙港南支上；一側黃橋，架沙港西支上；一在上橋西；一在長庚橋西北，架沙港西支上。

附。〔一〕

〔一〕乾隆直隸通州志卷三山川志載渡成橋在黃橋鎮東北。

橋梁除已注出處外，又參考丁正祺黃橋記憶黃橋老橋。

街巷

口巷東達致富橋，西接東大街。

東大街與西大街相接。

西大街與西街相接，隔永安橋。

西街西達黃橋。

南巷在鎮中之水西，南達文明橋，北接布巷，隔西街。

布巷與北街相接。

北街與北關相接，隔直來橋。

北關北達拱辰橋。

珠巷在東大街北，西有石橋。〔一〕

〔一〕一名猪行，又名猪巷。泰興何氏家乘卷一五祠宇：「道光二十四年，續買丁姓五甲猪行中坐北朝南瓦店房三間、通後朝東瓦厢房三間、東首天井一方、店房西首後檐墻外小天井一方、隨房基地、上蓋下鋪、出水陰溝，大錢貳伯陸拾仟。又稅契過响、修理厢房，大錢貳拾仟。總共費用貳伯八十仟，俱宗祠出息。至咸豐初，承業收房租。」嚴氏墓志：「居黃橋□猪巷。」（詳藝文金石）

米巷在珠巷北，西至永昌橋。〔一〕

〔一〕一名米行。延令王氏重修家乘卷二：「乾隆元年，廷棟買何宅米行四甲内市房一所以作公祠，出價銀壹百八拾五兩，各項一應使費在内。」

孫巷南達花園橋，北接羅巷，隔東、西大街。

羅巷北抵珠巷。

南迎祥巷在羅巷東。〔一〕（民國十年黃橋鎮圖未載名）

〔一〕泰興何氏家乘卷一五祠宇：「同治十三年，續買本鎮五甲南迎祥巷坐西朝東瓦堂屋叁間、通後天井一方，又朝南屋厢屋叁間、隨房地基，前後一應裝修俱全，價銀在契。」海曲拾遺卷一建置類：「黃橋司署在銀巷，巡司湯維新建。」銀巷或即迎祥巷歟。

北迎祥巷在南迎祥巷北，北抵米巷。（民國十年黃橋鎮圖未載名）

鐵匠巷在北迎祥巷東。

牛集場在鐵匠巷東。（據民國十一年黃橋耀黃電燈股份有限公司外綫圖，詳圖録輿圖。民國十年黃橋鎮圖未載名）

河東西臨鎮中之水，南至米巷西，北抵永豐橋東。〔一〕（民國十年黃橋鎮圖未載名）

〔一〕余氏祠告示碑：「坐落本鎮三甲河東。」（詳藝文金石）

秩二房巷在河東東。（民國十一年黃橋耀黃電燈股份有限公司外綫圖作「植二房巷」，詳圖録輿圖。民國十年黃橋鎮圖未載名）

楊家園在米巷北，西至秩二房巷。

王家巷東至布巷，巷西仍有人家，達長庚橋。

小巷在王家巷北。

陰陽巷在小巷北，東至紅橋。

尹家巷在陰陽巷北，東至北街。

雙圈門在東、西大街之間。〔一〕

〔一〕重修直來橋碑：「太平橋南近三甲市門，北接拱辰橋，而直來兼之。」（詳藝文金石）市門或即圈門歟。民國十年黃橋鎮圖所載無名街巷頗多。

村落

東場在致富橋東。

段家缺在致富橋南，西臨寨河。〔一〕

〔一〕一名段家垛。縣志補卷二建置志第二名迹載乾隆二十三年重修永豐鎮城隍廟碑記：「存田三畝，坐落段家垛。」

葛家舍在致富橋北，西臨寨河。

轉水墩在米巷東。〔一〕（民國十年黃橋鎮圖未載名）

〔一〕光緒縣志卷八建置志三義宇：「南場東。轉水墩。柳家莊。」

藕池岸在永豐橋東北，西臨鎮中之水。

柳家莊在藕池岸東北。

東柳家莊在柳家莊東北。

白果樹脚在武廟西。（有特出樹，民國十年黄橋鎮圖未載名。聞於丁正祺先生）

南場在花園橋東南。〔一〕

〔一〕一名南群。泰興何氏家乘譜傳載何顗正統四年卒，「葬鎮南群北塋正堂」。卷一六塋域載顗墓在「南場後」。

盧家垛在文明橋西南。

沈家場在文明橋西，南臨沙港。（據民國十一年黄橋耀黄電燈股份有限公司外綫圖，詳圖録輿圖。民國十年黄橋鎮圖未載名）

封家園在西街北，西臨沙港。

桑園在封家園北，隔沙港東支。

槐樹脚在桑園東。

楊家舍在拱辰橋東，南臨白眉河。

陳家莊在楊家舍西北。〔二〕

〔二〕「陳家莊」，光緒縣志卷八建置志三義字作「成家莊」。

北營在拱辰橋西北。

閻家莊在北營西。

前吕家橋在長庚橋西。

後吕家橋在前吕家橋北，隔沙港西支，通以木橋。

水井四：一在米巷東，一在東柳家莊西，一在王家巷西，一在文明橋西沙港南。〔一〕

〔一〕街巷、村落除已注出處外，又參考丁正祺、余學斌、陳慶生黃橋古街巷一覽。

道路

縣道東經分界至於如臯，西經溪橋至於泰興。〔一〕

〔一〕萬曆揚州府志卷首之泰興縣四境圖載此路。
嘉慶縣志卷五人物：「殷惟忠，爲人恂謹，勇於行義。世居城東殷家莊，自莊至黃橋長延十里，道路傾陷難行，惟忠獨力修補，行人稱便。都閫姚贈以『一鄉善士』額，邑令李贈以『絳縣老人』額。」殷家莊在黃橋鎮西。

鄉村道、小道：東南至於小焦莊、湖頭，南經橫巷至於靖江，西南至於小莊、蛤蟆圩，西至於朱莊、溪橋，西北至於泰縣，北至於三里莊、姜堰，東北至於三里籪、封家莊。

園囿

文筆峰一名筆架山，側文明橋。〔一〕

〔一〕光緒縣志卷九建置志四名迹：「文筆峰在黃橋鎮。」

泰興何氏家乘卷一五祠宇：「嘉慶十七年，又贖回本鎮孫家巷南首筆架山豐原公塋田一丘、塋北地基一塊，價銀六兩整。每年租錢一千二百文。」

文明橋題字：「筆峰景秀。」（詳藝文金石）

水雲别墅在北溪上，正統、景泰間，何濟建。〔一〕

〔一〕泰興何氏家乘卷五行狀之張瑊旌表義士體素公行實：「晚年，樂恬退，乃擇幽迥之地曰北溪，構屋數楹於上，名之曰水雲别墅，時與二三同志具酒餚游眺其間。」濟，附何嵩傳。

雲谿書屋臨西谿，正統、景泰間，何額建。〔一〕

〔一〕泰興何氏家乘卷二文翰之楊端雲谿公書屋記：

雲谿書屋，隱君子何叔璋藏修之處也。君世儒雅，居於揚之泰興永豐里。嘗臨西谿傍雲結屋，藏書以讀，故以是名，因求予爲記。

夫雲，山澤之氣也。「觸石而起，膚寸而合」，上凝於太空，悠揚容與，往來無心，物之至閑者也。溪，澗壑之泉。濫觴而源，盈科以進，會之爲長流，行演洄洑，沙汰污濁，物之至清者也。以至清之上凝至閑之物，下映君子之屋，其真趣顧無所得耶。當明窗四開，虚室生白；湘簾一捲，清氣逼人。於是，博香山之火，拂棐几之塵。左取經，右取史，中坐而披閱之。乍歇吾伊之聲，方腴至道之味。而微風静晝，霽色弄晴。日光與波光潏蕩，雲影與潭影相涵。空入人心，易去物慮。即欲躡氤氳，挾馮夷之游；枕清泠，學孫楚之漱。游心千古，曠視六合。眇千駟之富如一芥，輕萬鍾之禄而弗視。神超太素混沌之天，身入澒洞無懷之世。若忘乎雲與谿，若忘乎書與屋，又忘乎吾身之清且閑也，至於忘不能忘。起倚曲欄，下瞰澄碧。上見雲影因風而馳奔，溪流隨波而不息。而吾之方寸寂然，靈臺湛若，尚亦嗤彼之不類吾静也。雖然，莊生有言「知天之所爲者，天而生也。知人之所爲者，以其知之所知以養其知之所不知」也。故觀泰山之雲，知其澤可及天下；觀川上之流，知道體之無窮也。苟以雲飛靡定，溪流不息，而耽吾心一静，爲自得之妙，則類夫槁木死灰，冥然無覺，淪於虚無，非所謂道矣。

何君殆有見於此，堆書滿屋，無一時而不事乎此，將以利天下也。豈終於守静者耶，蓋非静無以成學也。矧聞君有子岱，聰明俊爽，亦已能讀此屋之書矣。他日，挾溪上之雲，引溪中之水以從龍於天下，沛然爲傳説之霖雨以濟旱於天下，馳聲於後世者，不在父，則在子矣。豈終守一身之静而已耶。予因記書屋之壁以俟。

又譜傳載額字叔璋，景泰七年卒。又載岱生於正統三年。

咏莪亭，景泰、天順間，何岱建。〔一〕

〔一〕泰興何氏家乘卷四墓文之黄瓚承德郎東山公墓志銘：「少警敏，隨其伯考叔芳以富貫實京師，日與名流講肄。逮歸省，慨其親不可作也。誦詩至小雅蓼莪，輒撫卷流涕。因以『咏莪』顔其亭，示痛慕終身焉。（略）君咏莪亭詩有卷，東山出處十咏有册，皆什襲藏於家。」又譜傳載岱號東山，母朱氏景泰五年卒，父額七年卒。

南軒，成化中，何岳建。〔一〕

〔一〕泰興何氏家乘卷四墓文之趙祥處士與高公墓志銘：「邇年，以心勞劇，將托政於同母弟與嶸。乃於所

居別創南軒，因以自號，欲保養天年。無何，與嶸以病先卒，感傷成疾，竟以之終。」又譜傳載巒字與嶸，

成化十六年卒。又載岳字與高，次年卒。

東皋草亭，弘治、正德間，何岷建。〔一〕

〔一〕儲巏柴墟文集卷九文林郎何處士與東墓志銘序：「結廬於田，題曰東皋草亭，名人縉士贈遺文字，以爲樂。於時，從子楎以舉人授應天府推官，棐以進士浦城令擢南京陝西道監察御史，子棠、孫珊又繼中京府鄉試，處士曰：『樂哉。吾可終於隱矣。』」棐正德元年升南京陝西道監察御史。棠，弘治十四年舉人，正德六年進士。二人皆有傳。岷字與東，正德六年卒。

竹居園在竹溪上，正德、嘉靖間，何珽建。〔一〕

〔一〕泰興何氏家乘卷二文翰之周慶年竹居圖跋：「竹居公者，乃吾友何兄起雲先生十一世祖也。由貢生任浙江杭州知事。告歸後，築室竹溪上，因號竹居，盤桓終世。」珽號竹居，正德例貢。

洗馬亭，道光、咸豐間，丁人慶建。〔一〕

〔一〕宋廣波丁文江年譜譜前丁文江家世：「按，據丁文江洗馬亭跋可知，丁人慶愛馬成癖。凡遇好馬，必以重金購之。又曾繪有匹馬南行圖，并請本鄉文人題咏，傳誦一時。又在丁宅東邊之溪旁構築小亭，題額曰『洗馬』，取歸馬洗塵之意。1924 年，丁文濤經營東山別墅，修葺洗馬亭，丁文江特作洗馬亭跋。（洗馬亭跋現藏臺北『中研院近代史所檔案館』，館藏號：073－01－003）」扒搶記卷上載人慶父椿建亭於藕池岸。

宅墓

孝子顧忻宅在黃橋西。〔一〕

〔一〕康熙二十七年縣志卷四宅墓：「顧孝子宅，宋故孝子昕故居，在黃橋鎮。後析爲忠義祠。」縣志補卷三下經制志第三典禮載嘉靖三十九年何栗忠義祠碑記略：「清河□□海上□期□□，傷往日戰難官兵，相與出俸資，售卜鎮西民地二十八畝，命工構堂塑像於其間，書部下姓名兩楹。」

顧孝子墓在黃橋西大路南，（據民國十年黃橋鎮圖）萬曆十九年立石。道光十四年重建。光緒二十二年修。民國初毀。八年重修。〔二〕

〔二〕今存宋顧孝子墓石。（詳藝文金石）林任申黃橋名人録孝子顧昕：「民國五、六年間，黃橋西寺橋外一户李姓人家建房開油坊，悄悄地把顧孝子墓平了。（略）8年，顧孝子墓修復。」萬曆縣志卷四：「（缺）顧孝子墓即宋顧昕在黃橋故宅。今廢於（缺）豎。香骨一□，莫可□矣。」康熙二十七年縣志卷四宅墓：「傳聞顧孝子墓即昕黃橋故宅。今且廢於耕夫牧豎。香骨一壞，莫可問矣。茅公譜墓獨無所考。（略）夫此二公者，能使品行列蒸嘗，而不能使遺冢延百祀。豈丈夫處世所重者彝倫，固不争此北邙黃壤乎。嗟乎。茂陵弓劍石馬無聲久矣，爲騷人之致感矣。」

顧孝子亭，道光中建。〔一〕

〔一〕今存顧孝子亭柱。（詳藝文金石）

泰興何氏家乘卷五行狀之何松徠昆田公行述：「去鎮數武，舊有顧孝子碑。傾倒剥蝕，歷有年矣。吾父惻然動念，既賦五古一篇歌咏其事，復解囊勸捐，建碑亭以表之。迄今一望竦然，覺仁孝之風猶足以興起乎百世。」璠號昆田，生於乾隆三十六年，道光二十六年卒，年七十六。

光緒縣志卷九建置志四名迹：「永豐里，今黄橋鎮，宋孝子顧昕故里。後即其宅建顧孝子亭。」

鴻臚寺主簿何嵩墓在黄橋鎮西戴家堡。（據泰興何氏家乘譜傳）

何岷墓在寨河西大路北。（同上）

直隸廣平知府何棠墓在父岷墓右穆。〔一〕（同上）

〔一〕萬曆縣志卷四：「（缺）宅，知府名棠，宅在黄橋鎮。」

嘉慶縣志卷六古迹：「廣平府知府何棠宅在黄橋，墓在鎮東首。」

民國十年黄橋鎮圖載致富橋西有石像。即棠墓所在。

南京太僕寺少卿何棐墓在黄橋鎮東二里。〔二〕（據嘉慶縣志卷六古迹）

〔二〕泰興何氏家乘譜傳：「〔棐、趙氏〕合葬鎮東榮壽藏丑山未向正堂。」卷一六塋域之太僕公塋地紀略：「祖塋田界四止：舊塋西祭田五十畝，東止溝及祖塋，西止溝，南止官路，北止群地；新塋座下祭田六十畝，内除塋地二十畝，東止蘆溝，西止路，南止官路，北止溝、路，又除看墳田七畝，净田三十三畝；溝東祭田一段計四十畝，東止吕宿，西止蘆溝，南止官路，北止溝；北接祭田二十畝，東止何鏼，西止蘆溝，南止溝，北止溝。（略）一、應修建等項：舊塋，碑堂三間、石牌坊一座、華表一對、墓門一座、祭臺一座；新塋，石碑二座、祭臺一座、后土祠一座、享堂五間、牌坊一座、墓門下石鼓一付、石馬一對、石羊一對、石虎一對、華表一對、八字墻周圍墻垣、杉欄四扇、看墳房屋。」

何珊墓在「寨河南之高原」。（泰興何氏家乘卷四墓文之張京元處士繼齋公墓志銘）

福建莆田知縣何南金墓在黄橋鎮西北楊春岸。〔一〕（據泰興何氏家乘卷四墓文之朱一馮文林郎莆田縣知縣麗泉公墓志銘）

〔一〕縣志補卷二建置志第二名迹載嵩、岷、珊、南金四人墓志銘。

黃橋鎮表微卷三

泰興　何振　輯

建置

沿革

開元元年，此地有人居焉。〔一〕唐末，人烟頗繁。〔二〕屬海陵縣。乾貞中，屬海陵制置院。昇元元年，屬海陵縣。三年，屬泰興縣。〔三〕

〔一〕泰興掘獲唐開元古物：「本邑仇家巷有一鄉農，昨晨至河畔掘芒草根。鋤忽爲堅物所阻，觸之有聲。農人甚異之，力掘不稍輟，竟發現大宗古物。計古銅色瓷瓶一隻，高約尺餘，旁有『大唐開元元年製』字樣。瓷鼎一座，惜爲泥土蝕駁，字迹模糊。鼎内有制錢二三十枚，上有篆文『開元通寶』四字。又有瓷鉢一隻，古色斑爛，晶瑩可鑒。銅鏡一面，上鎸鳳凰一對，羽翼翩翩，栩栩欲活，唐人雕琢之工可見一斑。惟此項古物於中華文化上甚有價值，似宜送徙博物院保存，供衆研究，現聞已被黃橋某紳士出資收買云。」仇家巷在黃橋鎮西南六里。

〔二〕經幢殘石年曰「咸通十一年」，鎸姓名一百八十有奇。（詳藝文金石）殘石官曰「副使」「市長官」。樂史太平寰宇記卷一三〇淮南道八載海陵縣南有濟南鎮。唐六典卷五尚書兵部：「凡鎮皆有使一人、副使一人。」此副使或即鎮副使歟。又卷三〇三府督護州縣官吏：「鎮將、鎮副掌鎮捍防守，總判鎮事。」此地或爲要衝。曰「市長官」者，蓋謂此地有市而轄於官。新唐書卷四一地理志五載海陵爲望縣。王溥唐會要卷七〇量户口定州縣等第例：「其赤、畿、望、緊等縣，不限户數，并爲上縣。」唐六典卷三〇三府督護州縣官吏載諸州上縣有「市令一人、佐一人、史一人、帥二人、倉督二人」。

〔三〕樂史太平寰宇記卷一三〇淮南道八：「泰州，理海陵縣。本揚州海陵縣。僞吴乾貞年中，立爲制置院。僞唐昇元元年，升爲泰州。」又：「海陵縣，（略）僞唐昇元元年，於此置泰州。」又：「泰興縣，（泰州）南四十五里。今五鄉。本海陵縣濟南鎮地。僞唐昇元三年，折海陵縣之南界五鄉爲泰興縣，屬泰州。孤山連邑界。」孤山在黃橋鎮南四十二里。

天聖七年，已置永豐里。〔一〕元豐八年，已置永豐鎮。〔二〕

〔一〕張鎡皇朝仕學規範卷九行己引胡安定孝行録：「顧忻，泰州泰興縣永豐里人。」卷首皇朝仕學規範所編書目：「胡安定孝行録。翼之編。」王應麟玉海卷五八藝文録「雍熙大政要録」條引國史志：「天聖七年七月己卯，泰州泰興簿胡訥上所著孝行録二卷、賢惠録二卷、民表録三卷。」陳振孫直齋書録解題卷七傳記類：「孝行録三卷，京兆胡訥撰。始得此書，不知訥何人也。所記多國初人。已而知其爲安定先生翼之之父，仕爲寧海節度推官。」嘉靖惟揚志卷一二經籍志：「孝行録三卷。京兆胡訥撰。」又：「讀安定書日抄一卷。宋慈谿黃震編。凡録賢惠録八條、孝行録十條、論語説十條、墓志二篇。然二録雖先生父訥所著，實成於先生之手。」故知孝行録乃胡訥所撰，天聖七年七月己卯奏上，後經其子瑗點定。顧忻，泰興人。遂推其傳爲縣簿訥所作，永豐里置於天聖七年以前。

〔二〕元豐九域志卷五淮南東路：「中，泰興，〔泰〕州東南七十三里。四鄉。柴墟、永豐二鎮。有大江。」王應麟玉海卷一五地理地理書「熙寧九域志」條引會要謂此書「元豐三年閏九月延和殿進呈，六年閏三月詔鏤，八年八月頒行」。

至正中，已名黄橋。〔一〕

〔一〕蘇伯衡蘇平仲文集卷三王銘傳：「〔至正十八年〕戊戌四月，復從預國公擊通州，拔黄橋、鵝項、張榮等寨。」

宋濂宋學士文集卷一一鑾坡集卷一大明敕賜故懷遠大將軍僉江南等處行樞密院事贈榮禄大夫江西等處行中書省平章政事上柱國追封梁國公趙公神道碑銘序：「〔至正二十年〕冬十月，掠黄橋及馬馱沙。」

王世貞弇山堂別集卷八六詔令雜考二之朱元璋與魏國公書：「教總兵官徐達、常平章知會：姜偃、黄橋但係民軍往來路道處所，彼處之民不許屯集於這幾處。（略）龍鳳十二年九月十五日。」宋龍鳳十二年，元至正二十六年也。

洪武中，置黄橋巡檢司。〔一〕明代，永豐、黄橋二鎮名并行。〔二〕

〔一〕康熙二十七年縣志卷三學校：「黄橋巡檢司在城東四十五里，明吕令秉直建。」卷二秩官載秉直洪武元年至十一年任知縣。

〔二〕光緒通州直隸州志卷七軍政志：「明太祖洪武三年，置通州、海門、泰興、如皋巡檢司巡檢十員。（略）泰興：黄橋巡檢司，印莊巡檢司，口岸巡檢司。」

〔二〕泰興何氏家乘卷四墓文之何椲故母張太安人壙記：「黃橋鎮先有曰張彥清者，巨族也。」張氏正德二年卒，四年葬。

儲巏柴墟文集卷九文林郎何處士與東墓志銘序：「處士諱岷，與東其字，號東皋。世居邑之永豐鎮，稱著姓。」岷字與東，正德六年卒，次年葬。

嘉靖惟揚志卷七公署志：「黃橋巡檢司。在泰興縣東四十五里永豐鎮。」又：「四牌坊，黃橋鎮，爲何棐立。進士。黃橋鎮，爲何棠立。」卷八儲備志：「泰興縣預備東倉。在永豐鎮南。」

萬曆縣志卷一：「黃橋鎮。在城東四十里，舊名永豐鎮。」

明至清初，黃橋鎮在太平鄉十六都。〔一〕（據嘉慶縣志卷二祀典）雍正十三年，裁革里甲。〔二〕於是鄉都之名不甚著，群以四轄別之：曰捕轄，典史之所治也；曰口轄，曰黃轄，曰印轄，三巡司之所治也。（光緒縣志卷四區域志四鄉聚）黃橋鎮在黃轄。〔三〕光緒二十七年，黃轄編分爲十保。〔四〕

〔一〕嘉靖惟揚志卷七公署志：「泰興：一百一十三里。在城，八里。東北隅、東南隅、西北隅、西南隅、宣德七年增。新隅、天順六年增。東新里、西新里；弘治五年增。太平鄉，共三十里。一都、三里。十三都、三里。十四都、五里。十五都、四里。十七都、三里。十八都、四里。十九都、三里。二十都；六里。順德鄉，共四十三里。二都、五里。三都、十五里。四都、二里。五都、二里。六都、四里。二十一都；十五里。保全鄉，共一十四里。七都、三里。八都、六里。九都；五里。依仁鄉，共十三里。四十都、二里。四十一都。十一里。」

萬曆揚州府志卷二郡縣志下：「泰興都鄙：東南隅、西北隅、西南隅、新隅、東新里、西新里、中隅，以上在城共八里。太平鄉，轄九都三十五里。順德鄉，轄六都四十三里。保全鄉，轄三都一十四里。依仁鄉，轄三都一十四里。」

康熙五十五年縣志卷一建置：「國制，以壹百壹十户爲里。里有長，每里十人，爲十甲，歲役其長壹人管里中事。泰興舊編户壹百八里，自明宣德、弘治增至壹百壹十叄里。在城八里，東南隅、西北隅、西南隅（宣德七年增）、新隅（天順六年增）、東新里、西新里、中隅。（俱弘治五年增）太平鄉轄九都叄十五里，順德鄉轄六都四十叄里，保全鄉轄三都壹十四里，依仁鄉轄叄都壹十四里。明隆慶元年，許令希孟量，止存壹百八里。萬曆九年，高令桂經量，欲并爲八十里。會當道不欲，遂止。」

丁正祺黄橋記憶黄橋的碑石磚刻木刻「買地券」條：「趙場某人家有一方磚，上有綫刻文字：『正德十六年辛巳十二月己卯朔，越十九日丁酉，直隸揚州府泰興縣太平鄉十六都黄橋鎮居住信士何琢，伏緣故兄何珙買得墓地一方，長十三步、闊十五步，前青龍後白虎上朱雀下玄武（略）』」

嘉慶縣志卷二祀典：「忠義祠在黄橋鎮。（略）嘉靖三十九年，公捐置高地二十八畝，在太平鄉十六都本鎮西寺橋外官路南。」

〔二〕「十三年」，光緒通州直隸州志卷一疆域志同，嘉慶縣志卷一疆域：「雍正十二年，奉行裁革里甲，改爲版圖，都鄙舊數遂廢。」

〔三〕光緒縣志卷四區域志四鄉聚：「邑東迤北少南爲黄轄。城東十五里，官溝，姚家埭。二十五里，燕家莊，石梅莊。土名失迷。二十七里，石家堡。三十里，殷家莊。三十三里，溪橋。三十五里，野王莊，向、江二堡，錢、仇二巷，王家莊。四十里，黄橋鎮，群韓莊，路莊，馬家堡。四十二里，王家莊，吴韓、錢韓、陳韓、王韓，何韓五莊，王、朱、何三莊。四十五里，金、浩二堡，南、北劉堡，焦莊，小二房莊。四十七里，横巷，太平莊，西楊莊，余、蔡二莊。四十八里，鹽泥廠，吴家埭，祁家巷。五十里，湖頭，野毛垛，丁莊，丁橋河，周家橋，陳家港，東、西官莊，楊何莊，孫滕莊，老莊，蔡家群。五十三里，徐家莊。五十四里，東、西分界，東、西廠頭，常家橋。五十五里，丁達、王憲二莊。五十八里，珊瑚莊，顧家堡，莊子上，埠口橋，時家埭，周莊。六十里，張家莊，七姓莊，交莊，王北河，楊家莊，老壩頭（東界如皋縣），八甲莊（南界印轄）。六十五里，野竹園，王家埭（南界印轄，東界如皋縣）。城東南十五里，張家營，元仙莊。二十里，鶴脚灣。三十里，陳橋。五十里，衆姓莊。五十五里，梧桐樹，八角井（南界印轄）。城東北十二里，野廟口。十五里，徐家莊。十八里，王魯家堡，林家埠，車家莊，周家里，蕭家里，港上。二十里，沈、毛二莊，三陽莊，丁家溝。二十五里，河頭莊，老葉莊，任家莊，印家院，盧家蕩（西界口轄）。二十八里，邵家蕩，北楊莊，野蕭莊，廟頭，碾頭二莊，鞠、梅、馬三莊。三十里，周、劉、成三莊，白、管、嚴三莊。三十五里，陽春岸，焦家蕩，太平、野何、北劉三莊，孟家溪，孔、閻、陳、蕭四莊。三十七里，三里莊，八尺溝。四十里，白毛垛，橋子頭，鳳陽莊，西徐莊，李家蕩，封家莊。四十五里，夏家岔，葉家里，野屋基，邵家埭，東、西官田，興王莊。五十里，顧莊寺，楊家里，謝家蕩，東、西雁嶺，王、徐、蔡、丁、趙五莊，南錢、杏塘，車馬三莊，五保莊，横家垛，樊家集，江成堡，蔣家堡，野秦莊，宫家垛。五十五里，刁家汪，鹽河，張梧桐，吴家埭（北界泰州，西界口轄），元垛，奚家里，錢家岔，徐、申、董、錢四莊，野王莊，野竹園，錢家蕩（北界泰州）。六十里，倪滸莊，尹家垛，任段莊，鴨兒灣（北界泰州），官垛，官才廠，鮑顧莊，汪、房二莊，古溪，周家莊（北界泰州，東界如皋縣）。」縣志稿區域志四境爲之校正。

〔四〕縣志續卷二建置志第二之二公署：「保甲總局在城中地藏庵，光緒二十七年，知縣龍璋設。編分捕轄爲八保，黃轄爲十保，口轄爲七保，印轄爲八保。每保之中分二十餘甲至五十餘甲，一甲之中分八牌至十四牌。甲有甲長，董事舉之。牌有牌長，甲長舉之。使之互相鈐束，互相稽察。期於上下通情，守望相助。以下檔案。後改爲巡警籌費局。」

民國元年，置黃橋市。黃橋鎮在黃橋市。（據江蘇省内務行政報告書上編第三章縣市鄉自治機關第三節市鄉之組織）三年，并黃橋市、震東市、東溪鄉爲自治第八區。〔一〕

〔一〕金森寶泰興縣鄉土志：「改革後，劃爲十五區、二十七市鄉，以便自治。」又：「第八區：黃橋市，震東市，東溪鄉。」

縣志稿區域志村市：「民國元年，新分市鄉曰治平，曰太和，是爲二十七市鄉之一。（略）（治平鄉）東至申家莊，與黃橋市、東溪鄉毗連。（略）（太和鄉）東至西觀甸頭，與黃橋市毗連。（略）民國三年，并兩鄉爲一區，曰十一區。」又建置志公所副册載遷善、二泰、拱北三鄉鄉公所皆民國三年停止，第十五區自治公所同年成立。遂推第八區亦置於民國三年。

人口

乾隆二十三年，黃橋鎮率不下數千户。〔一〕

〔一〕縣志補卷二建置志第二名迹載乾隆二十三年重修永豐鎮城隍廟碑記：「永豐鎮去延令治四十里，人民相與保息而萃處，閭閻比密，田桑沃茂，執四民之業者率不下數千户。四方人士，商販歸往，雲集蟻附。蓋縣治東一大區會也。」

道光三年，黃橋鎮二千餘家。〔一〕

〔一〕延令黃橋丁氏重修家乘卷一之道光三年張馥丁氏族譜序：「延令之東鄉曰永豐鎮，鎮廣袤三里，其間聚族而居者二千餘家。」

光緒三十一年，黃橋人口一萬五千。〔一〕

〔一〕張鑄泉黃橋建郵有檔可依引夏鎮所譯清末郵政英文檔案：「當時黃橋隸屬於通州府泰興縣，當地最高地方長官爲『欽加三品銜侯選道特授泰興縣正堂』，人口1.5萬人，光緒三十一年(1905年7月9日)建立郵政代辦所。」

民國元年，黃橋市人口五萬至五萬五千。〔一〕

〔一〕江蘇省内務行政報告書上編第三章縣市鄉自治機關第三節市鄉之組織載江蘇暫行市鄉制第一章總綱第一節市鄉名義第二條：「凡縣治城厢地方爲市。其餘市鎮、村莊、屯集等各地方，人口滿五萬以上者爲市，不滿五萬者爲鄉。」第二章市鄉議事會第一節員額及任期第二三條：「市議事會議員以二十名爲定額。市人口滿五萬五千者，得於前項定額外增設議員一名。自此以上，每加人口五千，得增議員一名。」又載黃橋市議事會民國元年員額爲二十。

保甲

清至民國初，黃橋鎮編甲如下：西街等爲一甲，〔一〕布巷、王家巷等爲二甲，〔二〕北街、河

東、直來橋等爲三甲，〔三〕米巷部分等爲四甲，〔四〕口巷、珠巷、南迎祥巷等爲五甲。〔五〕

〔一〕縣志稿區域志學堂：「光緒十二年，丁蘭芬、王式曾等設麗黃書院。光緒三十一年，知縣龍璋改爲麗黃國民學校。所有鎮中助送田地市房，計開如下：黃橋鎮一甲西街坐南朝北瓦房十六間、基一畝八分五厘，西街坐北朝南瓦房十間、基一畝九分。」

〔二〕縣志稿區域志學堂「麗黃書院」條：「二甲布巷坐西朝東瓦房三間、基二分。」延令王氏重修家乘卷二之宗祠田房：「光緒十三年，續置丁維城二甲王家巷東首坐南朝北基地二分、厠缸五隻、尿缸乙隻，價乙百千文。每年租錢十乙千六百文。」

〔三〕縣志稿區域志學堂「麗黃書院」條：「三甲北街坐東朝西瓦房六間、基一畝三分。」余氏祠告示碑：「坐落本鎮三甲河東。」（詳藝文金石）重修直來橋碑：「太平橋南近三甲市門，北接拱辰橋，而直來兼之。」（同上）

〔四〕延令王氏重修家乘卷二：「乾隆元年，廷棟買何宅米行四甲内市房一所以作公祠，出價銀壹百八拾五兩，各項一應使費在内。」

〔五〕縣志稿區域志學堂「麗黃書院」條：「五甲口巷西首坐東朝西瓦房五間、基六分、墻外厠缸一所。」泰興何氏家乘卷一五祠宇：「道光二十四年，續買丁姓五甲猪行中坐北朝南瓦店房三間、通後朝東瓦廂房三間、東首天井一方、店房西首後檐墻外小天井一方、隨房基地、上蓋下鋪、出水陰溝，大錢貳伯陸拾仟。又税契過晌、修理廂房，大錢貳拾仟。總共費用貳伯八十仟，俱宗祠出息。至咸豐初，承業收房租。」同卷：「同治十三年，續買本鎮五甲南迎祥巷坐西朝東瓦堂屋叁間、通後天井一方、又朝南屋廂屋叁間、隨房地基，前後一應裝修俱全，價銀在契。」

公署

黄橋巡檢司署，洪武中建。嘉靖中修。〔一〕乾隆中，重建於銀巷。〔二〕後又重建。〔三〕

〔一〕康熙二十七年縣志卷三學校：「黄橋巡檢司在城東四十五里，明吕令秉直建，朱令篪修。」卷二秩官載秉直洪武元年至十一年任知縣。嘉慶縣志卷三秩官載篪嘉靖十一年至十五年任知縣。

〔二〕海曲拾遺卷一建置類：「黄橋司署在銀巷，巡司湯維新建。」周廣業冬集紀程：「〔乾隆四十八年十二月二十七日。〕舊無公廨，前任某以僦居不便，買地構宅。既轉鬻慎齋，雖卑狹，尚可治事。」前任某或即維新歟。

〔三〕光緒縣志卷七建置志二公署：「黄橋巡檢司署在黄橋鎮，大堂三楹，大門三楹，東爲福德祠，爲書識房，西爲弓兵房，北爲穿堂，又北二堂三楹，左右書室各一，税房、從舍各二，後爲穿堂、寢室五楹，庖舍三。」乾隆直隸通州志卷二疆域志：「〔泰興〕縣東皆居村墟，惟黄橋一鎮水陸通衢，爲縣重地，故設有巡檢以司稽察。」

周廣業冬集紀程：「俗尚門健訟，明初設巡檢司彈壓之。」

萬曆縣志卷二：「巡檢三員，俱正九品，掌凡游徼扞掫、譏察非常、巡鹽捕盗之事。」康熙二十七年縣志卷二秩官、康熙五十五年縣志卷三秩官皆載：「國朝官制與明同。」光緒縣志卷一六秩官志一古今官屬年表載清代巡檢爲從九品。

乾隆七年十月二十八日題報通州泰興縣毛癩子等盜掘已故陳三子墳棺偷取衣物審實毛癩子依發掘他人墳冢開棺見尸律擬絞監候照例刺字：

兵部右侍郎兼都察院右副都御史總理糧儲提督軍務巡撫江寧等處地方紀録壹次降壹級留任臣陳大受謹題，爲掘墓開棺等事：該臣看得泰興縣毛癩子等發掘已故陳三子墳棺、盜取衣物壹案，緣癩子與薄小蠻子、戴三俱係流丐。有席有成繼子陳三子於乾隆柒年貳月貳拾日病故，貳拾壹日葬於黄橋鎮西義冢地内。貳拾叁日，癩子同薄小蠻子自路莊看戲而回，經過義冢，坐地吃烟，見有新墳。回至黄橋，撞遇戴三，一同沽飲，談及覓食維艱，癩子起意刨墳，各皆允從。黄昏時分，一齊起身，行至途中，戴三悔悟而返。毛癩子在於路旁土地廟前拔取小旗杆壹枝，同薄小蠻子潛至陳三子墳前，用手爬開墳土，將旗杆撬開棺蓋，剥取尸身衣褲鞋襪，次日當賣分用。惟剩布鞋壹雙，毛癩子换與戴三穿著，被三子之弟陳四子路遇識認，歸告有成。鳴保查看，知被發掘。尋獲戴三，具禀黄橋司巡檢，究出毛癩子等一并拿獲，解縣勘訊通詳，節審贓供并確。毛癩子依律擬絞監候。薄小蠻子依例發附近充軍，仍同毛癩子刺字。戴三始雖與謀，旋即悔悟，未曾同往。其所得布鞋，係與毛癩子换穿，并非分受之贓。但該犯不及勸阻出首，依律杖壹百。查薄小蠻子平素并未爲匪，實因度日維艱，一時被約入夥，與戴三俱事犯在乾隆柒年叁月拾陸。并捌月拾肆日，續奉到恩旨，以前情稍可原，薄小蠻子應減杖壹百，徒叁年，戴三杖罪應予寬免。起贓給主，未起贓物當本照例追賠。謹題請旨。（「明、清與民國檔案跨資料庫檢索平臺」網站，未見影像）

黄橋市議事會，民國元年九月十一日置。（據江蘇省内務行政報告書上編第三章縣市鄉自治機關第三節

市鄉之組織）

黃橋市董事會，民國元年九月十一日置。〔一〕（同上）

〔一〕江蘇省内務行政報告書上編第三章縣市鄉自治機關第三節市鄉之組織：「江蘇暫行市鄉制，即原本前清城鎮鄉自治章程，略加修改，初無特異之點。於市設議事會及董事會，分掌議事、執行兩機關。於鄉設議事會及鄉董、鄉佐，分掌議事、執行兩機關。惟市鄉組織有不同於縣之組織者。縣議員選出員額以納税總數爲準，市鄉議員則以人口之數爲比例。其異點一也。縣議事會、參事會與縣行政長官處對待之地位，市鄉職員則應受其監督。故縣行政長官對於縣議事會、參事會之議案，認爲妨害公益，違背法令，祇能交令覆議或請省議會公斷，而對於市鄉議事會、市董事會及鄉董、鄉佐則有解散及撤銷之權。其異點二也。」

自治第八區公所，民國三年置。〔一〕（詳建置沿革）

〔一〕民國十年黃橋鎮圖載武廟東育嬰堂西有公所。未知此爲其址否。

巡警所在西街。〔一〕（據民國十年黃橋鎮圖）

〔一〕龔汲三黃橋經濟之概況：「及鼎革之後，警政亦視如特區，并有保安隊維持治安。」

營汛

永豐鎮堠，南宋時已建。〔一〕

〔一〕嘉靖惟揚志卷一〇軍政志：「泰興四路斥堠：金生堠、在泰興縣治西北路。揚州港堠、馬家汪堠、臨江村堠、馬店堠、樂希家堠、土山堠、吕家莊堠、樂家店堠，以上八堠皆泰興東南路。徐承奉段堠、隱琛家段堠、果園沙堠、顧用莊堠、茆莊店堠，以上五堠皆泰興西南路。分界堠、永豐鎮堠、流復溪堠。以上三堠皆泰興東路。」大明清類天文分野之書卷二載泰興縣治南宋時由柴墟鎮徙於延令村。柴墟鎮即今口岸，在馬店西北。延令村即今縣城，在馬店東南。嘉靖惟揚志謂馬店堠在縣東南路，則永豐鎮堠建於徙治以前可知矣。

黄橋寨，張士誠兵據。至正十八年四月，朱元璋兵拔。〔一〕

〔一〕蘇伯衡蘇平仲文集卷三王銘傳：「〔至正十八年〕戊戌四月，復從預國公擊通州，拔黄橋、鵝項、張榮等寨。有白金文綺之賜。」萬曆通州志卷八遺事：「戊戌四月，我大明兵取通州。七月庚子，同知樞密院事廖永安破士誠於通州狼山，獲其戰艦而還。」

宋濂宋學士文集卷一一鑾坡集卷一大明敕賜故懷遠大將軍僉江南等處行樞密院事贈榮禄大夫江西等處行中書省平章政事上柱國追封梁國公趙公神道碑銘序：「〔至正二十年〕冬十月，掠黄橋及馬馱沙。」

王世貞弇山堂別集卷八六詔令雜考二之朱元璋與魏國公書：

教總兵官徐達、常平章知會：姜偃、黄橋但係民軍往來路道處所，彼處之民不許屯集於這幾處。果係復業人户，許令散居元宅。一旦有謀，時刻如何便聚集起。此我之利也。店市之民不可屯於要道，理合移於水蕩中間沙洲處所，拘其船隻，使民智勇不能施。亦我之利也。平定通州，別行處治。若使遷發爲軍，恐通州下面左右之民，聞此一聲，速去之心甚重，彼各持刃與我相拒。未可也。軍中再思。龍鳳十二年九月十五日。

黃橋鎮墩，弘治中建。〔一〕

〔一〕康熙二十七年縣志卷一疆域：「宋曰堠，明曰墩。弘治間，建烽墩十七處於西南沿江一路。每墩置屋一間，居巡邏之卒。又自城西北過刁家鋪至泰州界，東北過黃橋鎮至如皋界，每五里置一墩。」

毛兵營，嘉靖三十八年建。〔一〕

〔一〕縣志補卷三下經制志第三典禮載何栗忠義祠碑記略：「欽差□□江南□、□□□兼鳳陽等處參將署都指揮僉事清河胡忠義立，（略）己未年，河南道選該衛指揮王復乾部毛兵赴軍門，發泰興黃橋鎮守焉。」縣志補卷二建置志第二城垣載嘉靖四十年奚世亮泰興縣北城水關記：「欽差統領河南睢、陳兵馬兼管鳳陽等處參將胡宗義。」

鄭曉鄭端簡公奏議卷一淮陽類十分緊急倭寇疏：「（略）〔嘉靖三十三年四月〕十一日，據儀真守備張壽松、揚州府同知朱裒各呈『與揚州衛千户洪岱等領兵前去如皋縣。據報「黃橋地方有倭賊六十三人，從立發口過河，相去如皋四十五里」。職等領兵前去，追至史家莊，得獲一名湯黃毛。餘賊奔至泰興縣曹家埠，搶得沙船一隻，開江去訖。（略）』」卷四淮陽類剿逐倭寇查勘功罪疏：「〔嘉靖三十三年四月〕初四日，守備張壽松、同知朱裒從泰州到如皋縣札營。適有東臺場前到倭賊六十三人，自梁垛、安豐、富安、貢家集、海安來，至史家莊地方。張守備、朱同知、方千户追趕至鮮魚莊，朱同知部下擒獲倭賊一名湯黃毛并槍頭一根。又追至尤家莊，其賊對敵二合，被賊殺死，民快殷山射傷張喬等八名。賊遂從黃橋鎮東地名曹莊埠、新開港搶船三隻，下江去訖。（略）〔儀真守備張壽松〕黃橋追賊，將至而輒還。（略）」此書淮陽類多載抗倭事。

嘉靖重修如皋縣志卷六雜志：「〔嘉靖〕三十八年四月初一日，倭奴大舉入寇。初至八十餘船，突泊海門楊樹港，通州副總兵鄧城不能禦。初七日，至丁堰鎮。巡撫都御史李燧命河南千户王良、吕雄率毛兵與戰，斬首七級。賊益兵力戰，良、雄死之，毛兵死者四百餘人。賊乘勝衝山西游擊丘陞营，陞奮兵斬賊首二十九級。時丘陞邊兵二千，陣於河東。王良毛兵七百，陣於河西。賊以良兵寡攻之，陞肯戮力救援，良亦不至一敗塗地也。（略）」

萬曆揚州府志卷二三歷代志：「〔嘉靖〕三十八年四月，倭犯海門，通州副總兵鄧城敗績。時狼山新設置總兵，舟師兵器未備，所募浙兵多未經戰。倭突泊海門楊樹港，鄧城一戰，折兵四百餘名。城兵迤邐倭尾，莫敢攖其鋒。倭犯丁堰，毛兵敗績，千户王良、吕忠戰没，參將丘陞擊却之。倭犯如皋城，丘陞背城擊敗之。鄧城再戰，敗績。陞復追擊，敗之。倭犯盧家場，千户汪時中擊却之。參將胡宗義與倭戰於海安，兵潰，千户趙世勛、鎮撫韓徹死之。六月，副使劉景韶統兵追倭於劉莊場等處，盡殲之，參將丘陞戰殁。八月，巡撫都御史李遂督副總兵劉顯、曹克新等擊倭於白駒場，大破之，倭悉平。」

鄭若曾籌海圖編卷九大捷考淮楊之捷：「〔嘉靖三十八年〕己未，賊萬衆連艘分道并入，中外震恐。時四月一日也。〔李遂〕公閲兵通州，計賊若從海門、西亭趨如皋，則通州在賊外。乃兼程趨通、泰州，而以副使劉景韶、游擊丘陞駐兵如皋以扼要害，檄各路兵進黄橋、海安等處援應。已而賊至益多，我兵迎戰，挫其前鋒。賊果出西亭，知如皋有備，遂由通州東趨白蒲鎮。公計賊深入，利在速戰。戒海防等兵據丁堰東北，堅持不出。時東南風急，我兵不便迎擊。公籲天以祭，風即回，連三日。乃擐甲誓師，斬不用命者，人皆踴躍以進。又計賊過如皋必由黄橋、泰興犯瓜、儀，則糧運阻梗，留都摇動。若驅之富安以北，沿海東出，無能爲矣。乃身當泰州之衝，而以黃橋西路責景詔等。（略）」

明史卷二〇五李遂傳：「（嘉靖）三十八年四月，倭數百艘寇海門。遂語諸將曰：『賊趨如皋，其衆必合。合則侵犯之路有三。由泰州逼天長、鳳、泗，陵寢驚矣。由黃橋逼瓜、儀，以摇南都，運道梗矣。若從富安沿海東至廟灣，則絶地也。』乃命副使劉景韶、游擊丘陞扼如皋，而身馳泰州當其衝。時賊勢甚盛，副將鄧城禦之敗績，指揮張谷死焉。賊知如皋有備，將犯泰州，遂急檄景韶、陞遏賊。連戰丁堰、海安、通州，皆捷。賊沿海東掠，遂喜曰：『賊無能爲矣。』令景韶、陞尾之，而致賊於廟灣。復慮賊突淮安，乃夜半馳入城。賊尋至，遂督參將曹克新等禦之姚家蕩。通政唐順之、副總兵劉顯來援，賊大敗走，以餘衆保廟灣。景韶亦敗賊印莊，追奔至新河口，焚斬甚衆。廟灣賊據險不出，攻之月餘不克。遂令景韶塞塹，夷木壓壘陳，火焚其舟，賊乘夜雨潛遁。官軍據其巢，追奔至蝦子港，江北倭悉平。帝大喜，璽書奬勵。」

縣志校卷五上人物志第五之一宋元明人列傳：「康熙志忠烈類有千户王良，嘉靖間倭亂戰歿。嘉慶志并及同時死難之良子及千户、鎮撫、把總趙世勛、韓胤。考何栗忠義祠碑記，良等本河南衛指揮部下毛兵，奉令發泰鎮守者，非縣人。縣志去之，是也。」良傳見康熙五十五年縣志卷三人物、嘉慶縣志卷五人物。

黃橋汛，創建無考。〔一〕雍正七年，泰興營外委把總一員駐扎黃橋鎮，協防外汛。〔二〕乾隆八年，泰興營右哨把總調駐此汛，增兵二十四，添建官署營房。〔三〕十一年，准建木樓牌坊、柵欄旗杆等項。〔四〕光緒十二年，有汛兵二十五，堡房、汛坊、哨樓、烟籠、旗杆各一。〔五〕

〔一〕乾隆直隸通州志卷一二軍政志：「順治十八年，初設守備，并周、永二營爲泰興營，駐城内，設經制把總二員。」又：「按：原管奉撥汛防泰州所屬姜堰鎮并如皋縣西關外一帶地方，泰興縣所屬黄橋鎮、朱家市、馬店鎮以及城守、監獄内外各汛。其沿江一帶黄家港、口岸鎮、遷善鋪、五洲、嘶馬鎮原屬京口水師營管轄，於康熙三十五年奉督憲批飭，本營派兵防守。」

〔二〕乾隆直隸通州志卷一二軍政志：

雍正七年爲敬陳管見等事案内：奉部文添設外委把總二員，係本營馬戰兵内考拔。内派一員駐札泰興縣城内，協防内汛。又派一員駐札黄橋鎮，協防外汛。

〔三〕雍正朝漢文硃批奏摺彙編江南總督趙弘恩奏報賑濟江蘇被水灾民及緝拿鹽梟整治吏治營伍等三事摺：

江南總督臣趙弘恩謹奏：（略）一、各處私梟有妨鹽政，且恐流而爲匪，擾害地方。臣屢蒙聖諭周切，敢不竭力督拿。前於九月内，訪聞泰興縣之黄橋汛等處、興化縣之大村等處皆逼近兩淮場竈，爲積梟巨窩出没之地。而句容縣更與例食浙鹽之丹陽、丹徒等縣接壤，向有侉梟挑越散賣。平日，各該地方官弁兵役惟知堵緝零星小販，呈報搪塞。而此種大梟巨窩，或受賄故縱，或畏縮不拿。甚屬不合。臣隨選差標員，并令各該地文武嚴督兵役奮勇擒拿。今句容已獲梟犯二十餘名，興化已獲梟犯二十餘名，泰興亦獲梟犯十七名。内興化縣梟犯繆瞎子等一起敢於逞凶拒捕，當有兵丁劉萬卿一名奮力尾追，受傷身死。句容梟犯内亦有余孝等一起以挑鹽扁擔拒捕，經各兵并力擒獲，而兵丁胡實一名曾受微傷。似此凶頑梟徒，法更難寬。若仍交各該地方官承審，恐又因循積習，延擱開脱。臣據報，隨一面飛令將已獲各犯全行解省，分案飭發江寧道府等執法嚴究，刻日就近招解。應具題者，臣即審題。其原非拒捕夥内、罪僅徒流者，即行照例批發遣配，以示懲儆。一面勒拿逸犯，務獲另究。其竭力擒拿之員弁兵役，臣俱令動支巡費分別奬恤。至此外各州縣私梟積窩，亦在上緊查拿，并飭不得妄拿無辜，驚擾地方。在案。理合奏聞。（略）雍正十二年十一月二十日。

雍正帝硃批：「好。效力兵弁，重加奬賞。所獲衆犯，嚴加守禁，不可疏忽，致令免脱。」

乾隆直隸通州志卷一二軍政志：

乾隆二年爲酌添緝私一案：奉前督部堂慶憲牌開「准兵部咨稱『泰興營凌家橋汛向設把總一員，帶兵四十名。原爲稽查私販，今泰興已奉題行官引，私梟斂迹，似可毋庸多派目兵空守。惟黄橋汛實爲東路私梟出没要隘，原汛兵單，似宜酌添防禦』。今將凌家橋汛止須留兵十四名，外委一員移駐包家橋汛。而黄橋汛派撥兵二十四名，同原有汛兵六名，共三十名，并把總一員駐防，以資巡緝。又於失迷莊、季家市、印莊三處添立三汛，以爲犄角。至於如皋縣城西原設三汛，向係泰興營派兵汛防，實屬路遠難稽，應改歸如邑城守營派兵汛防。所撤各墩、汛兵丁，除撥應添各汛外，餘俱歸伍操防」。等因。遵將如皋城西三汛交代如邑城守派兵防守，撤回汛兵派防添立之季家市、印莊、失迷三汛駐防。在案。

乾隆七年十二月二十一日宗室德沛兩江總督爲添建泰興縣各汛營房事揭帖：

揭爲泰興縣境内五門、兩關、監獄等八汛，又外汛之黄橋等汛，應添建官署營房：又拆運凌家橋原建沖倒之官署營房，以抵黄橋汛官署頭門、大堂之用，通共估需工料銀一千五百餘兩。（「明、清與民國檔案跨資料庫檢索平臺」網站，未見影像）

清高宗實録卷一八八：「〔乾隆八年四月己丑，〕兵部議准原任江南總督宗室德沛疏稱『泰興縣境內添建營署，撥兵防守。將凌家橋汛外委一員移駐包家橋汛。其黄橋汛，再添兵二十四名，并委把總一員駐札防守。季家市乃如皋、靖江交界，添設大汛，派兵十名。并建營署九十六間』。從之。」

〔四〕清高宗實録卷二八〇：「〔乾隆十一年十二月辛未，兵部〕又議准兩江總督尹繼善疏稱『泰興縣五門、兩關、監獄及黄橋等汛，應建木樓牌坊、栅欄旗杆等項，請照數添建』。從之。」

〔五〕光緒縣志卷一五經制志四營伍：「〔今制：〕分防黄橋汛，右哨把總一員。（略）黄橋汛兵二十有五，口岸、遷善鋪、毗盧市每汛兵十，季家市、印莊每汛兵五，并設堡房、汛坊、哨樓、烟籠、旗杆各一。」又載右哨把總爲正七品，外委把總正九品。

泰興營經制把總署。（據海曲拾遺卷一建置類）

卡厘四：一在文明橋南沙港西，一在上卡南，一在文明橋西沙港南，一在黄橋鎮西北龍開河南。（據民國十年黄橋鎮圖）其中或有緝私之卡。〔一〕

〔一〕嘉慶兩淮鹽法志卷一三轉運八緝私上載乾隆二十七年四月運司盧見曾詳：

泰興縣東鄰場竈，北連泰壩，南與靖江交界，西臨大江。是東、北爲場私所侵，西、南又爲浙私透越。向來，該縣額設巡役三十五名、外江巡船六隻、內河巡船一隻、舵工六名、水手二十名，分泊沿江各港守禦。茲查各隘相去不過五十餘里，無須設立多船，應將船、役量行調劑。請於口岸鎮、過船港、黃家港三隘仍各設江巡船一隻、舵工一名、水手三名、巡役四名會哨巡緝，其餘江巡船三隻、內河巡船一隻均可裁汰。仍於野汊港等口及南界靖江之處改設小巡船四隻，每船選善於駕駛巡役四名來往梭巡，水涸之際即令在於陸路巡緝。其外江之太平洲，陸路之印莊鎮、毗羅市、分界莊、黃橋鎮、古溪莊、陳家莊、安寺橋等處，將原有巡役分派會哨巡查。隸縣西之口岸鎮、過船港、黃家港、太平洲、野汊港者，責令口岸鎮巡檢管轄。隸縣南之毗羅市、印莊鎮者，責令印莊鎮巡檢管轄。隸縣東北之分界莊、黃橋鎮、古溪莊、陳家莊、安寺橋者，責令黃橋鎮巡檢管轄。再請設立總巡商一名督率稽查，以免各役懈弛。

後有「經總督鹽政批准飭遵」句。

同書卷一四轉運九緝私下載乾隆六十年三月運司曾燠議詳：

江南泰興營都司所轄汛地，西臨大江，東、北毗連場竈，水陸路徑紛歧，透私最易。請於扼要之黃橋派兵六名，季家市五名，毗羅市、黃家港各四名，派把總一員督緝。又包家橋派兵八名，專撥把總一員督緝。又遷善鋪、口岸汛、馬店三處各派兵三名，五洲、嘶馬各二名，派外委一員督緝。又添設巡船三隻，每船舵、水五名。划船二隻，每船舵、水三名。

後有「均經總督鹽政批允之」句。

民國江都縣續志卷九兵防考：「鹽捕營掌緝兩淮私鹽，設立於道光二十六年。（略）所屬緝私各卡凡十六所。南鹽廳，繆灣鎮，丁埝鎮，李家橋，瓜洲新河口，白塔河，泗源溝，三江營，界溝，溱潼，寶帶橋，沈家渡，曲塘，黃橋，力乏橋，如皋南閘。」

光緒兩淮鹽法志卷一三〇職官門：「（淮南内河外江各局卡：）黃橋緝私分巡委員一人。」兩淮輪委酌委差使班次期限單：「六漫閘，新關，大團閘，繆灣鎮，白塔河，仇湖口，曲塘，如皋南閘，鹽城北閘，泰州南門，寶帶橋，沈家渡，界溝，泗源溝，三汊河，黃泥港，廟灣，海關，丁溪閘，溱潼、姜埝、草埝閘、許坎關、龍溝、李家橋六閘，黃橋，力乏橋，新河口，南鹽廳，以上廿九緝私差，輪委一年期滿。」

黄橋鎮表微卷四

泰興　何振　輯

社會

學校

社學在黄橋巡檢司署西，嘉靖中設。〔一〕

〔一〕康熙五十五年縣志卷一建置：「〔社學〕一在永豐鎮巡檢司西，并邑令朱公篪建。〔今廢。〕」卷三秩官：「〔明制，〕每社學，教、讀各一人。（略）國朝官制與明同。」嘉慶縣志卷三秩官載篪嘉靖十一年至十五年任知縣。

義學，康熙中設。〔一〕

〔一〕康熙五十五年縣志卷一建置載黄橋鎮義學爲知縣宋生建。嘉慶縣志卷二公署：「今廢。」卷三秩官載生康熙五十年任知縣。

麗黄書院，光緒十二年設。三十一年，改爲麗黄國民學校。三十四年，改爲公立麗黄初等小學。民國初，改爲黄橋市立第二國民學校。〔一〕

〔一〕光緒縣志卷一三經制志二之二學校下：「麗黃書院在黃橋鎮，光緒十二年，知縣楊激雲設。」縣志稿區域志學堂：「光緒十二年，丁蘭芬、王式曾等設麗黃書院。光緒三十一年，知縣龍璋改爲麗黃國民學校。所有鎮中助送田地市房，計開如下：黃橋鎮一甲西街坐南朝北瓦房十六間、基一畝八分五厘，西街坐北朝南瓦房十間、基一畝九分；二甲布巷坐西朝東瓦房三間、基二分；三甲北街坐東朝西瓦房六間、基一畝三分；五甲口巷西首坐東朝西瓦房五間、基六分、墻外厠缸一所；文明橋外坐西朝東瓦房五間、基七分。以上瓦房共四十五間、厠缸一所、基六畝五分五厘。黃橋鎮東岳橋田二畝，柳家莊田三畝，閻家莊田十七畝三分，三里莊田十三畝，西官莊田五十一畝三分五厘，蔡家群田十一畝、瓦房三間，湖頭田十二畝五分，小劉家埭地四畝五分，邵家埭田四十三畝，西雁嶺莊田十四畝九分八厘，嚴家堡地三畝，劉家莊地三十二畝二分，華家莊田五十三畝四分，蘇家埠田九畝七分五厘、草房兩間，以上共計田地二百七十畝九分八厘。右丁蓬山册。」縣志續卷六經制志第三之二學校：「公立麗黃初等小學在城東黃橋鎮，光緒三十四年設。」又：「麗黃書院，光緒三十四年，改建麗黃初等小學。按：檔案載二十七年董事丁蘭芬、王槐、王式曾稟牘云『書院經費計田地二百七十四畝九分五厘、市房四十間，統計田房租息歲約錢三百千。知縣馬光勛詳請定案，歲捐俸錢一百千』。」民國十年省視學林懿均視察泰興縣教育狀況報告書：「黃橋市立二國：是校原名麗黃，因所有經費全由該鎮麗黃書院田租撥充故也。校董吴肇東，校長凌希漢。生徒兩學級（一、二合，三、四合），是日亦因掃墓習慣，實到僅二十一人。凌校長授三年（四默）讀法，講説尚明。惜偏重注入，不免減少興趣。

諸教員樹信授一、二國語，教法尚合。設備頗簡單。學費一概不收，此足養成依賴習慣。應逐漸改革，藉裕收入。察閲前進房屋，極形破敗。此係崇實原址，因無力修理，殊不雅觀。而現時崇實所在地，則爲麗黃書院舊屋。能彼此互易，斯爲兩利。」

民國十二年省視學林懿均視察泰興縣教育狀況報告書：「黃橋市立第二國民學校：校長褚樹信。生徒二級，到二十五人。褚校長授三、四讀法，明白細膩，純用國音，頗爲難得。成教員税授一、二讀法，啓發嫌少，未能唤起精神。是校校舍將與崇實對調。校董吴肇東極爲熱心，能循序漸進，大有發展希望。」

縣志續卷九人物志第五之二列傳：「茅景容字漢畸，號涵溪。光緒二年進士，改翰林院庶吉士，散館授編修。通籍後，即謁假歸，杜門誦讀，奉母以終其身。或勸之入都，謝曰：『吾母春秋高，且吾又鮮兄弟，奈何求富貴而遺吾親乎。』卒不出。嘗主講東臺、馬洲、麗黃三書院，明經飭行，諸生翕服。」

崇實初等小學，光緒三十一年設。宣統元年，改爲崇實兩等小學。〔一〕民國初，改爲黃橋市立崇實高等小學校，附設初等小學校。〔二〕後改爲黃橋市第一高等小學與第一國民學校。〔三〕

〔一〕縣志續卷六經制志第三之二學校：「崇實兩等小學在黃橋鎮火星廟，先爲初等小學。宣統元年，鎮人公立。崇實學堂董事丁希勛、丁國英禀縣署文云『泰興東鄉舊有彌陀禪林一所，經前縣龍封爲學堂。於光緒三十一年，由董等創辦初等小學一區。當以經費支絀，未將彌陀禪林修理，權借火星廟開學，學規均遵奏定章程辦理。歷年學生甚衆，甲班生於去冬舉行畢業，若盡升送城中高等小學，勢必爲學額所阻。董等集議仿照宗孟學校辦法，就原有崇實初等小學改設兩等。惟就原有之田房租息，豫算常年各經費，不敷尚巨。擬一面就原有教員增添科學，仍借火星廟改設兩等，暫行開學，書籍校具稍稍置備。一面會商教育會、勸學所，妥籌撥費，以爲增聘教員、修造校舍、購置書籍之資。現已公推校長聘選教員，即以本校上年初等畢業生升入高等，并續招程度相當者補足一班，於本年正月開學』。又禀縣署文云『崇實開辦、常年經費，豫算各需洋三千元。除開辦費由董等另行籌捐外，其常年費現就原有之田房租息及學生膳學費，歲入共計一千四五百元不等。改設兩等，款有不敷。擬援宗孟成例，於五項捐内酌撥二成，以資津貼』。宣統三年教育會、勸學所咨復縣署文云『前省視學陳君莅泰會議，僉謂城鎮鄉自治尚未一律成立，未便徑將五項捐劃歸各轄自收，應别籌補助。查本鎮猪税項下，前羅巡檢任内曾允歲酌撥四百元充城内學堂經費。擬將此項提歸該校，以符就地籌款之議』。經費。訪稿載有小焦莊田六十四畝九分，蕭家莊田一百七十二畝七分五厘，閭家莊田九十九畝四分二厘五毫，湖頭田八十五畝五分三厘，諸葛巷田十畝，共計田四百二十二畝六分五毫，每熟租穀一百二十七石四斗一升五合五勺。基地十四方，歲租洋二十元、錢十三千三百文。瓦房四十間，歲租洋二元、錢二百六十八千六百文。又麗黄學校經費：華家莊田四十九畝四分九厘，蘇家埠田十三畝七分五厘，西官莊田五十一畝五分五厘，蔡家群田十一畝，湖頭田十一畝五分，老莊田八畝五分，劉家莊田三十六畝八分，邵家岱田二十七畝，小張家莊田一畝，西雁嶺田十五畝，嚴家堡田三畝，閭家莊田十七畝三分，柳家莊田三畝，東岳橋田二畝，三里莊田二畝，七里橋田十一畝，共計田二百六十三畝八分九厘，每熟租穀五十二石五斗五升五合、洋六元。瓦房三十九間，歲租洋十六元、錢一百十千二百文。抵房十間，歲租洋六元、錢七十四千八百文。以外存丁頤壽洋三百元、封靄堂洋二百三十元、廣益書莊洋一百元、吴三讓洋五十元、吴小堂洋五十元、封進壽洋二十元，共計洋七百五十元。按：麗黄爲初等小學，據訪稿開列經費，并附記於此。」

〔一一〕視察泰興縣各學校評語清單：「黄橋市立崇實高等小學校（附設初等小學校）：是校任事諸君頗具熱心，類能努力進行。將來，高等小學當由縣行政機關規定校數及地點，該校或可收爲縣有。」

〔三〕民國十年省視學林懿均視察泰興縣教育狀況報告書：「黃橋市立第一高小、國民：是校原名崇實，校長鄭蘭。高等生徒三級，到三十八人。國民兩級，因地方習慣，是日多請假掃墓，僅到十六人。高教員懷源授國一、二國文，倡導國語，因應尚宜。焦教員逢源授國三、四國文，善用啓發。其以色筆分別相似之生字，用實物堅確生徒之觀念，及與地理聯絡，均爲城校所弗及。韓教員桂章授高等一年啞鈴操，尚見活潑，唯進行姿勢間宜矯正。翌日，該教員復舉行全體朝會，就偶發事項（掃墓缺席）加以訓誡，詞意亦合。唯唱歌宜立正，并宜指示節拍，以期一致。張教員宗城授高一修身，從容細切，照應周至。何教員徵授高三修身，講解透闢，具有根柢。惜皆偏重注入，不無遺憾。是校精神尚佳，但房舍不敷，苦無擴充餘地。查原定校址（即現設二國處）極寬敞，而該鎮紳富頗多，校董六人亦非無佽助能力。能由縣商請，於原址捐助改建費用，并照捐資興學條例分別呈廳請部給獎，或易集事。至經常費用，依現時收入，亦嫌竭蹶。應一面整頓原有田租（該校基本産），不足則由縣費項下量加補助。斯基礎穩固，發展自易。」

民國十二年省視學林懿均視察泰興縣教育狀況報告書：「黃橋市立崇實高小、國民學校：是校暑假後因校長問題，發生風潮。現在，校務由本區學務委員殷家楨暫代，教員亦臨時延聘。生徒高二、三年一級，高一、國四一級，國一、二、三合級，共到六十九人。張教員鐸授高二、三讀經（燭之武退秦師），從容細密，生徒預習亦充分。薛教員汝塤授高一讀法，深究頗清晰。同時，見國四謄作，改筆亦楚楚可觀。印教員仁棠授國一、二、三修身，尚不呆板，稍欠鍛練。據聞上學年高小本單式，現因到校學生不多，改編現制，嗣後仍以回復原狀爲是。」

民國十年黃橋鎮圖載高等小學在北街。

公立日進初等小學，光緒三十四年設。（據縣志續卷六經制志第三之二學校）

公立端本初等小學，光緒三十四年設。〔一〕（據縣志續卷六經制志第三之二學校）

〔一〕視察泰興縣各學校評語清單：「私立端本初等小學校：是校由布業設立，已歷四年，具見熱心。內部規則亦尚整齊。」

慈航女學，光緒中設。民國初，改爲黃橋市立慈航初等女子小學校。〔一〕

〔一〕縣志續卷一〇上人物志第五之三列女上：「成洪妻韓氏。（略）光緒末，創設慈航女學。」

視察泰興縣各學校評語清單：「黃橋市立慈航初等女子小學校：是校教員純盡義務，熱心可佩。且注重管理，尤足保存良善之習慣。」

法政講習所，宣統元年設。〔一〕

〔一〕江南籌辦地方自治總局批泰興縣詳縣境東鄉黃橋鎮設立法政講習所情形：「由詳摺均悉。立憲本原，以國民具有政治常識爲第一義。該紳等不費公款，創設法政講習所，洵知黨務之急。所擬簡章，亦均妥協。仰即轉飭該紳等認真經理，仍候督撫憲及各司道批示。繳摺存。」

黃橋市立第三國民學校。〔一〕

〔一〕民國十二年省視學林懿均視察泰興縣教育狀況報告書：「黃橋市立第三國民學校：是校複式編制，到三十八人。王教員浚授三年圖畫，應令注意筆順。張教員宗儒授一、二唱歌，尚安詳，唯宜多用開發。

設備單簡，時間表訂定亦不合。應亟參觀研究，藉兹改進。」

黄橋市立第四國民學校。〔二〕

〔二〕民國十年省視學林懿均視察泰興縣教育狀况報告書：「黄橋市立四國：校長嚴維鏞。單級編制，總數三十三人。是日，因地方習慣，大半掃墓，竟至全行放假，殊出意外。索閲成績，未盡保存，而算題少應用，名數不注意改正，未用色筆，并多積壓，亟應分别整頓。國文本結果無多，想見缺席次數亦復不少。該校長識驗尚富，務宜力求振作，藉圖進取。」

黄橋市立第四女子國民學校。〔一〕

〔一〕民國十二年省視學林懿均視察泰興縣教育狀况報告書：「黄橋市立第四女子國民學校：校長韓劉德增。生徒兩級（一、二合，三、四補合），共到五十五人。女教員劉顧則嘉授三嘿、四書，補讀甚無表見。小黑板書默寫『清明謁墓』，誤作『請明』，殊太疏忽。是校借用尼庵之一部分，房舍逼窄，操場在校外，設備單簡，都無足觀。聞該校校長曾有請縣商撥尼庵餘屋，藉事擴充之舉，能予促成，亦大佳事。」

黄橋市立第五國民學校。〔一〕

〔一〕民國十二年省視學林懿均視察泰興縣教育狀况報告書：「黄橋市立第五國民學校：校長李福增。生徒兩級，總數五十三人。到時已下午二時半，猶未授課，殊屬懈弛。察閲國文成績，結果不多，改筆尚是。算術成績，應用題太少。設備單簡，教室逼窄。聞左近學童頗多，應分别擴充整頓，以期振作。」

黄橋市第六國民學校在三官殿。〔一〕

〔一〕民國十二年省視學林懿均視察泰興縣教育狀況報告書：「黄橋市第六國民學校：校設三官殿，校長丁麟祥。單級編制，到十八人。丁授一、二算術，大致不差。唯精神不能貫注，以致應行矯正之處多所忽略。察閲課表，三年生亦祇二十四時，應再酌加。是校原爲義務學校，上年度始改今名。學生不多，設備單簡。聞該市私塾林立，應亟擴充整理，藉維信用。」

民國十年黄橋鎮圖載三官殿有學校。

王氏義莊私立國民學校。〔一〕

〔一〕縣志稿建置志善堂副册：「王樹滋堂義莊在黄橋鎮，民國九年，里人王栻鵬創。」又載義莊條規：「本莊先設王氏義莊私立國民學校，遵照教育部國民學校規程辦理。凡本族已達學齡之兒童均得入學，學費、書籍費概免。將來，經費稍裕，即增設高等小學校。」又：「如本族子弟不足額，亦得酌受外姓子弟，惟書籍、雜費概由自備。」

附。〔一〕〔二〕〔三〕

〔一〕泰興何氏家乘卷五行狀之何芹孫邑庠生鄉飲介賓茂遠公行狀載何震康熙十四年「講學於關帝廟之文昌樓，遠近負笈者甚衆。晝則與诸生講貫」。卷首之乾隆三十年何金煜重修家譜跋：「頻年授徒於宗祠之振裔樓。」卷五行狀之何徵華千樾公行狀載何樅道光、咸豐間「設帳宗祠」。

黄橋鎮教育志第二章科舉教育第三節學塾所載私塾頗多。

〔二〕民國十年省視學林懿均視察泰興縣教育狀況報告書：「義務教育，城市、黃橋各辦兩區。黃橋已開課，城市因招生問題，或於春季始業。惟此種學校與他埠所辦之義務日夜校有別，仍查照國民學校令辦理，無庸標明『義務』字樣。此外尚有兩事，應請特飭該縣知事分別辦理。（一）黃橋市立第一高小應移向原址開辦，改建費用可於校董及本鎮紳富中籌募。如果集有巨數，應即比照捐資興學條例呈請部獎，以示鼓勵。（二）該縣私塾林立，城厢約百數，黃橋一鎮亦有數十。現在各校生徒不甚發達，大半受此影響。處置方法，應視其能改良者督促改良，否則查照省令，嚴行取締。」

〔三〕民國十二年省視學林懿均視察泰興縣教育狀況報告書：「至此次視察所及，以城市私立補偏學校教員梅芳俊及黃橋市立第二國民學校校長褚樹信教授最爲合法，應請傳令嘉獎，以昭激勸。」學校源委難尋，不免重見疊出。

義宇

泰興縣預備東倉在黃橋鎮南。〔一〕

〔一〕嘉靖惟揚志卷八儲備志：「泰興縣：預備倉，在縣東北，洪武二十三年，知縣王林建。嘉靖十二年，知縣朱篪增修。預備東倉，在永豐鎮南。預備西倉，在蔡家橋南。預備南倉，在時家灣西。預備北倉。在岳橋。以上四倉俱廢，今各址尚存。」

社倉在西寺，萬曆中設。〔一〕清代重設。〔二〕

〔一〕萬曆縣志卷二：「黃橋鎮社倉三□，在西寺。（略）所在皆連廒接廩，充牣狼戾。歲凶則以（缺）康熙五十五年縣志卷一建置：「陳令繼疇所建口岸鎮實塞倉十間、門叁間、倉屋叁間、廳叁間、堂叁間，在察院右，歲於此兑軍，今廢。黄橋鎮社倉叁間，在西寺。凌家埠社倉叁間，在張鯨家。馬橋鎮社倉叁間，在南方寺。今悉圮廢。」康熙二十七年縣志卷二户口田賦：「陳公繼疇建有口岸實塞倉，在察院右，暨黄橋諸倉，今悉圮廢。」卷二秩官載繼疇萬曆二十四年任知縣。

〔二〕嘉慶縣志卷二公署：「社倉舊制三：一在黄橋鎮西寺，一在凌家埠張鯨家，一在馬橋鎮南方寺。明萬曆志云：『所在連廒接廩，充牣狼戾。雖遇灾年，民不乏食。』今增爲四：一在城，一在黄橋，一在印莊，一在口岸。每轄選社長正副二人專司出入，春借秋還，按年辦息。向無定額，今將歷年盤查輾轉更代成爲定額者開列於後。（略）一、黄橋轄社長經管小麥二十七石五斗五升一合、大麥六百九十八石四斗零五合、粟穀三百七十一石七斗一升四合二勺。（略）（按：）任其事者，果係老成殷實，公正無私，盡心調劑斟酌於年歲豐歉之間，使民自爲救，縱使灾荒薦至，寧患民有菜色耶。是在擇人而理，不徒以虚文備案牘也。」

光緒縣志卷八建置志三義宇：「社倉舊在黄橋鎮、凌家埠、馬橋鎮，萬曆志所云『連廒接廩，充牣狼戾』者也。後分四轄。章程。一、各鄉鎮公舉殷董勸諭各户，春收每畝借麥三升、秋收每畝借穀三升存儲公所。上歲加謹收儲，中歲糶舊易新，下歲量口發賑。一、春秋收借，由董將本鎮若干户、田若干畝、借麥穀若干開明送縣，并書粉牌懸掛公所。一、各鎮借穀即儲各鎮公所，彼此不得挪動。倘遇荒歉，散給本鎮，不致外出求食，有誤耕作。一、每歲公同盤斛，核明存數，登注粉牌，每石折耗不得過二升。倘遇散給，支銷若干、存儲若干，揭示公所，并開具清册赴縣報銷。存儲。（略）黄轄：麥六百九十八石四斗五合，小麥二十七石五斗五升一合，米三百七十一石七斗一升四合二勺。」

育嬰堂，乾隆、嘉慶間設。〔一〕

〔一〕洛塘周氏家乘卷一〇之陳觀敕授登仕郎愼齋周公行狀：「〔黃橋巡檢司巡檢周成業〕又爲創立育嬰、施棺兩局，置田立案，以垂永久。」

光緒通州直隸州志卷三建置志：「黃橋鎮育嬰堂，國朝道光二十九年，鎮人何楛捐地十畝。咸豐中，鎮人尹高佑、侯萬里等捐建乳房二十有四。實存田地經費：一、時家垛、夏家岔等田五十三畝，徵租米八石九斗；一、樊家集田二十三畝，徵租米五石七斗；一、四甲市房十三間，房租二十三千四百文；一、五甲市房七間，房租二十二千文；一、撥送存款二千五百一十千文。」

光緒縣志卷八建置志三義宇：「〔育嬰堂〕又一在黃橋鎮，道光二十八年，里人何楛捐地十畝爲基。侯萬里、尹高佑等建乳房二十有四。經費。原捐一千六百三十千，除購置田房，實存二百八十千。原存夏家岔、時家埭田地五十三畝，續存樊家集田地二十三畝，毛家蕩田八畝，歲徵租穀十六石六斗。原存五甲市房二所、四甲市房一所，續存一、二、五甲市房五所，歲徵房租一百五十五千四百文。」

縣志續卷三建置志第二之二義宇：「黃橋鎮育嬰堂。訪稿載堂基地八畝，乳房二十有四，後增建十四間，共三十八間。經費。時家埭田四十七畝，樊家集田二十三畝，野屋基田三十三畝，茅家蕩田八畝，夏家岔田八畝，三户莊田十二畝四分八厘，北太平莊田七畝七分，野岸莊田二畝，周家堡田五畝，沿河田十五畝，王家莊田四畝，金家堡田一畝二分五厘，群韓莊田五畝，堂東土地廟旁田一畝五分，孔玉橋田五畝，近堂基地八方，共計田一百七十七畝九分三厘、基地八方，每熟租穀四十二石七合、洋十一元五角、錢四千八百五十文。一甲市房十間，二甲市房九間，四甲市房十三間，五甲市房十九間，共計市房五十一間，歲租洋二十四元、錢三百六十八千九百文。抵田四十一畝、房十三間半，歲租穀五石、洋四十二元六角、錢二十千文。以上訪稿所開列田房細數，其中有與前志相同及少有差異者，而租數則又共計若干，難以分析，故詳載焉。按：檔案有宣統二年報銷清册，載元年分收捐助田房租息洋六百二十九元一角三分、小洋六十三角、錢四百四十千六百九十一文，總共支洋七百五十九元六角五分五厘、小洋二百二十四角、錢四百三千九百四十文，連前實存洋二百二十七元七角七分四厘、小洋九十四角、錢九十八千四百五十一文。存此備考。」

施棺局，乾隆、嘉慶間設。（詳「育嬰堂」條）

丁氏義莊在米巷，道光十二年設。〔一〕

〔一〕光緒縣志卷八建置志三義宇：「丁氏義莊在黄橋鎮米巷，道光十二年，里人丁椿建。椿承父喬年遺志，兩捐腴産，設莊贍族，并施里中棺藥。經費。原捐田地一千五十六畝九分三厘、市房七十五間，續捐田地三百十四畝三分五厘、市房二十四間。」

粥局。〔一〕

〔一〕光緒縣志卷八建置志三義宇：「（粥局）一在黄橋鎮，里人韓錦裕等設。」縣志校卷二上建置志第二之一義宇：「考縣署檔案光緒十年知縣陳謨札行黄橋司勸捐施粥局文稱『據黄轄粥局董事李紹基、韓錦裕、成懋勛、丁希勛禀「黄橋鎮開設粥廠，日約出米八斗，經本鎮丁、韓兩族及典鋪十户輪出。至柴草、局用，另於各小户勸募。近年，有四户家業漸替，董等擬暫加於六户平均擔任」』。此黄橋粥局之大略也。」

同仁堂。（據光緒縣志卷八建置志三義宇）

水龍局二。（同上）

王樹滋堂義莊在北街，民國九年設。〔一〕

〔一〕縣志稿建置志善堂副册：「王樹滋堂義莊在黄橋鎮，民國九年，里人王栻鵬創。栻鵬承父清重游泮水見恒遺志，撥業田千畝、住房二十六間爲義田、義莊房屋，以贍貧族。」又載條規：

一、定名：本莊定名爲王樹滋堂義莊。

二、宗旨：本莊以興宗贍族及推廣各項慈善事業爲宗旨。

三、財産：本莊現有田地房産一律造册存案，永遠不得絲毫廢賣。

四、住址：本莊事務所設黄橋北街中。

五、事業：本莊所營慈善事業如左。

（甲）限於本族廷棟公後子孫。

（一）贍養費。凡無田房營業或他出息，年五十以上者，每月給錢二千文。年十一以上、十五以下，其父母無田房營業或他出息者，每月給錢千文。青年矢志守貞之婦，無子或子幼而無依，又無田房營業及他出息者，每月給錢一千五百文，其有子而能成立者不給。赤貧、殘廢不能生活者，每月給錢二千文。

（二）婚葬費。年四十以上，家貧不能喪葬者，給錢五千文。年至三十，家貧未能婚娶者，給錢五千文。

雖合以上資格而本莊不給贍養費、喪葬費者如左。

一爲僧道及其他宗教師者，二品行不端確有實據者，三曾處監禁以上之刑者，四營業不正者。

（三）族學。本莊先設王氏義莊私立國民學校，遵照教育部國民學校規程辦理。凡本族已達學齡之兒童均得入學，學費、書籍費概免。將來，經費稍裕，即增設高等小學校。

（四）圖書館。本莊附設圖書館，供本族子弟之觀覽，惟須遵守本館章程。所有書籍僅能在館展閱，不得借觀或携往他處。圖書館章程另訂之。

（五）學費。族中子弟，如有聰明過人而無力求學者，由本莊延請有教育經驗者考試，酌給學費。其所給數目，中學每年十元，高等專門二十元，大學三十元，其與中學及高等專門同程度之學校給費同。游學者，東洋六十元，西洋一百五十元。其有赤貧必須加給者，得由經理人召集大會臨時議决。

（乙）不限於本族族人者。

（一）施材。本族每年備材若干具，施之無力自葬者。

（二）施藥。每年夏秋之交，遇有温疫時症，貧乏不能延醫者，可向本莊領条，赴本莊所指定之醫生處診視，藥資由本莊給發。

（三）本条甲項第三類，如本族子弟不足額，亦得酌受外姓子弟，惟書籍、雜費概由自備。

（四）本条甲項第四類，本莊圖書館，無論本族外族，均得入館流覽，惟須遵守本館章程。

六、開會：本莊每年開常會一次，於陰曆正月定期行之，由經理人報告本莊事業、辦法及預决算。三年開大會一次，公舉各項職員。凡廷棟公子孫，每户得派一人到會。其入會資格，凡年滿二十五歲，除一爲僧道及其他宗教師者、二品行不端確有實據者、三曾處監禁以上之刑者、四不識文字者、五失財産上之信用者、六有心疾者外，皆得入會。

七、職員：本莊設正經理一人，經理本莊一切事務。副經理一人，贊助正經理經理本莊一切事務。稽核員四人，稽核本莊賬目及一切事務。司事若干人，專司本莊文牘、賬目徵收等事宜。

八、選舉：（一）正副經理於大會時公舉，惟須得本族三分二以上之到會，及到會過半數之同意票，方生效力。稽核員，除栻鵬嫡支子孫得固定一稽核員外，餘三人於大會時公舉之。司事由正副經理擇聘。（二）正副經理被舉後，有因不得已事故不能就職者，得聲明緣由辭職，於稽核員内暫擇一人自代，俟常會期時召集大會另舉。稽核員有因事辭職者，須由該員於本族中擇賢自代，不得曠職。

九、資格：正副經理、稽核員之資格，以能合省會選舉之資格爲限。

十、任期：正副經理、稽核員均以三年爲限。一任其繼續被舉者，亦得連任，但僅能連任一次。

十一、責任：（一）各項職員之任務，除第七条規定外，凡遇重要事件，正副經理不能專决者，得邀請稽核員臨時議决。（二）正副經理如有侵蝕舞弊等情，一經覺察，得隨時由稽核員四分三之同意，撤退其經理之職，并據法律起訴，仍照選舉章程另舉正副經理。（三）司事進退由正副經理主之，如有舞弊情事，亦由正副經理負責。

十二、薪金：正經理每月酬薪金十元，副經理每月酬薪金八元，按月支給，不得先期豫付，其不願受酬者聽。稽核員無酬。司事薪水由正副經理酌量支給，但須經常會之決定。

十三、經費：本莊經費分事務所費、事業費、預備費，每歲開會時，須由經理人製定預算，交常會決定之。（一）事務所費。凡莊内薪水、雜支、修理等費屬之，但不得逾全數五分之一。（二）事業費。凡莊内所經營各項慈善事業費屬之。（三）預備費。遇各項特別事業，經常會之公決，得酌量動用，但預備費之提存至少須占全數百分之五以上。各費有餘存逾百元時，須由經理人存莊生息。

十四、報銷：本莊賬目，每年於次年陰曆正月，由經理人造繕清職册兩份，一份報縣，一份交常會公同閱核後，由稽核員簽字，存莊備考。

十五、統計：本莊設人口簿一册，登録本族人名譜系及人口增減。

十六、案：稿本莊章程，如實有不適用之處，得由大會時提出修正，經到會人多數認可簽字後變更之，除呈明縣署存案外，并刊入舊條規内、案册内。

後有「右王栻鵬由公署轉函」句。

義冢：（二）南壩橋六畝五分八厘一毫，黄橋四畝一分一厘一毫，又十畝四分七厘二毫，又六畝六分五厘七毫。以上乾隆四十六年詳定原額。（據嘉慶縣志卷二祀典）續設三十有八。黄家溪一畝二分五厘，黄殷氏設。黄橋鎮西寺橋、吕家橋四畝，成家莊六畝，并李紹基設。又三畝，張景松設。浩家堡七畝，青枝橋七畝，并丁何氏設。又七畝五分，同善堂設。又一。張王廟六畝，王薰南設。顧孝子亭。定慧寺。文筆峰。又五畝，韓錦裕設。又八畝，路莊公設。橫河橋十畝，沈增齡設。又三畝，丁柏設。龍王廟五畝，丁振中設。〔二〕野王莊三畝，韓步鯉設。小焦莊三畝，同善堂設。又四畝，尹高昌設。致富橋三畝，廣潤庵設。段家堀三畝，城隍廟設。華家莊三畝，成淦設。南場東。轉水墩。柳家莊。告笤地。小二房莊。小莊。起脚墩。王家莊。祁家巷。西洋莊。蕭家莊。小劉莊。何家莊。〔三〕（光緒縣志卷八建置志三義宇）漏園，釋建宗、釋操修設。〔四〕（據光緒縣志卷九建置志四名迹）黃橋鎮北七畝，何典謨設。〔五〕（據泰興何氏家乘卷五行狀之何檀例贈宣德郎壽齋府君行狀）鎮北邵家垈三畝，韓步青設。（縣志續卷三建置志第二之二義宇）

〔一〕萬曆縣志卷一：「義冢八。（略）一在黃橋鎮□□。」

〔二〕延令王氏重修家乘卷二之宗祠田房：「光緒十一年，續置丁羽漸龍王殿後義冢北四等小數地四畝五分，價洋四十三元。計送租每熟乙石乙斗。」

〔三〕除「續設三十有八」外，餘皆雙行夾注。

此三十八處未必皆黃橋鎮人設，茲備録存之。

〔四〕光緒縣志卷九建置志四名迹：「彌陀庵在黃橋鎮北，庵後爲野鹿庵址。僧建宗、操修整潔庵田四百十三畝有奇，盡復其業。又以餘田爲漏園。歲除，出羡金施貧者。」

〔五〕泰興何氏家乘卷五行狀之何檀例贈宣德郎壽齋府君行狀：「鎮之北舊有義冢地，葬滿無隙。吾祖父母塋相去不遠外有祭田七畝，即作義冢地，以便貧民。」典謨字壽齋。

廟宇

武廟在東大街南，（據民國十年黄橋鎮圖）一名關帝廟，咸平二年建。乾隆四十九年修。〔一〕

〔一〕康熙二十七年縣志卷四祠祀：「關帝廟。（略）一在黄橋，宋咸平二年建。」

周廣業冬集紀程：「〔乾隆四十九年〕甲辰正月初一。賀歲如家法。往東關外謁關帝廟，甚著應，而殿宇淺隘，無以障護風日。慎齋謀於鎮人士，築墻蔽之，計費百緡，屬余作募言。大意謂『賁庸』『疏杼』，禮惟其稱，帝君既崇封爵號，所在仰托帡幪而妥侑之，方垣墉未繕，非所以昭誠敬、肅觀瞻云。後樓奉文昌神，行香訖，倚樓遐眺，清曠可喜。」洛塘周氏家乘卷一〇之陳觀敕授登仕郎慎齋周公行狀則云：「治之東有文昌閣，久圮，公倡捐修之。」成業號慎齋，黄橋巡檢司巡檢。

泰興何氏家乘卷五行狀之何芹孫邑庠生鄉飲介賓茂遠公行狀：「〔康熙十四年，〕吾父講學於關帝廟之文昌樓，遠近負笈者甚衆。」震，附何大年傳。

丁廷楣先生訪問紀録我的家庭母親：「自我牙牙學語，身體羸弱，四、五歲時，算命卜卦先生均認難能長大，最好出家爲僧，方可長命。多方考慮，母親終不忍心，折衷補救辦法，拜在文昌菩薩門下爲義子，故我自小至赴上海求學止，每年均至關帝廟樓上向文昌菩薩致敬。」廷楣生於光緒三十二年。

延令王氏重修家乘卷三世系總圖：「寶浮。出家本鎮關帝廟。」

文昌宫，咸平二年建。清代修。爲關帝廟後樓。〔二〕

〔一〕嘉慶縣志卷六古迹：「文昌宫，（略）一在黄橋，生員孫鴻倡修。」

光緒縣志卷九建置志四名迹：「文昌宫。咸平二年，黄橋鎮，國朝孫鴻修。」

城隍廟在武廟東北，（據民國十年黄橋鎮圖）咸平二年建。（康熙二十七年縣志卷四祠祀）乾隆二十三年重建。四十年修。〔二〕

〔二〕縣志補卷二建置志第二名迹載重修永豐鎮城隍廟碑記：

永豐鎮去延令治四十里，人民相與保息而萃處，閭閻比密，田桑沃茂，執四民之業者率不下數千户。四方人士，商販歸往，雲集蟻附。蓋縣治東一大區會也。夫人所聚居，惟神是庇。而神亦往往因庶姓蕃衍，樂就其地，享其妥佑而加福蔭焉。此殆神人相與之際之微渺而可憑者。「仁者講功，而知者處事」，未之或非者矣。

鎮建自宋□□年間，垂今七百餘年。舊無城隍，而城隍神説者，以爲城隍以擁衛生靈，其功烈及人，與山川社稷、三辰五行及前哲令德之人等，故馨香俎豆，載在祀典，非淫祀者比。永豐雖無城隍，而民居殷盛，亦宜有神明環擁周衛於冥漠之中。而不可以迹象求者，則永豐之不可不祀城隍神，斷然無疑也。

廟昔有殿有廡，制苦卑隘，神德澤崇遠，不稱其氣象，近復傾圮堪虞，里之人隱憾於衷非一日。前高公司此土，實始議新之。鳩集紳士庶氓，嚴恭首事，未竟厥緒。嗣鄭公來，下車未幾，政閑人理，續舉斯役。徹其殿宇，恢而大之，爲栖神之所。又爲樓，翼其兩腋，以易故廡。趨事子來，觀成不日，而廟貌焕然改觀。士民走集其下，瞻仰聳切，敬禮有加焉。神之得所憑依，而降之福祥。我永豐之人，世世安堵樂業。歲時賽報以永戴神庥者，胥於是乎在。畚築雖勞，其亦不可以已。於其竣也，志其往昔所由然，迨今經始告成之績，刓諸石，以垂永久。將俾後之覽者即其言以得其意，嗣而續之，抑亦神靈所默監也哉。

黄橋司升任金匱縣右堂高弘繸，黄橋司鄭耔。黄橋司宋明遠。（董事、住持以下略）

忠義祠春秋祭祀田二十八畝，坐落西門橋外。存田三畝，坐落段家垛。田二十畝，孫民望助，坐落成家莊。地三畝，張灼庭施，修理川堂，坐落西路莊。田三畝，坐落張家莊，張景臣施。田二丘，三畝、一畝五分，坐落華家莊，何希周施。田三畝，坐落官莊，何九功施。

大清乾隆二十三年歲次戊寅十二月。

大清乾隆四十年歲次乙未孟夏重修。

後有「碑在廟内」句。

祖師廟，咸平二年建。（據康熙二十七年縣志卷四祠祀）

東岳廟二：一在黄橋鎮東，宋代建；一在鎮北，明代建。〔一〕

〔一〕光緒縣志卷九建置志四名迹：「（東岳廟）一在黄橋鎮東，宋時建。一在鎮北，王廷取建。（明時建。）」關帝、文昌、城隍、祖師、東岳五廟皆宋代建，相去不遠，又關帝廟後樓祀文昌帝君，則五廟或本爲一廟。

忠惠祠側藥王廟，光緒十二年建。〔二〕

〔一〕光緒縣志卷一四經制志三典禮：「忠惠祠在黄橋鎮藥王廟側，祀明千户王良父子，鎮撫趙世勛、韓允，國朝知縣陳棐。鎮故有忠義祠、陳公祠，并廢。光緒十二年，署知縣楊激雲合建於此，易今名。」

同書卷一四經制志三典禮載忠惠祠祭儀。

藥王廟側忠惠祠。（詳「忠惠祠」條）

大聖廟，宣統二年修。〔一〕

〔一〕光緒縣志卷九建置志四名迹載此廟。

縣志續卷四建置志第二之三名迹：「〔大聖廟，〕在黄橋鎮者，宣統二年，鎮人朱增修，增建廂屋三楹。」

廣潤庵。〔一〕

〔一〕光緒縣志卷九建置志四名迹：「廣潤庵。香火田一百七十一畝五分。」

同書卷八建置志三義宇：「致富橋〔義冢〕三畝，廣潤庵設。」庵或去橋不遠。

福慧寺在珠巷東，（據民國十年黄橋鎮圖）一名東寺，天聖四年建。〔一〕

〔一〕「福慧寺」，康熙二十七年縣志卷四祠祀、康熙五十五年縣志卷二古迹、嘉慶縣志卷六古迹皆作「福惠寺」。

康熙二十七年縣志卷四祠祀：「福惠寺。在黄橋鎮，宋天聖四年建。」

光緒縣志卷九建置志四名迹：「福慧寺在黄橋鎮東，宋天聖四年建。香火田三十八畝。」

嘉慶縣志卷六古迹：「東寺在黄橋鎮。」

金剛殿。（光緒縣志卷九建置志四名迹）

觀音殿。（同上）

炎帝廟在米巷，（據民國十年黄橋鎮圖）一名火星廟。〔一〕

〔一〕延令王氏重修家乘卷五年表：「隨凝長子連貴，出家本鎮火星廟。次子金貴，生於嘉慶乙丑年。」縣志續卷六經制志第三之二學校：「崇實兩等小學在黄橋鎮火星廟，先爲初等小學。宣統元年，鎮人公立。崇實學堂董事丁希勛、丁國英稟縣署文云『泰興東鄉舊有彌陀禪林一所，經前縣龍封爲學堂。於光緒三十一年，由董等創辦初等小學一區。當以經費支絀，未將彌陀禪林修理，權借火星廟開學，學規均遵奏定章程辦理。（略）』」

陳公祠，清初建。〔一〕後爲蝗神廟。〔二〕

〔一〕康熙五十五年縣志卷二祀典：「陳公祠在黄橋鎮。順治初年，陳令棐善撫，兆人共懷其德，爲建生祠。」康熙二十七年縣志卷二秩官載棐順治二年至五年任知縣。卷三名宦：「陳棐字泮水，河南光州人。明崇禎己卯經魁。皇清順治二年初宰泰邑時，時巡撫固山趙按輯泰興，虞民尚携貳。公力陳歸命，民賴以安。是時，邑方有兵，與令協守。公調應兵將協宜，與民不擾。從容與民間丈田畝，公賦役，平訟獄，繕學宫。所課士多成名。丙戌南闈分試，經房尤稱得人。考最，擢御史，卓然稱綉衣之望。諸有切於泰興者，尚垂意焉。後歷官大僕寺少卿。」光緒通州直隸州志訂訛：「陳棐傳稱『字泮水』。泮係光州會淮之水，棐或墨迹自題『泮水陳棐』，非其字也。」光緒縣志卷一七秩官志二仕績列傳：「陳棐字孝求，光州舉人。順治二年，江南平，以棐知邑事。邑伏莽與鎮將抵牾，棐奠乂反側，耕市如故。當事慮其携貳，將創懲之。棐力陳歸命之誠，事遂已。考最，擢監察御史。」康熙二十七年縣志卷三人物季寓庸傳：「皇清鼎革時，邑有灘民之亂，庸協陳令棐偕士民登陴誓守，賴以固圉。」縣志補卷三下經制志第三軍備略：「清世祖順治元年，大兵下揚州。賊徒托名義師，攻泰興。知縣陳棐同縣人季寓庸等竭力守城凡九日，潛人至揚，乞都統譚布、巡撫趙福星率兵救之，圍始解。季氏族譜季振宜因是府君行略。按：行略但稱『都統譚公』『撫軍趙公』，其名以順治朝東華録考知之。」

〔二〕嘉慶縣志卷二祀典：「陳公祠在黃橋鎮。（略）今爲蝗神廟。有碑。」

道光江南直隸通州志卷七禮儀志：「陳公祠祀國朝知縣陳棐。捕蝗有功，爲蝗神。有碑。」

光緒縣志卷九建置志四名迹載黃橋鎮有蝗神廟。

縣志稿人物志義行載顧曾烜燕詒尹君家傳：「咸豐丙辰，大旱，蝗。君偕鎮人禱於神，天大雨，蝗不爲害。既事，立廟以栖之，所以報也。」高昌，有傳。

民國十年黃橋鎮圖載西街南有廟。即蝗神廟。

定慧寺在西街，（據民國十年黃橋鎮圖）一名西寺，慶曆元年建。〔一〕

〔一〕康熙二十七年縣志卷四祠祀：「定慧庵。在黃橋鎮，宋慶■元年建。」嘉慶縣志卷六古迹亦作「定慧庵」。

康熙五十五年縣志卷二古迹：「定惠庵。在黃橋鎮，宋慶曆元年建。」光緒縣志卷九建置志四名迹作「定慧寺」。

萬曆縣志卷二：「黃橋鎮社倉三口，在西寺。」

嘉慶縣志卷六古迹：「西寺在黃橋鎮。」

藥師庵在王家巷西。〔一〕（民國十年黃橋鎮圖未載名）

〔一〕光緒縣志卷九建置志四名迹：「藥師庵。一黃橋鎮，香火田二十四畝。」

縣志續卷一〇下人物志第五之五列女下：「〔高慧貞〕入藥師庵與尼侶茹素諷經。」

宗鏡庵在王家巷西之北，初名奚家庵，又名北庵，明初建。嘉慶八年修。〔一〕（民國十年黃橋鎮圖未載名）

〔一〕今存宗鏡碑記。（詳藝文金石）

真武廟在北街。〔一〕（民國十年黃橋鎮圖未載名）

〔一〕光緒縣志卷九建置志四名迹：「真武廟在黃橋鎮。香火田一百二十八畝，僧净蓮、朗然增置。」

重修直來橋碑：「〔嘉慶九年〕春初，諸子邀余同赴真武神廟，共議估工定捐諸事。廟中一輪師性頗好善，聞有修直來橋之説，亦願陪其後。」（詳藝文金石）

彌陀庵在北街，（民國十年黃橋鎮圖未載名）光緒二十六年封廢。〔一〕（縣志續卷四建置志第二之三名迹）

〔一〕光緒縣志卷九建置志四名迹：「彌陀庵在黃橋鎮北，庵後爲野鹿庵址。僧建宗、操修整潔庵田四百十三畝有奇，盡復其業。又以餘田爲漏園。歲除，出羨金施貧者。」

縣志續卷六經制志第三之二學校：「崇實兩等小學在黃橋鎮火星廟，先爲初等小學。宣統元年，鎮人公立。崇實學堂董事丁希勛、丁國英禀縣署文云『泰興東鄉舊有彌陀禪林一所，經前縣龍封爲學堂。於光緒三十一年，由董等創辦初等小學一區。當以經費支絀，未將彌陀禪林修理，權借火星廟開學，學規均遵奏定章程辦理。（略）』」

野鹿庵在彌陀庵後。（詳「彌陀庵」條）

龍王廟在拱辰橋北。〔一〕（民國十年黃橋鎮圖未載名）

〔一〕光緒縣志卷九建置志四名迹：「龍王廟。一黃橋鎮，香火田三十一畝五分，市房十一間。」

三官殿側龍王廟，嘉慶九年修。〔一〕（民國十年黃橋鎮圖未載名）

〔一〕重修直來橋碑：「支錢玖拾陸千文，修理三官神殿。」（詳藝文金石）

忠義祠在黃橋鎮西，嘉靖三十九年建。〔一〕

〔一〕嘉慶縣志卷二祀典：「忠義祠在黃橋鎮。明千户王良父子及鎮撫趙世勛、韓英與倭寇戰，俱死於難。鎮人哀之，爲立祠，春秋世祀焉。嘉靖三十九年，公捐置高地二十八畝，在太平鄉十六都本鎮西寺橋外官路南。乾隆五十年，立有匾記。」康熙五十五年縣志卷二祀典：「鎮人立祠祀之，以表其忠義。」

萬曆縣志卷四載何栗忠義祠記：

夫夷狄之爲中國患其來尚矣聖□制馭之常道猶載方册下及漢唐宋議處匪一迨我聖祖□□□□區一華夏百八十年海不揚波東南之□□□耕鑿蓋不知兵革之故也海南□島□□□歲□慕義修貢因與往來柔遠人也故浙□□□監局提舉司之□□□巡撫秋崖朱公□因襲積久慮貽害也□奏禁止海上始戒嚴而□□弗通乃□□誘□盜海□□□□事矣□□之民承平日久□不

知兵□然遇之鮮□□□□燹而吾鄉□□已□□河□衛指揮王復□□□□兵赴軍門□泰興縣黃橋□守四月初旬倭□□□大肆登岸千户王良□□□□□斬賊□□又□□而良□子戰亡同時□□□千户鎮撫把總□□□韓□等并□□□□賴我兵憲伯川劉□□□清河胡公擁衆追□三戰三捷倭無遺□當道具奏功次恩典頒□□□清河公傷□難□兵乃出俸□售鎮西民地□□八畝命工構□□像於其間書部下□□□□□屬予□以識予鎮人不能辭嘉其盛□□□□□等之忠義不特□勵一世千萬載之下尚□□□□氣同時死難□俾靈有所歸不致倚□□□□□□偉哉舉□可謂敦仁尚義者矣清河公博覽子史經傳□□儒者氣象吾鄉之民受賜實多予不能述其萬□也

縣志補卷三下經制志第三典禮載何栗忠義祠碑記略：

欽差□□江南□、□□□兼鳳陽等處參將署都指揮僉事清河胡忠義立，敕封文林郎浙江紹興府山陰縣知縣鎮人周野何栗撰文。

上略。己未年，河南道選該衛指揮王復乾部毛兵赴軍門，發泰興黃橋鎮守焉。四月初旬，倭夷醜衆大□登岸。防海兵不能遏禦，突奔如皋，千户王良等領兵中途遇寇。良視□事，與子應徵曰：「此□立功之日也，毋以虜衆我寡二心。」勇猛直前，斬賊八首，又六首，而良子父戰亡。同時死難，千户、鎮衛、把總趙世勛、韓胤等□部□百□□。賴我兵□□□□□參府清河胡公擁衆追至吉家莊，虜潛入民房，縱赤壁之火，煨燼者百餘人，餘黨夜奔縣西南新沙洲口，倭□就擒。此初捷也。再捷於海岸，三捷於劉莊。一月三大捷，信倭無遺種也。當道具奏功□，國典頒賚□□。

庚申春，該省循舊規，督衛所仍赴□地防春，即西鄆之防秋也。居吾鄉四越月，清河□□海上

□期□□，傷往日戰難官兵，相與出俸資，售卜鎮西民地二十八畝，命工構堂塑像於其間，書部下姓名兩楹。千兵□□□□户侯何對峰董其役，詢命揮使李竹軒節、辛雲亭酉、陳滄村大鵬屬筆以識。予鎮人，不能辭。嘉其盛舉，重良父子君臣之大義，不特風勵一世，千百載下，知之尚凛凛有生氣。同時死難者，俾靈有所歸，不至倚草□木，爲厲爲怪。予故曰：「信哉舉也，可謂敦仁向義者矣。」

清河公貌偉令嚴，部下飭然。且博覽子史經傳，恂恂儒者氣象。吾鄉之民，受賜實多，予未能表其萬一重忠義也。敬書之。嘉靖戊申歲夏仲□。是爲記。

後有「碑在祠内」句。

佑聖觀。（南畿志卷三二郡縣志二八方外）

萬壽庵。〔一〕

〔一〕康熙五十五年縣志卷二古迹：「萬壽庵。在黄橋鎮，僧通奇建。」

廣福寺，嘉慶中修。〔一〕

〔一〕泰興何氏家乘卷七傳贊之何爾壽倩絲公傳：「嘉慶間，海州高行僧名素霞，矢願修十大梵宇。行脚至永豐，見廣福寺頹圮，遂訪鎮中急公好義者，謀修葺之。人咸引重大父，僧遂頂禮於門，延至家，談論善緣，慨然允諾。時鎮中饒於資者拘堪輿家説，以爲此廟重新則於某街不利，因繭縮，不名一錢。正殿舊有四巨柱，每柱須值百金，盡已朽蠹。適有以豫章木出售者，與同志合辦其半，餘尚無着。大父遂鬻鎮西已産，得數百金，如數購之，以餘資營辦磚石，鄉人慕義者咸踴躍佽助。歷數載，卒新廟貌。口占有云『長日未消棋一局，不知工竣在何時』，即咏其事也。」榬，附何汾傳。

張王廟，（光緒縣志卷九建置志四名迹）光緒三十年封廢，賣爲民産。（縣志續卷四建置志第二之三名迹）

鄉厲壇。〔一〕

〔一〕萬曆縣志卷二：「鄉厲壇散在坊村市鎮，凡二十有二。洪武制，每百户立一壇，祭如祀鬼神，歲一户爲首，歲亦三祭，祭用少牢，以里老行事。今皆廢不舉。」

福德祠在黄橋巡檢司署東。〔一〕

〔一〕光緒縣志卷七建置志二公署：「黄橋巡檢司署在黄橋鎮，大堂三楹，大門三楹，東爲福德祠，爲書識房，西爲弓兵房。」

土地廟：一在東場北，一在柳家莊，一在育嬰堂東南，一側城隍廟，一在文明橋南，一在盧家垛西，一在閆家莊。〔一〕（據民國十年黄橋鎮圖）

〔一〕縣志續卷三建置志第二之二義宇：「（黄橋鎮育嬰堂經費：）堂東土地廟旁田一畝五分。」

廟宇除已注出處外，又聞於丁正祺先生。

附。〔一〕

〔一〕九三縣志第二十六篇社會第四章宗教第四節基督教：「民國8年（1919年）基督教傳入黄橋，民國19年左右，在黄橋趙場村建起四間教堂，謝志中（祖籍鹽城，生於南京）爲牧師。1964年8月，謝遷居上海，黃橋教務即止。」

祠堂

何氏宗祠在珠巷，（據民國十年黃橋鎮圖）順治七年創。〔一〕

〔一〕海曲拾遺卷一建置類：「何氏宗祠在黃橋鎮，裔文江等修。」泰興何氏家乘卷一五祠宇之宗祠房屋：「順治七年，創建宗祠，大門一間、大廳三間、大門西首瓦屋一間半，共計價銀三百六十兩。康熙二十九年，重修費用銀三十兩有零。康熙四十二年，太僕公上三房倡首續買宗祠東首朝西樓房上下六間、朝南店面五間，價銀使用共計一百三十三兩，又找銀九兩五錢。合族捐銀，人名附刻於後。越數年，皆搖會，先後償還。康熙五十一年，續買大廳後地基一段、院墻、瓦廂房七間、院内瓦房三間，共計價銀一百二十兩，又使用銀八兩。合族捐銀，人名附刻於後。康熙五十八年，新建義民坊下坐北朝南瓦屋二間，費用銀四十兩有零。四牌坊下舊遺坐西朝東瓦庇一廊。雍正九年，創建大廳後神樓上下十間，共計費用銀六百兩有零，合族捐銀九十六兩，餘俱宗祠出息。又續買神樓後一宅，朝東瓦屋三間、南邊套房一間、通後堂屋三間、南邊過套四尺、通後瓦屋一間，價銀一百二十四兩，又使用銀八兩三錢。乾隆九年，重建大廳後朝西廂房八間，共計費用銀一百九十六兩，俱宗祠出息。（略）咸豐二年，續起樓後朝北四架梁瓦屋四間，費用錢四萬文，俱宗祠出息。（略）」同卷何芹孫宗祠事迹紀略載大廳係南京太僕寺少卿何棐居第，東首樓房係棐宅廂樓。卷五行狀之何望年邑庠生退庵公行狀載神樓名振裔樓。

同書卷一五祠宇載雍正九年何之挺重修何氏宗祠碑記等。

王氏宗祠在米巷，（據民國十年黃橋鎮圖）乾隆元年創。〔一〕

〔一〕今存祠堂碑記。（詳藝文金石）

延令王氏重修家乘卷二之乾隆五年王嘉正宗祠碑文：「吾族向無祠宇，自先君永之公始。於康熙三十一年四月十六日，同叔祖仲山公於鎮之西街買房一所。工未及竣，遭不肖子姓蕩盡。先君目擊心傷，更新未果，賫志以歿。予心痛焉，仰承先志，勉捐銀壹伯捌拾伍兩，買米巷市房一所，以爲宗祠。又以力綿，謀諸族叔源文公、族弟公立，勷予不逮。公捐銀捌拾餘兩，爲修理之費。因香火無人，招僧住持。將已田二十五畝、每年麥豆共貳拾石（其拾石與僧食用，五石爲春秋祭祀、演戲等費，五石存於公所），選舉殷實賢能者掌管，以便不時修葺。」

同卷宗祠田房：「一、西街舊祠基地壹畝，每年地租錢貳千四百文。一、米巷宗祠，大門壹間、前廳三間、後廳三間、後廂屋貳間，隨房基地。（略）一、十七世孫汝南同侄開山、兆山送祠前瓦店房一間半、隨屋基地。一、十七世孫見恒送祠前瓦房七分五厘、隨屋基地。一、十六世孫仁壽、仁里、叙萬、育萬、立萬同侄者送祠前瓦房七分五厘、隨屋基地。一、同治六年，改正大門，起造瓦屋三間。」

同書卷一載道光三十年王圻王氏重修宗祠序、光緒十七年王見恒王氏宗祠大門改正記，卷二載乾隆十四年祠堂碑記、道光三十四年告示碑等。

閻氏宗祠在王家巷，乾隆四十三年創。〔一〕

〔一〕延令東永豐鎮閻氏重修家乘卷一之乾隆四十三年閻梅我族宗祠議單：「立議單：十世孫梅今因祖父、

叔祖契，買王家巷住房一所，在上中堂屋三間、後堂屋三間。其中堂屋，祖之遠公典與王姓，價銀拾八兩，計足大錢二十八千八百文。後六兄金城將已承分住房賣與蔡姓，無處栖身，向父情説，將所典王姓之價用己資贖回居住。其後堂屋破壞，係六兄修理，計錢三十一千二百文，與前贖價，統計六十千文，亦六兄權且居住迄今。兄故，所遺己債，侄光照無力償還。梅同侄震曉等公議此房作祠，向合族公捐銀兩。此房前後堂屋、廂房、過道屋、大門堂、前後地基，情願賣與始祖從舟公名下，永遠爲閤族祠堂。梅等房族叔侄應派之分，俱願爲祠各捐銀兩。共集足制錢四十八千文，與侄光照還債，以補六兄贖價、修理之項下欠錢十二千未净。」

成氏祠在宗鏡庵東。〔一〕

〔一〕宗鏡碑記：「本庵住基一方，東止土墻外何界、成祠池邊界，西、北止路心，南止西吕家山界、東俞土墻界，應朝北南廂房。」（詳藝文金石）

余氏祠在河東，咸豐三年創。〔一〕

〔一〕今存余氏祠告示碑。（詳藝文金石）

錢氏宗祠在陰陽巷。（據錢漢文黄橋錢氏宗祠及其他，吕耕樵、吕曉文泰興民俗風情風情風物篇黄橋錢氏宗祠）

韓氏祠在米巷。（據民國十年黄橋鎮圖）

韓氏支祠側兜包池。（據丁正祺黄橋記憶祠堂「韓氏支祠」條，民國十年黄橋鎮圖未載名）

丁氏享堂在沙港西，北臨龍開河。（據民國十年黄橋鎮圖）

王氏享堂在柳家莊西北。（同上）

附。〔一〕

丁正祺黄橋記憶祠堂所載祠堂頗多。

〔一〕縣志續卷一〇中人物志第五之四列女中：「生員丁國俊妻余氏。諸生希胡女。年二十三，夫亡。奉舅姑，撫女及螟蛉子。茹素誦經。捐舊宅改建支祠。守節至今二十七年。」

表坊

尚義坊二：一爲何濟立，一爲王翊立，皆明代建。〔一〕

〔一〕康熙五十五年縣志卷一建置：「尚義坊。義民坊凡九：一在儒學西，爲義民張政立；一在黄橋鎮，爲義民何濟立；餘廢。」

延令王氏重修家乘卷一之題名目録：「五世翌，前明成化初，以粟米一千八百石賑濟饑貧。丙戌之歲，敕賜尚義，建坊通衢。」「翌」，萬曆縣志卷三作「翊」。

百歲坊爲唐氏立，明代建。〔一〕

〔一〕光緒縣志卷九建置志四名迹：「〔明時建者：曰百歲者，〕黄橋鎮，爲何岳繼妻唐氏。」

進士坊爲何棠立，明代建。〔一〕

〔一〕嘉靖惟揚志卷七公署志：「進士。黄橋鎮，爲何棠立。」

四牌坊一名少卿坊，爲何棐立，正德中建。嘉靖四十五年修。萬曆二十五年重修。〔一〕

〔一〕嘉靖惟揚志卷七公署志：「四牌坊。黃橋鎮，爲何棐立。」

乾隆直隸通州志卷一八古迹志：「爲何棐曰少卿。」

泰興何氏家乘卷一五祠宇之何銐重修太僕公四牌坊記：

先大父篤齋公以弘治壬戌登進士第，歷官御史、憲副、太僕少卿。其樹立勛猷，炳耀中外。蜀、楚間武功，尤爛焉昭著史册者。先皇帝褒厥懋功，敕賜封誥，復建之坊，以旌賢勤。正德末年，而泰興黃橋遂有四牌坊之豎。聳觀一鎮，表望四方。聖天子之恩命，赫奕先朝，垂休後裔，蓋焕乎與日月争光矣。

歲月彌久，風雨漂摇，圮壞所不免也。嘉靖丙寅，五房子孫共舉，一大修之。計今三十一年，復多傾頽，雕瓮彩棟幾致崩塌。凡我子孫日夜憂惶，懼先世之盛典一旦廢墜也，而苦於工費之不給。顧食指雖繁，心力不一，修葺之計祇爲作舍聚訟耳。銐與弟鏷幸叨先祖之庇，相繼發科爲縣令，敢辭其責乎，於是各捐俸金若干。而侄庠生遺愛同有繼述之思，亦有所出，願總領其事。諸凡會計裁度，拮据綢繆，咸有勞焉。以九月初三日起，至十月望日就緒。缺者以完，傾者以固，陋者以新。百年以來，成業可藉以不朽。而先大父在天之靈，庶幾其無遺憾哉。

嗟乎。爲之前者美而彰，爲之後者盛而傳。王之三槐，竇之五桂，所從來矣。自今以往，凡我子若孫，寧無亢宗顯世以益振先人之緒、增光聖朝之典者乎。敬記之，以告後之賢者。

萬曆二十五年歲次丁酉，十二世孫銐頓首拜撰。

昇平人瑞坊爲何開立，清代建。〔二〕

〔一〕光緒縣志卷九建置志四名迹：「〔清代建者：〕曰昇平人瑞，爲何開先。〔百歲。〕」「何開先」，康熙五十五年縣志卷四雜志作「何開」，光緒縣志或因嘉慶縣志卷五人物「何開，先黄橋鎮人」而誤。

貞烈坊二：一爲孫氏立，一爲何有蘭立，皆清代建。〔一〕

〔一〕泰興何氏家乘卷一人物：「孫氏，金源妻。（略）乾隆八年，奉旨旌表，建貞烈坊。」又：「〔何有蘭，〕乾隆癸酉，奉旨旌表，建坊貞烈。」

同書卷一五祠宇之宗祠房屋：「咸豐四年，桐支何汪氏立約，將王家巷貞烈坊外坐北朝南瓦店房、西廂屋及通後基地東首一半送祠。」

樂善好施坊二：一爲丁喬年立，一爲丁引年立，皆清代建。〔一〕

〔一〕光緒縣志卷九建置志四名迹：「國朝建者：曰樂善好施，（略）黄橋鎮，爲丁引年，爲丁喬年。」

節孝坊五：一爲顧氏立，一爲何氏立，一爲張氏立，一爲王氏立，一爲季氏立，皆清代建。〔一〕

〔一〕光緒縣志卷九建置志四名迹：「〔清代建者：曰節孝，〕黄橋鎮，爲徐世才妻顧氏、成瑾妻何氏、成貽穀妻張氏。」

今存王氏坊、季氏坊石。（詳藝文金石）

泰興何氏家乘卷一六塋域之太僕公塋地紀略載何棐墓坊，卷五行狀之何以仁敬修公行述載張氏墓坊。

今存無考坊石若干。（詳藝文金石）

黄橋鎮表微卷五

泰興　何振　輯

風土

物産

穀之屬：小麥，種於霜降前，語曰：「霜降小麥好穿針。」元麥，種於霜降後。可磨成踖兒，用以燒粥、硏疙飣、擸疙瘩、攤燒餅、做饅頭、拉黄饃兒糕。或夏天磨成粯子用以做飯。或炒後再磨，是爲焦屑。舊無食，及青割其穗穗，先炒後磨，謂之汁嫩，一名冷嫩。大麥，亦種於霜降後。多磨成細食餵猪子。元麥、大麥合稱元大麥。元大麥田塍花生、黄豆。以上三麥皆收於四五月。玉米，一名米米。春耕玉米下於清明脚下。可磨成粯子用以做飯、磨成踖兒燒粥、磕屑做圓子。穄子，種於三月黄田，收於黄豆場後。舂後曰穄米，用以裹粽子、做黏飯。或磕成屑，用以包圓子、賀糕。狗尾兒，收於穄子後，麥場後種於豌豆田，語曰：「要養兒子二十前，要種秋稼豌豆田。」舂後曰粟米，用以做飯，有菜曰酸飯，無曰甜飯。夏天粟米飯渣，故多吃粯子飯。高粱，種於小麥田，收於八月，晏於狗尾兒。無殼。可煮酒、磨屑做圓子、磨踖兒燒粥、磨細食餵猪子。蘆穄，收、種差同於高粱而産不及。有殼。可煮酒、做圓子、餵猪子。甜蘆穄，一名吊殺穄，秸子甜。稻，此鄉栽秧者少。蕎麥。種於立秋前，收於下霜之時。可磨成屑，用以攤燒餅、硏疙飣、做扁團、擸疙瘩、烱餅兒、捋粉子、潑粉子，或和面賀熟而吃。舊時，此鄉無薑，常以蕎麥換之。

菽之屬：花生，黄豆，可炒以吃粥，頗開胃，語曰「家有萬石穀，不吃鹽豆子粥」。還可和小麥磨成屑，用以擀豆面餺子。豇豆，䏶於春天，亦有麥場後者。米豇豆可索粉子。扁豆，䏶於麥場後。緑豆，麥場後䏶於狗尾兒田、高粱田，語曰「挑高粱，理緑豆」。可索粉子。小豆，䏶於麥場後。蠶豆，䏶於八月二十五。豌豆，䏶於十月。可捋涼粉、做甜醬。

薯之屬：芋頭，䏶於正二月，劚於番芋前。番芋，一名山芋，下於清明脚下，秧於小麥田，劚於九十月。有番芋茶、番芋粥、番芋餅、番芋團、番芋飯。寒天凍過之小番芋，曬乾後斬碎，同糧食炒成焦屑，極甜。菱。少見。

蔬之屬：青菜，舊無食，腌老青菜葉子，用以燒酸粥、炒小菜。生菜，韭菜，莧菜，茼蒿，甜菜，芥菜，油菜，鮮見。菠菜，萵苣，茄兒，可燜茄兒餅。大蒜，葱，芫荽，胡椒，芝麻，薄荷，可燜薄荷餅兒。金針，竹筍子，蘿蔔，多指胡蘿蔔，下於立秋。蘿蔔田不種麥，未收之前即在田中䏶豌豆。可包饅頭、燒蘿蔔茶、和粟米做飯、餵猪子。蘿蔔纓子焯後漚於缸中，此爲黄泥菜，用以燒酸粥、炒小菜。薺菜花兒，驢耳朵，砂漿頭兒，鵝兒燈籠，以上四野菜皆長於寒天同春天。馬齒，用火暴灰燙熟而吃。又有野馬齒，葉子小。皆長於夏天。芹菜，長於坎子上。語曰：「小麥秀，芹菜臭。」蒿兒，餵猪子。香椿，榆樹葉子，桑樹花，吃了會發昏。因杷樹葉子，音。以上三種皆拌屑賀熟而吃。紫荊葉子，因熄條葉子，音。焯後涼拌。菌子，一名米菌，狀似平菇。可燒湯。又有黄寥寥、黑岑岑者，形如傘，亦名菌子。滲菜兒。雨後出於坎子上。可炒燒餅。

瓜匏之屬：黃瓜，絲瓜，筍瓜，可炒燒餅。牛角瓜，可腌鹹瓜子。番瓜，可做番瓜飯、焗黏餅兒。亦吃其籽。冬瓜，以上六瓜統稱之菜瓜。西瓜，香瓜，酸蜜桃，青花皮，紅瓤子，甜。黃瓜，皮黃。籽瓜，下於番芋田，熟後開瓜園取籽。以上五瓜統謂之吃瓜。癩胡桃，葫蘆，瓠子，其半曰瓢兒。杜瓜。長於坎子上，形類大圓子，味苦。牛不轉竅，以此瓜燒水，飲之即可。

果之屬：枇杷，桑桑果，桃子，杏子，李子，梨子，葡萄，石榴，棗子，無花果，柿子，橘子，金鈎子，白果。

棉麻之屬：棉花，苧麻，巧麻，火麻，活剥皮。

布之屬：棉布，夏布，綢子布。搖花布，杜織布。本布，客貨。

附。〔一〕〔二〕〔三〕〔四〕

〔一〕猪。周廣業冬集紀程：「〔乾隆四十八年十二月二十七日。〕地產猪，有猪市。司收其稅，上藩庫。歲暮轉鬻尤夥，所謂『肥豕不度臘』也。」縣志校卷一區域志第一物產：「清制，於黃橋徵猪稅。見縣志賦役篇。巡檢以此職爲美官。（略）〔近年，泰興〕猪之運銷上海、杭州、寧波者，歲約三十萬餘口。又有以猪肉漬鹽爲食品者，名曰腌臘，運銷廣東、香港、新加坡。」縣志補卷一區域志第一物產：「黃橋以北猪肉美。」九三縣志第四篇農業第五章畜禽業第一節家畜：「東串猪，又名本種大骨頭、洲夾子，是省內體型最大的良種猪之一。肉質好，主要產區以黃橋爲中心，有90多年的歷史，其外貌特征骨骼粗壯，四肢有力、軀體較長、背腰寬闊平直、耳大下垂、被毛稀粗色全黑、皮厚而松、大腿外側皮膚有較深的皺褶（俗稱穿套褲），臀部傾斜、尾根粗着生位置較高、尾長過飛節、頭面長而直、皺紋少而淺的稱馬臉型；頭面短而凹、皺紋多而深的稱獅頭型。成年母猪 150 公斤左右，窩産仔 16 頭左右，最多窩産仔 28 頭。性温馴，耐粗飼，育肥猪脂肪沉積遲，90 公斤屠宰，可獲較多的瘦肉。」

〔二〕瓜子。周廣業冬集紀程附詩戲咏黄橋土物自注：「地産猪及瓜子，海物則鯉魚乾。」

〔三〕鯉魚乾。周廣業冬集紀程附詩戲咏黄橋土物自注：「地産猪及瓜子，海物則鯉魚乾。」王稚登延令纂卷下鯉賦：「臣游延令，延令人喜食鯉。纍纍登市，腥風滿城。主人享客，籩豆皆盈。和薑成醢，調桂作羹。」

〔四〕土綿紬，絲布巾帶。海曲拾遺卷六物産類：「荆桑，根固心實，能耐久。（略）魯桑，子落即出所在。恒有葉，圓厚多津，宜飼大蠶。泰邑種桑供蠶事者，黄橋、石莊等鎮更盛，女桑猗猗，多於他境。」又：「土綿紬，泰邑黄橋、石莊出。色較湖産微黄，粗厚而軟，製服耐久。又出絲布巾帶，以絲爲經，以棉紗爲緯。」縣志續卷二建置志第二之一公署載光緒二十八年知縣龍璋上督撫文：「泰興産絲之處，惟東鄉略佳而所産絶少，他皆劣不適用。民間因其難售，遂相戒爲畏途。知縣再三考求，四境土色皆同，何以此佳彼劣且佳者并不推廣。蓋由桑樹既少，而蠶種又不良，栽培養育全未得法，宜其棄厚利而不顧也。」

諺言

王小二過年，一無所有。

破五。正月初五。舊時未婚之女祇正月初五、十五可上街，故謂生女曰養的不上街。

初七初八望參星。觀星以預年成。參星謂七簇星。

初七初八没得參星望，月半十六没得紅燈望。正月初七初八雨，十五十六亦雨。

七不出，八不歸。正月初七忌出門，初八忌歸家，七嘴八舌故也。

高燈圓子落燈麵，今年吃價望明年。街上正月十三高燈，鄉下十四，皆十八落燈。又，正月十五食蕎麥圓子，以野菜、豆腐爲餡。

正月半賣門神，遲晏半個月。

打啊春，赤脚奔。挑野菜，拔茅針。

打春三天，百草發芽。

拜年拜到十五六，新近饅頭新近肉。

拜年拜到十七八，再拜没搭煞。

二月二，帶女兒。帶呀女兒，富鬼兒。不帶女兒，窮鬼兒。

二月二，家家人家帶女兒。兒童巴巴掌。

二月初八吃凍狗肉。正月下旬至二月初八幾無好天。張王菩薩三女風姑娘、雨姑娘、雪姑娘此日歸食凍狗肉。

二月十二百花生，三月十二搶大椿。扒搶記演其事。大椿名丁椿，行一。

送九的南風，一場空。

馬和尚過江，頂風上。二月十八宜南風。
拿錢買不到個二八月。此二月不冷不熱。
三月三，薺菜花兒犯牡丹。兒童巴巴掌。又，此日以薺菜花拭竈，螞蟻弗生。
過啊三月三，死雀兒總生蛋。
過啊三月三，家雀兒野雀兒總生蛋。
三月三，打草燒夜飯。此日草尚未能打。
要吃黄粟米飯，望個三月三。此日晴則無澇。
冬到清明不要數，百零五。
短三春。二月清明麥場早。
清明斷雪不斷雪，穀雨斷霜不斷霜。
清明凍老鬼。
清明白田，穀雨麥田。麥苗清明尚未復蘇，穀雨茁然可觀。
清明到，吹麥叫。清明麥已含苞。
吃價清明飯，四十五天就有得吃。清明後四十五天，新麥可拔。
清明要明，穀雨要雨。

清明楊柳兒朝北拜，一年還到十年債。清明曬得楊柳兒癟，有斗大麥磨斗屑。清明宜晴，宜南風。

雨沰標山紙，麥場爛得蝗蟲死。清明雨則易澇。

早燒清明晚燒冬，七月半等不到小日中。此三日祀先。某年七月十五，有午飯遲者，適屋舍傾於風雨，終無所食。

清明不扒牌，死到哩没得人抬。

三月裏的蛋，好當飯。

三月裏的蛋，大空頭。

正月好過，二月扯過，三月難過。三月青黄不接。

吃飯的三月，用錢的臘月。

三月裏的漢子，挑不動兩個煨湯罐子。

青黄不交接。

渡春荒。春借糧，麥場還以工。

挑潑菜。音。春饑，將枸杞葉、紫花郎草、桑樹花、榆葉或梓葉等焯水擠净，拌鹽而食。

春頭上。麥場前。

春雪倒老牛。

春雪應夏雨。春多雪而夏雨勤。

春風吹，裂石頭，不戴帽子裂額頭。春風料峭。

春南夏西秋東北。言致雨之風。

春霧涼風冬霧雪。

四月初二，吃青蠶豆。

四月初三，帶姑娘吃蠶豆。

四月四，大麥芒兒好挑刺。兒童巴巴掌。

四月四落雨，糧食有毒。四月初四，地鱉蛇生日。此蛇毒劇，語曰「地鱉蛇咬凳脚，摜到口毒」。

初五初六，水裏撈麥。初七初八，高山上滂鴨。四月初五至初八雨則易澇。

四月初八，黄橋鎮香期。〔一〕（據五七縣志第四卷財政經濟六商業）

〔一〕扒搶記卷上：「待等來年四月八，泥菩薩是大生辰。南壩橋下來洗澡，童子前來念經文。人山人海多熱鬧，多少婦女奶奶們。家家户户把會看，五條街上人擠人。」又：「果然四月初八日，菩薩聖會美十分。鄉下父女多看會，五條街上人擠人。丁家人兒總看會，三姐心中喜十分。菩薩正到米巷内，令官童子鬧十分。炮焻起火滿天放，三姐脱空就離身。」

立夏。此日食緑殼蛋方不瘦夏。忌坐户檻，否則亦瘦夏。

立夏三天吃蠶豆。

立夏十，當頭勒。没得勒，再歇十。立夏後十日始有所食。

立夏兩面豆，膣價花生膣黄豆。

黄豆一膣，麥就落魂。

小滿吃枯。麥至小滿則枯。

四月裏天天好做場，臘月裏天天好攏房。麥場在四月。

會帶新婦，帶家來拔麥。不會帶新婦，帶家來吃肉。

拔麥還有個拔麥寒。

忙多午。清明在三月，則拔麥於端午前後。

五月五，過多午。端午，插艾，食粽，飲雄黄酒或搽之手足，兒童手臂着雄黄袋，僧人送符而收粽。

多午十三節靠節。

要吃冷麵扁食有，五月十三，六月十九。

五月十三，小麥曾攒。六月十九，冷麵到手。曾，尚未也。

乾不掉的五月十三。言此日必雨。又，此日食冷麵扁食，故謂五月十二之雨曰磨刀水，十三曰蕩刀水。

五月十六，天地相合。此日宜雨，雨則天地相合。

梅裏草，棒打倒。蒔裏草，薅不了。

蒔裏西風，梅裏雨。梅裏的西風，暫時的雨。蒔天西風雨久，梅天不然。

蒔裏的西風，打水的吊桶。若西風未致雨，將旱。

蒔梅天，簑衣斗篷不離肩。

蒔梅天的雨是甜的，大伏的雨是苦的。梅雨利萬物。伏天日烈，能殺蟲，須曬糧。

夏至難碰多午節，百年難碰歲交春。

長頂夏至短頂冬。言晝。

拜年拜到六月初一，還是上半年。

六月初三得一暴，高田黄豆低田稻。此日雨則益。

六月六，洗白肉。

六月六，曬龍衣。此日雨，將雨四十五天。

六月六，吃塊焦屑養塊肉。

小暑裏的西風，漫一漫。此時西風易雨。

小暑頭，熱殺牛。

大暑小暑，熱殺老鼠。

六月心裏。

六月裏的太陽，過曾走你家門口過啊。

六月裏的脂油，熬不住。勿傲，勿自矜。熬音近傲。

六月裏的脂油，熬啊倒哦味。

六月裏莧，吃價跑不攀。食六月莧易腹瀉。

跌落十八代，六月裏穿棉鞋。

六月裏出門帶寒衣。

六月裏傷風真傷風。

六月裏帶女兒歇伏。此月公婆家活計繁重，女兒勞矣，請歸寧。

風涼六月，鶻突七月。六月凉則七月熱。

暖熱夏天。

夏天價攔米淘，寒天價攔火燒。

三伏裏。初伏、大伏、秋伏統稱之曰三伏。

伏水貴如金，落價多哩就送命。伏水殺蟲，過猶不及。

夏四秋六。夏熱十四秋十六，交公糧亦如是。

七漏八燎。七月朔雨而易澇，八月初一雨則旱。

七月半。此日祀先。

七月半，芋頭番芋劚上來看。八月半，吃到一大半。

立秋。此日雨則不易熱。又，以西瓜浸酒，飲之可去體内歲積之猪毛椿。

立秋嚄哩碌，時誤莊稼萬石穀。此日雨而秋多澇。

立秋三天分早晚。立秋後早晚漸凉。

七月三十。此日焚楮鏹於途，謂之齋孤。

七月裏神鬼天。此月天多變。

七月裏看巧雲。

處暑蘿蔔白露菜。

八月初二張媒人。

八月半。中秋，陳瓜果、月餅、漲燒餅於庭中敬月。又有摸秋之俗。

八月中秋，蚊子上啊通州。言此月無蚊。又傳蚊活七日。

八月裏蚊子纔下鄉。言此月蚊勢盛。

年怕中秋月怕半。

八月二十五，蠶豆生日。

九月初九，吃重陽花糕。

吃價重陽糕，就把晚茶擱。

霜降小麥好穿針。

九月裏南風兩天半，十月裏南風等不到暗。十月南風更易致雨。

秋天怕夜晴，不到天亮就長雲。變天曰長雲。

秋乾出黄金。秋乾利莊稼，芋頭、蘿蔔除外，否則花生沙莢子，番芋不結。

伢兒要抱，秋稼要薅。

伢兒抱啊大哩，秋稼薅啊大哩。

十月朝。十月初一祀先。

立冬爲晚麥，小雪住犁耙。種麥止於小雪。種前，地需用牛先耕後耙。

閏月年成不種十月麥。閏年麥宜種於十月前。

十月三十，離星落地水成冰。

十月中，梳頭打扮總是工。此月晝短。

十月裏小陽春，十一月裏有點兒冷，臘月一過就打春。

過冬。冬至祀先。

新冬大似年。一曰新春大似年。

冬不離十一月。

過啊冬，一天長一弓。過啊年，一天長一弦。言晝長。弓乃彈棉花之弓，弦即其弦。

冬前堊金，冬後堊銀，過啊年堊就不值錢。冬至前，麥苗分蘖，宜施肥，年後則晚矣。

冬前三回雪，莊稼穩似鐵。當冷須冷，毋使麥苗滋蔓，否則來年力竭，無以長。

乾冬濕年。冬至雨則年晴。又，冬前雨，作變謂之作冬。

你候我吃冬酒，我候你吃年酒。有仇必報。

冬後九天過陽曆年。

臘月臘八日。食臘八酸粥。

三九四九，相攏不出手。

雨雪年年有，不在三九在四九。

九天吃凉水，點點在心上。銘記。

九天價的天，御史的臉，紅不變臉。此時陰晴不定，喻人脾氣易變。

廿四夜。臘月二十三午後，插芝麻秸於積與屋檐頭。芝麻秸乃竈家菩薩之梯，竈鷄子爲其坐騎。二十四晚，送竈家老爺上天。除夕接竈。臘月，有僧上門查竈王，説合子：「筷子不作鍋上捉，把兒不作鍋上摧，鷄毛鴨毛不作燒(缺)」

竈家老爺上天，有句説句。

辭歲。在除夕前一晚。有祭於除夕中午者，語曰「三十夜燒亡人，惹鬼上身」，故多改。

三十夜。除夕，除食肴、守歲外，宜用蕎麥屑捋粉子，語曰「二姑娘捋烏邋，嚄下來哩」。

三十夜煨大腸，煨呀皺起來。除夕忌煨大腸，可備於二十八。年夜飯宜食肝、大腸，名曰全副(音近全富)。

三十夜死老母鷄，光打岔。除夕忌殺鷄。

三十夜不作炒花生，乾炕。

三十夜討飯，趕悛。

三十夜送竈，急回頭。

三十夜養的，黑星。黑星音同黑心。

三十夜打老子，初一叫老子。

冬寒臘月的。

臘月皇天的。

臘月裏的債，還得快。除夕以前皆可收債，否則須待來年正月十八落燈之後。

臘月裏黄金貴三分。

臘月裏無瓜也過寒。可有可無。〔一〕

〔一〕以上大都言時序。

太陽落到底。無雨。

烏雲接太陽。有雨。

晚消四十五。

初三初四不見月，鶻裏鶻突半個月。初三初四雨，上半月幾無好天。

月半十六兩頭紅。日落而月出。十七八，殺隻鴨。既食，月升。十九，坐啊下守一守。二不愣登，一上一更。二十後，月日遲一更出。初八廿三半夜月。初八半夜月落，二十三月出於三更。

初三初四像把弓，月半十六登英雄。心裏想啊過到三十歲，二十九歲送哦終。言月。

淮河南北，家家人家種蕎麥。淮河東西，家家人家扮寒衣。

嫂高姑，水漫路。姑高嫂，乾殺路邊草。銀河東有車水星、踏水星，乃姑娘與嫂子。

燈草星，石頭星。燈草星爲繼母子，石頭星非其親生。使親子挑燈草，至銀河岸，阻於風而不可渡，擔石者反得益。

一星保一夜，三星保天下。有星則無雨。

早起燒霞，等水燒茶。晚上燒霞，熱得祇哈。

天上起唉花魚斑，明朝曬草不要翻。

霍北閃。久旱，北方打閃，將雨。

西風夜息。西風爲鰥夫，需歸而自炊。

西北風是鐵山，西南風是火焰山，東南風是海風。東南風易生蟲。

東北風毛雨不止天，窮人不止年。

野鷄噪，天要消。野鷄啼，曬破皮。

苦哇噪。將雨。又，哇子早上叫將雨，晚上叫則不。是鳥頸長。又，雨久，山字歪叫，將止。是蛙鳴時頭似鼓泡，聲似「蒲鞋草鞋，你打我賣」。

各工各工，毛雨烹烹，人家不要打伴工。各工雀兒與他者相伴爲工，值澇，彼無事，自家被災，憤而自淹於汪桶。每春，笑物雀兒後各工鳥來，謔其者也，鳴似「嘿嘿嘿」。

井水缸，鹹菜缸轉潮。將雨。

黃豆掛牌，熱得祇嗨。結莢子謂之掛牌。不熱，黃豆無以脹氣。黃豆開花，上溝裏撈魚摸蝦。宜雨。

鷄冷上窠，鴨冷下河，人冷躬被窩。

不怕月半落，祇怕十六陰，十七十八没得好天，二十五落價哩卡月陰。

初八廿三，潮不上灘。落潮。初二十六，潮水直汩。漲潮。〔一〕

〔一〕以上大都言氣象。

南壩橋牛角瓜，北闗橋牛説話。猶「穿井得一人」。

吃瓜思想瓜，九天臘月想啊種棉花。須未雨綢繆。

好種出好苗，好樹結好桃，好瓠子結好瓢。

搶種搶收。

種糧下地，父母落葬。皆須守時。

乾芝麻，水緑豆。芝麻喜乾，緑豆喜濕。

豆五麥六。言發芽天數。

重田花生没得剥，重田玉米像牛角，重田棉花白嗒嗒。

今年豎，明年横，芋頭番芋不怕重。

霜打苧麻頭，猪子貴似牛。

各工雀兒噪，十八天有得吃。

楝樹爆乳，鄉下老爹喊苦。楝樹開花，鄉下老爹就説大話。初春楝樹發芽，時無所食，花開時已至麥場。

蛤蟆接龍，家家活窮。蛤蟆爛尾子，家家拎簍子。蛤蟆上岸，家家做官。

稻秀濛淞雨，麥秀磚蓋地。三月麥秀，雨則無以揚花。七月稻秀，雨却無妨。

稻秀螺螺麥秀蜆。

芝麻開花節節高。

蠶到麥黄一伏時。蠶到謂蠶豆成熟或蠶蟲上山。

三場大麥一起摜。大麥、元麥、小麥拔後因雨積於場，故曰一起。

夜飯夜飯，吃到鴨子生蛋。前頭跨户檻，後頭喊啊燒早飯。晚飯無恒時。

麻雀兒還巴個時熟場。

二麥登場，餓殺老娘。草未曬乾，無以生火。

黄花郎，開黄花，黄花女兒把人家。

蠶豆開花哄殺人，豌豆開花有把證。

蕎麥曬得癟乾香，到臨了一碗疙飣湯。蕎麥喜乾。

田鷄跳一丈，管嘴管不上。癩包端端坐，老成不忍餓。

細描細描，打兩個黿食不够送竈。划皮打塘，囤子阻到屋梁。

水寬養得魚。

捧不過冬瓜捧瓠子，打不過馬馬打猪子。

西北風吼吼的，凍得够够的。

東南風的小鷄子，打眉凹。

東南風的小鷄子，死多活少。

大麥田裏長的瓜，大麥瓜。麥瓜音同木瓜。

麻田裏扯啊菜田裏。〔一〕

〔一〕以上大都言農事。

黃橋鎮表微卷六

泰興　何振　輯

經濟

市集

黃橋鎮市。〔一〕

〔一〕嘉靖惟揚志卷七公署志：「泰興：在城市，鼓樓市，四牌樓市，黃橋鎮市，陰沙村市，江口橋市，口岸鎮市，即柴墟，岳武穆鎮撫通、泰，嘗退保於此。馬店市。」卷二〇人物志下迄嘉靖二十二年。

王世貞弇山堂別集卷八六詔令雜考二之朱元璋與魏國公書：「教總兵官徐達、常平章知會：姜偃、黃橋但係民軍往來路道處所，彼處之民不許屯集於這幾處。（略）店市之民不可屯於要道，理合移於水蕩中間沙洲處所，拘其船隻，使民智勇不能施。（略）龍鳳十二年九月十五日。」

猪市。〔二〕

〔二〕康熙二十七年縣志卷一疆域：「猪市。在黃橋鎮。」

周廣業冬集紀程：「〔乾隆四十八年十二月二十七日。〕地產猪，有猪市。司收其稅，上藩庫。歲暮轉鬻尤夥，所謂『肥豕不度臘』也。」

嚴氏墓志：「居黄橋□猪巷。」（詳藝文金石）猪巷即珠巷，猪市或在此。

質庫二市。〔一〕

〔一〕周廣業冬集紀程：「（乾隆四十八年十二月二十九日。）鎮有質庫二市，民每以惡衣敝褌强取厚直，稍拂意，喧嚷達旦，多至數十人。官爲禁戢，僅乃息鬥。固由民貧，亦緣俗薄也。」

康熙二十七年縣志卷二風俗：「質庫多新安賈人爲之，邑内五城門及各鎮皆有。雖息權子母，實乃便民。」康熙五十五年縣志卷二風俗：「質庫無土著人，土著人爲之，十年不贖，不許易質物。乃令新都諸賈人擅其利，坐得子錢。誠不可解。」嘉慶縣志卷六風俗：「質庫，邑内五城門及各鎮皆有。雖息權子母，實亦便民。曩多新安賈人爲之，近則半出靖邑，亦有土著開設者。」

工商

商會。〔一〕

〔一〕上海將開商法討論會載泰興商務分會、黄橋商務分所。

省長批原具呈人泰興縣黄橋鎮商人朱沛等呈請飭廳派委澈查泰興縣黄橋鎮組織商會情形：「江蘇省長公署批第一千四百六號：（呈請飭廳派委澈查泰興縣黄橋鎮組織商會情形）原具呈人泰興縣黄橋鎮商人朱沛等。據呈已悉。候令實業廳核議復奪。仰即知照。此批。中華民國八年十月二日，江蘇省長齊。」

鼎豐號，萬豐號。（據重修直來橋碑，詳藝文金石）

生猪業，雜糧業，油酒業，烟業，腌臘業，花生業，洋油業。豫興典，仁益典，〔二〕丁永興大房，丁鼎大，王利興，王同興，丁永興四房，泰合成，朱德泰，李恒源，朱仁源，仁源生，萬源昌，王永茂，裕泰和，陸萬成，丁均昌，協泰隆，成同興，韓其昌少記，韓其昌三房，汪天吉，□德□，朱泰昌，文華齋，吴合興，譚恒順，葉興和，恒隆昌，何鎰大，江正興，丁泰和，仁和源，李慎祥，〔二〕何德盛，孫源昌，江同記，戴同盛，泰來生，房恒順，許乾成，封復昌，韓泰祥，裕康祥，裕和豐，成同順，恒泰豐，何隆昇，恒泰祥，汪益美，朱天成，一善昶，楊萬盛，王長三。（據民國六年文明橋徵信録；文明橋徵信碑，詳藝文金石）

〔一〕龔汲三黄橋經濟概況：「本鎮典當，共有二家，一仁益，一豫興，開設均有四十三年之久。最初資本，以制錢爲本位，仁益制錢四萬串，豫興制錢十萬串，自從辛亥革命裕寧官錢局收歇之後，兩典存款，一致增加。同時因洋價高漲關係，遂將制錢股本，按銅元一千二百文易洋一元，改成銀元股本，計仁益股本，改爲銀元三萬三千三百三十三元三角三分，豫興股本，改爲銀元八萬三千三百三十三元三角三分。在營業最好之時，質當物款，曾達七十萬元之譜，其資金來源除股本之外，全靠鄉户存款，以資運用。惟近幾年來，質當業務，漸見衰落，仁益營業額僅二十萬，豫興亦祇二十萬之譜。」

〔二〕黄橋耀黄電燈股份有限公司股東名册載李慎祥通信處爲北街，股本二百元。（臺北「中央研究院近代史研究所檔案館」藏泰興縣耀黄電燈公司檔案，館藏號：23－25－11－070－01）

何公太冶坊，〔一〕丁萬昌，〔二〕和記花生榨油廠，〔三〕黄橋郵政代辦所，〔四〕裕寧官銀錢局，〔五〕泰華小輪有限公司，永豐小輪，〔六〕隆記，源利，裕順利，李恒堂，寶成，黄鹽棧，〔七〕黄橋染織股

分有限公司，〔八〕黃橋耀黃電燈股份有限公司。〔九〕

〔一〕今存何公太冶坊鑄鐘。（詳藝文金石）

〔二〕延令王氏重修家乘卷一之王見恒王氏宗祠大門改正記：「不料同治元年丁萬昌變産償債，因請尹子穀貽將田托予。予思時不可失，即將丁姓有市房七分五厘在予宗祠面前相告，如可情商買送宗祠，餘田無不遵命。尹即評價交丁，予亦將房送祠矣。」

〔三〕何逢生訃聞：「廿九歲，赴江蘇泰興縣黃橋鎮創辦和記花生榨油廠。遞至三十七歲，已陸續興辦廣記、廣利、泰隆記榨油廠。三家均在泰興縣黃橋、廣陵兩鎮，地方人士咸樂就之。」又載冠亨號逢生，生於同治甲戌，民國二十五年卒，年六十六。年歲有誤。

金森寶泰興縣鄉土志：「黃橋有製花生油廠，規模尚未能擴張。」

〔四〕民國十年黃橋鎮圖載郵政局在布巷。

張鑄泉黃橋建郵有檔可依引夏鎮所譯清末郵政英文檔案：「當時黃橋隸屬於通州府泰興縣，當地最高地方長官爲『欽加三品銜侯選道特授泰興縣正堂』，人口1.5萬人，光緒三十一年（1905年7月9日）建立郵政代辦所。郵件由泰興郵政局轉遞（泰興局建於光緒二十八年），距泰興40華里，有每天逐日步班專人傳遞，代辦所地址位於黃橋大街，該代辦所負責人丁作舟（譯音），每月佣金3.50元，另付給雜項開支8.50元。」

民國如皋縣志卷五郵置志：「〔光緒〕三十二年五月，南鄉石莊、張黃港、西來庵、黃家市等處并設郵政鋪，与泰興縣之黃橋、季家市等郵局相聯絡。」

縣志稿建置志郵政：「有郵寄代辦所一處，南通靖江，北達黃橋。右張國仁册。」國仁册多載季家市、寧界市事。

〔五〕南洋勸業會銀行廣告載黃橋有裕寧官銀錢局。

〔六〕内河行駛小輪：「泰興東區黃橋鎮，商業繁盛。惟陸路距城四十餘里，繁盛交通不便。近由商人何鑫源等創辦設泰華小輪有限公司，航綫由該鎮起點，經過季家市、寧界市、毗盧市等鎮，約共一百華里，當日可以往返。現已將船隻造成，不久即當開駛云。」

金森寶泰興縣鄉土志：「近更增設泰華内河小輪，由城經廣陵鎮至黃橋，間日回往。永豐小輪，由黃橋至八圩港，本日回往。」

〔七〕養仁慈善會志謝：「黃橋警署，又厘捐局，韓明甫，丁希彭，何鑒芝，徐晴嵐，隆記，源利，裕順利，永興，李恒堂，仁益典，豫興典，寶成，黃鹽棧。」

〔八〕民國十年黃橋鎮圖載陳家莊南有染織公司。

農商部咨江蘇省長爲黃橋染織公司應准注册給照文：

爲咨行事：接准咨稱「轉據呈稱『黃橋染織股分有限公司遵飭修改章程，并聲叙概算所列原料費數目不符係漏書之誤，懇予核轉鑒核』。據情，咨請核辦」。等因。查該公司此次所報章程暨聲叙各節尚無不合，應准注册。除將注册執照令發實業廳轉給具領外，相應咨行貴省長查照飭遵。此咨。

農商總長王迺斌。部印。中華民國十年九月二日。

〔九〕民國十年黄橋鎮圖載電燈廠在花園橋西。

臺北「中央研究院近代史研究所檔案館」藏泰興縣耀黄電燈公司檔案。（館藏號：23－25－11－070－01與23－25－11－070－02）

附。〔一〕〔二〕〔三〕

〔一〕重修直來橋碑：「八九月間，吾鄉貿易事繁。」（詳藝文金石）

〔二〕蘇撫堅持米糧漏海之政見：「靖江之八圩港、六圩港、新港口等處，均可停泊海舶。附近之黄橋鎮爲泰興縣轄境，裏下河之米皆聚於此。黄橋米行運交靖江，駛載海舶，此直接之出洋也。」

〔三〕龔汲三黄橋經濟概況：「黄橋在前清光緒年間，即有匯劃錢莊之組織，同時如裕寧官錢局，亦曾在橋、泰兩處設立分莊；因當時黄橋糧食業務，甚爲發達，較之泰興，猶有過焉。迨至宣統年間裕寧失敗收歇，興、橋兩分莊，亦相繼告停，橋地金融，幾乎停頓。於是應時而起之典當，業務忽然興盛，農村資本又咸集中於經營典當者之手。第在此轉變期中，錢業并未淘汰净盡，及至糧價與田價上漲之際，亦逐漸恢復舊觀。計當時全鎮錢莊，共有和豐、順記、生義、慎康、義和等五家，所放帳面，爲一百餘萬兩，計和豐二十四萬，順記二十四萬，義生十萬，慎康十三萬，義和三十萬，均係投放於鄉户，或殷實之商店。」

賦稅

熙寧十年，此地未置稅務。〔一〕

〔一〕徐松宋會要輯稿食貨一六商稅二：「泰州：舊在城及如皋、興化、泰興、西溪縣、陵亭、柴墟鎮七務，歲二萬一千六十四貫。熙寧十年，在城一萬三千三百七十一貫四百六十文，興化縣三千四百九十二貫五百八十二文，柴墟務一千五百九十九貫四百七十七文，如皋務三千五百六十七貫四百八十九文，泰興務一千六百一十六貫六十三文，海安務一千二百七十六貫四百一十三文，陵亭務一百五十七貫三百五十文，西溪務九百九十二貫二百一十六文。」又食貨一九酒麴雜録：「泰州：舊在城及興化、泰興、如皋縣，陵亭、柴墟、西溪七務，歲八萬三千三百八十八貫。熙寧十年，祖額八萬七千二百三十六貫四百六文，買撲一萬四千六百一十四貫五十六文。」又食貨二二鹽法五：「泰州：在城五千九十六貫六百七十一文，泰興縣四百七十四貫五百四十九文，興化務一千三百七十九貫四百一十二文，柴墟務六百七十三貫九百八十一文，陵亭務一百九十五貫三百七十二文，如皋務八百六十八貫九百七十三文，海安務一千五百三貫一百五文，西溪務四百五十九貫七百六十文。」元豐九域志卷五淮南東路載泰州有海安、西溪、陵亭、柴墟、永豐、白莆六鎮。熙寧十年無務者，惟白莆、永豐耳。

嘉慶十九年，黃橋巡檢司「徵收猪、羊、六港等税正額銀九十兩七錢八分六厘」。〔二〕（嘉慶縣志卷二賦役）

〔二〕嘉慶縣志卷四選舉迄嘉慶十九年。

周廣業冬集紀程：「〔乾隆四十八年十二月二十七日。〕地產猪，有猪市。司收其税，上藩庫。歲暮轉鬻尤夥，所謂『肥豕不度臘』也。」

縣志校卷一區域志第一物産：「清制，於黃橋徵猪税。見縣志賦役篇。巡檢以此職爲美官。」

光緒元年，黃橋巡檢司徵收「猪、羊、六港等税銀九十兩七錢八分六厘，隨解耗銀九兩七

分八厘」。〔一〕（光緒通州直隸州志卷四民賦志）

〔一〕光緒通州直隸州志卷一〇選舉志上迄光緒元年。

光緒十一年，黄橋巡檢司徵收猪、羊税銀六十一兩二錢六分六厘，六港税銀二十九兩二錢五分，盈餘銀七兩一錢，耗銀三兩六錢三分五厘。〔一〕

〔一〕光緒縣志卷一〇經制志一之一賦役上：「〔光緒十一年，〕實徵雜税銀四百七十七兩三錢八分二厘、（略）猪、羊税銀六十一兩二錢六分六厘。耗銀四十七兩七錢三分八厘。具批解司。又雜税外實徵六港税銀二十九兩二錢五分、盈餘銀七兩一錢、耗銀三兩六錢三分五厘。此款與雜税中猪、羊税，均歸黄橋司徵收，由縣批解。」

縣志續卷六經制志第三之二學校「崇實兩等小學」條載宣統三年教育會、勸學所咨復縣署文：

前省視學陳君莅泰會議，僉謂城鎮鄉自治尚未一律成立，未便徑將五項捐劃歸各轄自收，應別籌補助。查本鎮猪税項下，前羅巡檢任内曾允歲酌撥四百元充城内學堂經費。擬將此項提歸該校，以符就地籌款之議。

江蘇省行政公署批第一千八百三十一號：「（略）查莊前都督據通州張總司令呈『泰興縣改設警區，請將猪税、盈餘指爲警務經費』，當經認爲市鄉制第八十九條所載之特捐，令飭泰興縣知事照辦。在案。（略）」

額俸

黄橋巡檢司：嘉靖二十二年，弓兵三十名。〔一〕（據嘉靖惟揚志卷一〇軍政志）四十年，弓兵三百名。（據鄭若曾籌海圖編卷六直隸兵防官考）萬曆二十七年，巡檢一員。弓兵二十四名，每名歲支工食銀七兩二錢，共銀一百七十二兩八錢。（據萬曆縣志卷二）四十三年，巡檢一員，歲支俸銀四兩八錢，遇閏，加銀四錢。弓兵二十名，每名歲支工食銀七兩二錢，共銀一百四十四兩。〔二〕（據重訂賦役成規泰興縣）乾隆二十年，巡檢一員，歲支俸銀三十一兩五錢二分。〔三〕（據乾隆直隸通州志卷五民賦志）嘉慶十九年，巡檢一員，歲支俸銀三十一兩五錢二分、養廉銀六十兩。皂隸二名，每名歲支銀六兩。弓兵歲支工食銀三十兩。〔四〕（據嘉慶縣志卷二賦役）光緒元年，巡檢一員。皂隸二名。弓兵十名，每名歲支工食銀二兩九錢一分六毫。〔五〕（據光緒通州直隸州志卷四民賦志，卷七軍政志）十一年，巡檢一員，皂隸二名，弓兵十名。〔六〕

〔一〕光緒通州直隸州志卷七軍政志：「明太祖洪武三年，置通州、海門、泰興、如皋巡檢司巡檢十員。（略）泰興：黃橋巡檢司，印莊巡檢司，口岸巡檢司。（略）黃橋、印莊、口岸弓兵各四十名。」卷八秩官志上載明代巡檢「月俸米三石、鈔三十貫」。

〔二〕重訂賦役成規泰興縣：「巡檢叁員，每員俸銀肆兩捌錢，共銀拾肆兩肆錢。遇閏，每員加銀肆錢，共加銀壹兩貳錢。〇司吏玖名，每名糧銀壹兩肆錢肆分，共銀拾貳兩玖錢陸分。遇閏，每名加銀壹錢貳分，共加銀壹兩捌分。」又：「黃橋巡司弓兵貳拾名，每名工食銀柒兩貳錢，共銀壹百肆拾肆兩。前件該司原設弓兵貳拾肆名，歲審工食銀壹百柒拾貳兩捌錢。行府回稱『議留□拾名，徵銀壹百肆拾肆兩。其餘肆名銀貳拾捌兩捌錢，相應免徵』。呈詳各院，批允訖。」

〔三〕康熙二十七年縣志卷二戶口田賦：「黄橋、口岸、印莊三司巡檢員下：俸薪實徵銀九十壹兩六錢九分五厘四毫六絲六微一纖五沙二塵，皂隸工食實徵銀叁十四兩九錢九厘四毫四絲一微二纖，（略）三巡司工兵工食實徵銀捌十柒兩二錢柒分三厘六毫三微。」

乾隆直隸通州志卷五民賦志：「黄橋、口岸、印莊三司巡檢員下：各支俸銀三十一兩五錢二分。皂隸六名，每名工食銀六兩。弓兵三十名，每名工食銀三兩。共歲給俸工銀二百二十兩五錢六分。」

〔四〕嘉慶縣志卷二賦役：「黄橋、口岸、印莊三巡檢員下：俸銀每員三十一兩五錢二分，除荒缺，實徵銀九十一兩七錢四分五厘。皂隸每員二名，三司共六名，每名銀六兩，除荒缺，實徵銀三十四兩九錢二分八厘。弓兵工食銀每司三十兩，除荒缺，實徵銀八十七兩三錢二分。（略）典巡四員，每員養廉銀六十兩。」

〔五〕光緒通州直隸州志卷四民賦志：「黄橋、口岸、印莊三巡檢衙門俸工銀二百一十三兩九錢九分三厘。俸銀九十一兩七錢四分五厘。皂隸每員二名，工食銀三十四兩九錢二分八厘。弓兵每員十名，工食銀八十七兩三錢二分。」又：「三巡檢俸工耗銀二十一兩三錢九分九厘。（略）三巡檢養廉銀一百八十兩。」卷八秩官志上載清代巡檢「俸銀三十三兩一錢一分四厘，養廉六十兩」。

〔六〕光緒縣志卷一〇經制志一之一賦役上：「〔光緒十一年，〕口岸、黄橋、印莊三巡檢衙門俸工銀二百二十兩五錢六分。巡檢三員，俸銀九十四兩五錢六分，減平五兩六錢七分四厘，實領銀八十八兩八錢八分六厘。皂隸每司二名，計六名，工食銀三十六兩，抽扣一兩，減平二兩一錢六分，實領銀三十二兩八錢四分。弓兵每司十名，計三十名，工食銀九十兩，抽扣二兩五錢二厘，減平五兩四錢，實領銀八十二兩九分八厘。凡俸工、役食、抽扣、荒缺銀由地丁項下撥補。其抽扣銀，除解巡道衙門吹手工食外，津貼本縣禁卒減平銀每兩六分，解司。」又：「典史、巡檢各員養廉銀二百四十兩。」卷一六秩官志一古今官屬年表載清代巡檢「俸銀三十三兩一錢二分四厘，養廉六十兩」。

黃橋市議事會：民國元年，員額爲二十。黃橋市董事會：民國元年，員額爲六。（據江蘇省内務行政報告書上編第三章縣市鄉自治機關第三節市鄉之組織）

黃橋汛：雍正八年，外委把總一員，歲支守餉一分，每分銀十二兩。（據光緒通州直隸州志卷七軍政志）乾隆元年，定議把總歲支步糧四分，外委把總歲支守糧一分。（據嘉慶縣志卷六軍政）八年，右哨把總一員。增兵二十四，共有三十名。（詳建置營汛）四十七年，把總歲改支養廉銀九十兩。（據嘉慶縣志卷六軍政）光緒元年，把總一員，歲支俸銀、養廉銀、馬乾銀一百五十一兩二錢。馬兵每名歲支餉銀、馬乾銀三十六兩六錢、米三石六斗。步兵每名歲支餉銀十八兩、米三石六斗。守兵每名歲支餉銀十二兩、米三石六斗。（據光緒通州直隸州志卷七軍政志）十二年，右哨把總一員。汛兵二十五名。把總坐馬二匹。泰興營戰馬十二匹，外委把總與額外外委共七匹，馬戰兵共五匹。把總歲支俸薪銀三十六兩、馬乾銀二十五兩二錢、養廉銀九十兩。馬戰兵每名歲支餉銀二十四兩、馬乾銀十二兩六錢。步戰兵每名歲支餉銀十八兩。守兵每名歲支餉銀十二兩。額外以下，每員名歲支米三石六斗。（據光緒縣志卷一五經制志四營伍）

黄橋鎮表微卷七

泰興　何振　輯

職官

黄橋巡檢司巡檢

金成先　康熙五十二年在任。〔一〕

〔一〕縣志補卷一區域志第一河渠載康熙五十二年宋生重建拱辰橋碑記：「黄橋司金成先助銀三兩。」縣志補卷四秩官志第四古今官屬年表：「聖祖康熙五十二年，黄橋司，金成先。宋生重建拱辰橋碑記。」

高弘縋　浙江會稽人。乾隆二十二年，升金匱縣主簿。〔一〕（據光緒無錫金匱縣志卷一五職官）

〔一〕延令東永豐鎮閭氏重修家乘卷二年表：「〔杏里〕原名金城，〔乾隆〕念三年，縣主崔公奉憲檄，仰黄橋司高着鄉保居民舉報約正。」

鄭　耔　乾隆二十三年任。

宋明遠　浙江山陰人。乾隆三十一年至四十年在任。〔一〕

〔一〕縣志補卷一區域志第一河渠載乾隆三十二年吴坦重建拱辰橋碑記：「橋重建於乾隆三十一年九月十

七日，迄次年十一月初一日橋成，共縻千有餘金。（略）知泰興縣事晉江莊拔萃、黃橋司山陰宋明遠捐銀十兩、旗杆一對。」

同書卷二建置志第二名迹載重修永豐鎮城隍廟碑記：「前高公司此土，實始議新之。鳩集紳士庶氓，嚴恭首事，未竟厥緒。嗣鄭公來，下車未幾，政閑人理，續舉斯役。（略）黃橋司升任金匱縣右堂高弘縊，黃橋司鄭籽。黃橋司宋明遠。（略）大清乾隆二十三年歲次戊寅十二月。大清乾隆四十年歲次乙未孟夏重修。」碑記載高、鄭修廟事而未及宋，遂推宋名爲後刻。

同書卷四秩官志第四古今官屬年表：「高宗乾隆二十三年，黃橋司，高弘縊、鄭籽、宋明遠。闕名乾隆二十三年重修永豐鎮城隍廟碑記。（略）」

湯維新〔一〕

〔一〕海曲拾遺卷一建置類：「黃橋司署在銀巷，巡司湯維新建。」周廣業冬集紀程：「〔乾隆四十八年十二月二十七日。〕舊無公廨，前任某以僦居不便，買地構宅。既轉鬻愼齋，雖卑狹，尚可治事。」前任某或即維新歟。

周成業

一作承業，浙江海寧人。乾隆四十八年至嘉慶二年在任。〔一〕

〔一〕周廣業冬集紀程載其乾隆四十八年十二月至四十九年正月寓居黃橋鎮事，時弟成業任巡檢。又附詩黃橋鎮示愼齋自注：「宋桑殿直懌爲永安巡檢，盜望風而逃，去年寄愼齋生日詩『風希殿直聞宵柝』亦用此。」

縣志補卷三下經制志第三典禮載嘉慶二年王兆熊重修城隍廟碑記：「黃橋司巡檢周承業。」此廟在泰興城。

同書卷四秩官志第四古今官屬年表：「〔乾隆〕四十八年，黄橋司，周承業，海寧人。冬集紀程，王兆熊重修泰興城隍廟碑記。按：紀程云癸卯冬十二月，自靖江至黄橋鎮慎齋弟黄橋司。考癸卯爲乾隆四十八年，而王兆熊碑記則作於嘉慶二年，蓋承業官此十餘年矣。」

洛塘周氏家乘卷一〇之陳觀敕授登仕郎慎齋周公行狀：「入都應乾隆甲午秋試，不利。值開例，報捐，分發江蘇，歷署江陰、清河縣尹。（略）上官以其能，隨授通州黄橋巡政。黄橋地饒沃而民多惰悍，公首以鋤奸剔弊爲事。邑有兄弟争産結訟經年者，公積誠以開導之，卒感悟而輸産於官，爲義舉。又有黄、胡二姓争婚於許氏，黄先聘許女矣，胡貪女色，造穢言以誘其退婚，因而成訟。官以訊無確據，未結。公廉，得其實，斷罪於胡，而許女仍歸黄姓，一邑稱嘆。他若河流之久經淤塞者，則爲勸捐挑浚，以利民田。婦女之不諳蠶織者，公見民婦往來，屬令内署褚太君教之，如法遍傳，以普其利。治之東有文昌閣，久圮，公倡捐修之。立文會，聚邑之文士課焉，捐俸以資其膏火。治事之暇，輒與諸紳士談論詩文，娓娓不倦，蓋公之夙好也。又爲創立育嬰、施棺兩局，置田立案，以垂永久。邑遇水旱，則請給籽種賑濟，雖忤上官意，不惜也。」

同書卷七中載成業號慎齋，生於雍正十二年，嘉慶八年卒，年七十。

中國第一歷史檔案館藏乾隆五十七年兩江總督書麟題爲特參江蘇泰興縣黄橋司巡檢周成業等疏防竊傷人命案請議處事。（檔號：02－01－03－07949－015）

潘

嘉慶九年在任。（據勒石永遵碑，詳藝文金石）

吴　輝　嘉慶十六年任。（據光緒通州直隸州志卷八秩官志上）

潘紹廷　嘉慶十八年任。（同上）

邵　鎔　浙江鄞縣人。嘉慶十五年，以監生任印莊巡檢司巡檢。十八年兼署。（據光緒縣志卷一六秩官志一古今官屬年表）

余鑒三　順天宛平人。嘉慶十九年，以監生任。（同上）

王有烈　順天宛平人。嘉慶十九年，以從九任。（同上）

李　峰　直隸天津人。嘉慶二十三年，以監生署。（同上）

王有烈　嘉慶二十四年回任。（據光緒通州直隸州志卷八秩官志上）

李慶芳　安徽當塗人。道光七年，以監生任。（同上）

王有烈　道光七年回任。（同上）

丁繼瀛　順天宛平人。道光十五年，以供事任。十七年，兼署印莊巡檢司巡檢。（據光緒縣志卷一六秩官志一古今官屬年表）

沈鳳詔　順天大興人。道光二十一年，以吏員任。（同上）

張訓遥　安徽桐城人。道光二十二年，以監生任。〔一〕（同上）

〔一〕張維屏國朝詩人徵略二編卷五八載方雲龍爲廣東香山人，道光二十九年卒，署黄橋巡檢司巡檢等。

陳慶雲　順天大興人。咸豐二年，以監生任。（同上）
沈德薰　浙江嘉興人。咸豐三年，以監生署。（同上）
屠錫庚　順天大興人。咸豐四年，以監生署。（同上）
劉發棨　安徽合肥人。咸豐四年，以監生署。（同上）
沈樹霖　浙江歸安人。咸豐五年，以監生署。（據光緒通州直隸州志卷八秩官志上，光緒縣志卷一六秩官志一古今官屬年表）
王鳳瑞　安徽合肥人。咸豐六年，以監生署。（據光緒縣志卷一六秩官志一古今官屬年表）
陳慶雲　咸豐七年回任。（同上）
蕭作賓　同治三年署。（同上）
陳慶雲　同治三年回任。六年，兼署典史。（據光緒通州直隸州志卷八秩官志上）
胡蓉鏡　浙江仁和人。同治六年，以監生署。（據光緒縣志卷一六秩官志一古今官屬年表）
闞遠焜　浙江仁和人。同治七年，以附貢任。（同上）
沈光熊　浙江歸安人。同治八年，以附貢任。（同上）
劉國寶　山東章丘人。同治九年，以監生任。（同上）
徐紹畛　江西贛州人。同治十年，以監生署。（同上）

聯　科　漢軍正黃旗人。同治十一年，以監生署。（同上）

朱　儀　浙江山陰人。同治十二年，以監生署。（同上）

單錦堂　浙江山陰人。同治十三年，以吏員任。〔一〕（同上）

〔一〕「十三年」，光緒通州直隸州志卷八秩官志上作「十二年」。

陸　昉　順天大興人。光緒八年，以監生署典史。十一年署。（同上）

張福同　浙江歸安人。光緒十一年，以監生署。（同上）

陳昆笙　福建侯官人。光緒十二年，以監生任。（同上）

仲呈材　浙江桐鄉人。光緒七年，以監生任印莊巡檢司巡檢。十三年兼任。（據縣志續卷七秩官志第四三司一尉年表）

張寶琛　浙江山陰人。光緒十四年，以監生任。（同上）

秦兆勛　光緒十五年，以從九署。（據江督轅門抄，兩蘇省撫轅抄）

袁礽傳　河南睢州人。光緒十六年，以監生任。（據縣志續卷七秩官志第四三司一尉年表）

安　復　順天大興人。同治八年，以監生署印莊巡檢司巡檢。光緒二年，署口岸巡檢司巡檢。二十五年，以俊秀署。（據光緒縣志卷一六秩官志一古今官屬年表，縣志續卷七秩官志第四三司一尉年表）

郝耀奎　安徽懷寧人。光緒二十五年，以監生署。（據縣志續卷七秩官志第四三司一尉年表）

羅錫章　順天大興人。光緒二十六年，以俊秀任。（同上）
郭曾基　福建侯官人。光緒三十三年，以監生署。（同上）
趙鑒三　順天宛平人。宣統元年，以監生署。（同上）
艾聯芳　湖北江夏人。宣統二年，以監生署。（同上）
謝清謙　浙江平湖人。宣統三年，以附貢任。（同上）

黄橋市自治職員

王　經　議長。　丁蘭生　副議長。　韓興東　總董。　丁焕文　董事。皆黄橋鎮人。民國元年九月十一日選任。（據江蘇省内務行政報告書上編第三章縣市鄉自治機關第五節職員）
王　經　議長。民國四年連任。有傳。

泰興營右哨把總

姜世熙　泰興人。以行伍任。（據康熙五十五年縣志卷三秩官）
劉　虎　河南人。以行伍任。（同上）
蘇明彦　山西曲沃人。功加都司僉書。（同上）
曹三才　泰興人。以行伍任。（同上）
蘇運啓　山西人。以康熙十一年武舉任。（同上）

張　坦　河南商丘人。以康熙十一年武舉任。（同上）
孫雲龍　泰興人。以行伍任。（同上）
楊萬林　陝西臨洮人。以行伍任。（同上）
劉　洪　福建人。以行伍任。（據嘉慶縣志卷三秩官）
錢文斌　此省人。以行伍任。（同上）
宗　仁　此省人。以行伍任。（同上）
楊開福　泰州人。以行伍任。（同上）
尤鳳儀　通州人。以行伍任。（同上）
董春芳　泰州人。以行伍任。〔一〕（同上）

〔一〕縣志補卷三下經制志第三典禮載嘉慶二年王兆熊重修城隍廟碑記：「〔泰興營〕右哨把總董春芳。」此廟在泰興城。

楊　全　泰州人。以行伍任。（同上）
張永清　上元人。以武舉任。（同上）
徐金錞　上元人。以武舉任。（同上）
袁得功　江西人。以行伍任。（據光緒縣志卷一五經制志四營伍）

顧永慶　以行伍任。（同上）

聞　標　泰興人。以行伍任。（同上）

王　忠　泰興人。以行伍任。（同上）

董奏勛　泰州人。以行伍任。（同上）

張桂森　泰州人。以行伍任。（同上）

李遐齡　上元人。光緒三十年在任。三十二年，署泰興營守備。（據縣志續卷一區域志第一津梁「直來橋」條，卷七秩官志第四武職表）

丁　源　宣統元年任。〔一〕

〔一〕唤醒鄉愚：「泰興黄橋汛丁把戎源，自去歲莅任，遇事不辭勞瘁。時值冬防，逐夜親自巡查，閤鎮賴以乂安。今春，鎮西江、向二堡及野安莊等處因調查户口，誤起風潮。丁把戎得悉，隨即親往演説，予等鄉民俱皆首肯。忽南鄉季家市又因調查之事，致將孫姓門披搗壞。幸丁把戎兼程而進，復向該處苦口勸導，始得醒悟。翌日，同興茂米行鬧米一節，丁把戎始則勸該行先散米四五石，繼則會商鎮董，開辦平糶。至黄橋之平糶局，亦由丁把戎首先倡導，逐日親往彈壓。噫。如丁把戎者，洵可謂委弁之得人而嘉惠黎民者矣。予等重沐其恩，無以爲報，特此登報鳴謝。泰興黄橋鎮及季家市鎮衆鄉民公啓。」

黃橋鎮表微卷八

泰興　何振　輯

選舉

貢生

何　岱　字與峻，額三子。成化十三年丁酉歲貢。任中兵馬指揮司指揮。（據嘉靖惟揚志卷二〇人物志下，泰興何氏家乘卷四墓文之黃瓚承德郎東山公墓志銘）

何　瑬　一作鎏，楷三子。嘉靖三十一年壬子歲貢。歷任山東新城、浙江山陰知縣等。〔一〕（據萬曆揚州府志卷一五人物志上，康熙五十五年縣志卷三選舉，泰興何氏家乘卷一人物）

〔一〕縣志補卷二建置志第二城垣載嘉靖四十年奚世亮泰興縣北城水關記：「〔監生：〕何瑬。」

何　珂　應例果長子。嘉靖三十七年戊午歲貢。歷任河南虞城縣訓導、山東滕縣教諭等。〔一〕（同上）

〔一〕康熙二十七年縣志卷三選舉：「何珂，教諭。操履純粹，有古人風。」

何　銑　璽次子。嘉靖四十五年丙寅歲貢。（據萬曆揚州府志卷一五人物志上，泰興何氏家乘卷一人物）

何　鐺　瑩次子。萬曆二年甲戌歲貢。任江西吉水縣主簿。（同上）

何　珈　字德偕，進士棐三子。萬曆三年乙亥恩貢。任山東丘縣訓導。（據萬曆揚州府志卷一五人物志上，光緒縣志卷一八人物志一之一選舉表上，泰興何氏家乘卷五五棐公支三房譜傳）

何一本　其敏子。萬曆三十七年己酉歲貢。任福建武平縣教諭。有傳。

吕調和　字平成，銑長子，黄橋鎮西吕家橋人。崇禎五年壬申歲貢。任江西教諭。（據乾隆直隸通州志卷一三選舉志；延令吕氏重修族譜卷一之李敬修調和公傳，卷八年表）

何太一　其邃子。崇禎七年甲戌歲貢。〔一〕（據乾隆直隸通州志卷一三選舉志，泰興何氏家乘卷一人物）

〔一〕「歲貢」，康熙五十五年縣志卷三選舉、嘉慶縣志卷四選舉、光緒縣志卷一八人物志一之一選舉表上皆同，泰興何氏家乘卷一人物作「拔貢」。

王元忠　字君諒。（據延令王氏重修家乘卷八年表，縣志補卷一區域志第一河渠「拱辰橋」條）

何大鵾　一作大鯤，金和子。順治十三年丙申歲貢。任六合縣教諭。（據乾隆直隸通州志卷一三選舉志，泰興何氏家乘卷一人物）

何長照　明鳳次子。順治十四年丁酉歲貢。任潁上縣教諭。（同上）

何仍鄢　負羈長子。康熙四十三年甲申歲貢。候選訓導。（據康熙五十五年縣志卷三選舉，乾隆直隸通州志卷一三選舉志，泰興何氏家乘卷一人物）

戴兆鴻　嘉慶七年壬戌歲貢。候選訓導。（據嘉慶縣志卷四選舉，泰興何氏家乘卷八貞節傳之果支十七世戴孺人傳）

張馥　嘉慶十三年戊辰歲貢。任陽湖縣訓導。有傳。

張香　酉子。道光元年辛巳恩貢。（據光緒縣志卷一九人物志一之二選舉表下）

丁增年　道光四年甲申恩貢。（據光緒縣志卷一九人物志一之二選舉表下，延令黄橋丁氏重修家乘卷一之丁增年支譜序）

尹政熙　以智長子。道光八年戊子歲貢。署儀徵縣教諭。有傳。

何松徠　字秀山，璠長子。道光二十四年甲辰歲貢。候補訓導。（據光緒縣志卷一九人物志一之二選舉表下；泰興何氏家乘卷五五棐公支三房譜傳，卷七傳贊之顧坦先母舅秀山公傳）

李成　麟子。咸豐四年甲寅歲貢。任内閣中書。有傳。

張鴻　恩貢香子。同治七年戊辰歲貢。署徐州府教授。有傳。

朱俊清　字蓮舫，一作俊卿。同治十三年甲戌歲貢。授訓導。（據光緒縣志卷一九人物志一之二選舉表下，文明橋徵信録）

何崧　字喬中，棡五子。光緒四年戊寅歲貢。（據光緒縣志卷一九人物志一之二選舉表下，泰興何氏家乘卷五五棐公支三房譜傳）

李紹基　光緒七年辛巳恩貢。八年壬午舉人。（據光緒縣志卷一九人物志一之二選舉表下）

丁壽銘　光緒二十二年丙申歲貢。二十三年丁酉舉人。（據縣志續卷八人物志第五之一選舉表）

丁國鈞　字秉之。光緒三十四年戊申歲貢。〔一〕（同上）

〔一〕丁廷楣先生訪問紀録丁氏家族及義莊丁文江一家：「〔黄橋商會〕首任會長爲丁秉之（堂叔，義生錢莊店東）。」

丁國華　字章甫。宣統元年己酉拔貢。河南候補州判。（據縣志續卷八人物志第五之一選舉表，黄橋鎮教育志第二章科舉教育第一節儒學）

舉人

吕　昱　字輝之，伏二長子，黄橋鎮西吕家橋人。洪武二十九年丙子科。任山西河津縣主簿。〔一〕（據嘉靖惟揚志卷一九人物志上，延令吕氏重修族譜卷一之李敬修輝之公傳）

〔一〕延令吕氏重修族譜卷一之闔族創譜小引：「吕氏舊牒，自燕王播越之後，失墜難覓。可憑者，祖塋勒石所載。鼻祖伏二公乃遣戍荆南之地，始遷延令左黄橋鎮，家於此，墓亦於此。」又仲鶴慶吕氏族譜序：「其鼻祖伏二公喬梓，當元、明之際四方擾攘，糾合鄉兵，保護全境，功在生民，事載本傳。厥後，轉徙荆湘，卒居泰邑。迄今，過城東之吕家橋，兆域巋然，樹本翳鬱，猶想見其英風義烈也。」

何　樟　薦辟嵩次子。成化十六年庚子科，順天中式。任應天府推官。有傳。

何　棐　弘治十四年辛酉科。壬戌聯捷。

何　棠　弘治十四年辛酉科。正德六年辛未進士。

何　珊　字德純，一作德潤，林子。弘治十七年甲子科。（據嘉靖惟揚志卷一九人物志上；泰興何氏家乘卷四八林公支譜傳，卷四墓文之卞思敏京闈進士德純公墓志銘）

何　桐　字材之，巒五子。正德十一年丙子科。（據嘉靖惟揚志卷一九人物志上，泰興何氏家乘譜傳）

何　璇　嘉靖二十二年癸卯科。二十六年丁未進士。

何　翌　琊長子。萬曆元年癸酉科。任直隸安平知縣。有傳。

何金聲　字振海，應例珹長子。萬曆元年癸酉科。歷任浙江新昌知縣、廣東惠州府通判等。（據萬曆縣志卷三；泰興何氏家乘卷一人物，卷二文翰之羅朝國新昌縣知縣振海公德政序）

何　鏷　班三子。萬曆十六年戊子科。任江西德興知縣。有傳。

何南金　萬曆二十五年丁酉科。三十五年丁未進士。

吕鳴純　順治三年丙戌科，是年再行鄉試。丁亥聯捷。

何　湘　大年次子。乾隆五十七年壬子科。大挑知縣。有傳。

何　楉　舉人湘次子。道光十五年乙未科。署昆山縣教諭。有傳。

成懋勛　字勉齋，楹書長子。同治六年丁卯科，是年并補行咸豐十一年辛酉科鄉試。歷署豐縣訓導，句容、桃源、寶應縣教諭等。楹書字佩訓。〔一〕（據清代硃卷集成成懋勛硃卷，光緒縣志卷一九人物志一之二選舉表下，泰興何氏家乘卷七傳贊之成懋勛太姻伯同勤何公傳，延令丁氏重修家乘卷一之成懋勛丁氏重修族譜序）

〔一〕懋勛，光緒縣志分纂。

成　佩　光緒元年乙亥科。三年丁丑進士。

何爾壽　字元之，薦辟玗子。光緒元年乙亥科。薦辟。〔二〕（據光緒縣志卷一九人物志一之二選舉表下，泰興何氏家

乘卷五五棐公支三房譜傳）

〔二〕爾壽，光緒縣志分校。

丁義銘 字實甫，維城長子。光緒五年己卯科。薦辟。〔二〕（據光緒縣志卷一九人物志一之二選舉表下，丁廷楣先生訪問紀録丁氏家族及義莊丁氏家族）

〔二〕義銘，宣統泰興縣志徵訪員。

李紹基 字弼予，歲貢成子。光緒八年壬午科。薦辟。子桂生。〔二〕（據光緒縣志卷一九人物志一之二選舉表下）

〔二〕光緒縣志卷一二經制志二之一學校上：「〔光緒〕三年，邑人蔡光熙、陳鈎、于應圖、李紹基、沈魁五、劉宗寬、趙振鳴、丁祥芝等修明倫堂，東西齋房，名宦、鄉賢、忠義、孝弟祠，戟門，欞星門，鯤化池，屏墻。」紹基，光緒縣志分校。

韓泰東 字石君。光緒十一年乙酉科。薦辟。大父讓，字灼成。父錦裕，字雲卿。〔二〕（據光緒縣志卷一九人物志一之二選舉表下）

〔二〕錦裕，光緒縣志采訪。

張國楨 光緒十五年己丑科。（據縣志續卷八人物志第五之一選舉表，黃橋鎮教育志第二章科舉教育第一節儒學）

丁壽銘 字藹如，人憲子。光緒二十三年丁酉科，順天中式。署睢寧縣訓導。（據縣志續卷八人物志第五之一選舉表，丁廷楣先生訪問紀録丁氏家族及義莊丁氏家族）

進士

何　棐 歲貢岱長子。弘治十五年壬戌科康海榜。任南京太僕寺少卿。有傳。

何棠 岷次子。正德六年辛未科楊慎榜。任直隸廣平知府。有傳。

何璇 字德齊，應例栗長子。嘉靖二十六年丁未科李春芳榜。歷任浙江山陰知縣、兵部主事等。〔一〕（據萬曆揚州府志卷一五人物志上；泰興何氏家乘卷一人物，卷二文翰之李春芳豐里公令山陰詩）

何南金 琨長子。萬曆三十五年丁未科黄士俊榜。任福建莆田知縣。有傳。

〔一〕康熙山陰縣志卷一八職官志載璇嘉靖二十八年至三十二年任知縣，「清丈田畝，征輸不繁」。

吕鳴純 振西子。順治四年丁亥科吕宫榜。任户部主事。有傳。

成沐蔭 初名佩，萬繼子。光緒三年丁丑科王仁堪榜。浙江即用知縣。有傳。

材勇

丁椿 喬年長子。嘉慶五年庚申材勇。任江西袁州衛守備。有傳。

丁人鵠 原名翕，字承堂，楷次子。道光五年乙酉材勇。候選衛千總。（據光緒縣志卷一九人物志一之二選舉表下，丁氏楷三房支譜）

何瑧 字舟之，杉次子。同治十二年癸酉材勇。候選守衛所千總。（據光緒縣志卷一九人物志一之二選舉表下，泰興何氏家乘卷五五棐公支三房譜傳）

薦辟

何嵩 崜三子，顥嗣子。天順、成化間薦辟。任鴻臚寺主簿。有傳。

何玗　棖三子。光緒八年，舉孝廉方正，授六品頂戴。有傳。

丁義銘　光緒薦辟。任睢寧縣教諭。（據縣志續卷八人物志第五之一選舉表）

李紹基　光緒薦辟。任江都縣教諭。（同上）

韓泰東　光緒薦辟。揀選知縣，任宗室官學教習。（同上）

何爾壽　光緒薦辟。大挑一等，分發直隸候補知縣。（同上）

丁邦楨　沅子，寄籍山東。光緒二十一年，舉孝廉方正。有傳。

丁人望　字萬孚，瑗子。宣統元年，舉孝廉方正。〔一〕（據縣志續卷八人物志第五之一選舉表，縣志稿人物志義行副册）

〔一〕縣志稿人物志義行副册：「丁人望，天性敦厚，人品清高，樂善好施之事不勝臚列。其尤著者，孝友交推，廉隅自飭。剛方挈矩，時嚴越畔之防；中正不阿，常懍從繩之訓。故本邑紳耆於宣統元年公舉爲孝廉方正，由縣詳各憲，由各憲彙案詳部，奉部議奏准。右見丁蓬山徵訪稿。」此葉有沈文濟眉批：「丁君舉孝廉方正，已見薦辟表中。此稿他無事實，似可無庸立傳。濟注。」

應例

何珽　進士棐次子。正德例貢。任浙江杭州衛知事。（據嘉靖惟揚志卷二〇人物志下，泰興何氏家乘卷一人物）

何果　字實之，岷四子。正德例貢。任直隸滄州判官。〔一〕（據嘉靖惟揚志卷二〇人物志下；康熙二十七年縣志

卷三選舉；泰興何氏家乘譜傳，卷四墓文之張聽徵仕郎梅谷公墓志銘）

〔一〕康熙二十七年縣志卷三選舉：「何果，滄州判官。清介不染，未三載即解組，人尤高之。」

何　栗　字義之，歲貢岱次子。正德例貢。任浙江定海縣主簿。〔二〕（據嘉靖惟揚志卷二〇人物志下，泰興何氏家乘譜傳）

〔二〕縣志補卷二建置志第二城垣載嘉靖四十年奚世亮泰興縣北城水關記：「〔鄉官：〕何栗。」

何文煥　舉人樟次子。嘉靖例貢。歷任浙江汀州府經歷、廣東徐聞縣主簿等。（據嘉靖惟揚志卷二〇人物志下，康熙五十五年縣志卷三選舉，泰興何氏家乘卷一人物）

何　城　應例栗次子。嘉靖應例。任山東諸城縣主簿。（據乾隆直隸通州志卷一三選舉志，泰興何氏家乘卷一人物）

丁人慶　材勇椿子。道光應例。署浙江嘉興府通判。有傳。

丁　柱　喬年次子。道光應例。署浙江台州府同知。有傳。

丁　璠　字蔚華，順年子。咸豐應例。署高郵州學正。子人杰，孫振中。（據光緒縣志卷一九人物志一之二選舉表下）

丁振基　字道甫，人鳳子。咸豐應例。授浙江縣丞。（據光緒縣志卷一九人物志一之二選舉表下，丁氏楷三房支譜）

尹高佑　政輔子。同治應例。任睢寧縣教諭。有傳。

尹高儀　字慎詒。同治應例。任安徽桐城縣六百丈巡檢。（據光緒縣志卷一九人物志一之二選舉表下）

丁振園　字芝山，應例人慶長子。同治應例。任山東道。（據光緒縣志卷一九人物志一之二選舉表下，丁廷楣先生訪問紀録丁氏家族及義莊丁氏家族）

丁祥芝　字香圃，一作湘浦。光緒應例。署贛榆縣教諭。〔一〕（據清代硃卷集成成懋勛硃卷，光緒縣志卷一九人物志一之二選舉表下）

〔一〕延令王氏重修家乘卷二之宗祠田房：「光緒三年，續抵丁香圃藕池岸西首河邊高地六畝，計送租每熟貳石五斗五升，契上抵價六十千，又付錢四千，啓太店付。」光緒縣志卷一二經制志二之一學校上：「〔光緒〕三年，邑人蔡光熙、陳鈎、于應圖、李紹基、沈魁五、劉宗寬、趙振鳴、丁祥芝等修明倫堂，東西齋房，名宦、鄉賢、忠義、孝弟祠，戟門，櫺星門，鯤化池，屏墻。」

丁希勛　字潤泉，應麟子。光緒應例。授浙江巡檢。〔一〕（據光緒縣志卷一九人物志一之二選舉表下，縣志續卷六經制志第三之二學校「崇實兩等小學」條）

〔一〕希勛，光緒縣志采訪。

尹積華　光緒應例。授安徽典史。（據光緒縣志卷一九人物志一之二選舉表下）

成紹治　瑾孫，永錫子。光緒應例。授山東巡檢。〔一〕（同上）

〔一〕清代硃卷集成成懋勛硃卷載紹治爲懋勛堂弟。

韓興東　字明甫。光緒應例。任兵馬司副指揮，署貴州歸化廳同知、廣順知州。大父恭，字輝山。父琅，字竹生。〔一〕（據光緒縣志卷一九人物志一之二選舉表下，縣志續卷八人物志第五之一選舉表）

〔一〕興東，宣統泰興縣志徵訪員。

丁廷楣先生訪問紀録丁氏家族及義莊丁文江一家：「鎮上以何、韓、王、朱、丁爲大族，何姓前清出御史；王姓較富有；朱、韓均後起，民初朱先志當第三師師長爲中將，韓明甫清末亦曾在貴州任公職（等於縣政府局長職）；丁姓清末捐官，故有幾位任知府、實缺或空銜知縣等，清末民初因丁在君二哥留學日、英，而後丁燮林、丁文淵、丁燮和、丁廷標、丁廷矩、丁沁梅、丁廷楣等陸續出國深造，故學術界方面丁姓居領導地位。而在君二哥因任淞滬總辦（按：上海市長），政績良佳，如擴大上海市區、收回治外法權等，於中央研究院總幹事任内更富創新成績；此時燮林、文淵、廷標等亦陸續出名，分任學術界重要地位，我與廷標又創辦黃橋初中，領先本縣及鄰近各縣，故聲勢益壯。」

朱　沛　字厲深，一作勵生。光緒應例。任兵馬司副指揮，署浙江遂昌知縣。大父謙益，字省三。父秩成，字左卿。〔一〕（據縣志續卷八人物志第五之一選舉表；文明橋徵信碑，詳藝文金石）

〔一〕丁廷楣先生訪問紀録抗戰初期槍林彈雨化解危機：「我已事先通知該會（振案：指紅卍字會）邀集地方父老參加，一到大廳，座上有王培丹、何卓甫、王季英、丁哲愚、丁月槎、丁希彭、丁仲培、韓馨山、朱厲生、朱先志（履先）、何迪三、王玉光、韓子安、封蔚棠、（略）約三、四十人；衹見黃闢塵仰卧在竹椅上。」

丁鴻賓　字頤壽，人綱子。光緒應例。署江西南昌府同知。兄作霖，字卜三。（據光緒縣志卷一九人物志一之二選舉表下，縣志續卷八人物志第五之一選舉表）

韓康壽　字子安。光緒應例。署江西大庾縣典史。（據縣志續卷八人物志第五之一選舉表，「應例朱沛」條）

尹文蔚　字輯卿。光緒應例。歷署安徽含山、青陽縣典史等。（據縣志續卷八人物志第五之一選舉表）

王雋基　字季英。光緒應例。任江西臨川縣丞。〔一〕（同上）

〔一〕黃橋耀黃電燈股份有限公司股東名册載王季英通信處爲北大街，股本二百元。（臺北「中央研究院近代史

研究所檔案館」藏泰興縣耀黃電燈公司檔案，館藏號：23－25－11－070－01）

丁國英　字少卿。光緒應例。江西補用縣丞。民國元年八月五日，選任泰興縣參事會參事員。〔一〕（據縣志續卷六經制志第三之二學校「崇實兩等小學」條，卷八人物志第五之一選舉表；江蘇省内務行政報告書上編第三章縣市鄉自治機關第五節職員）

何允升　字讓卿，舉人爾壽三子。宣統應例。授典史。（據泰興何氏家乘卷五五棐公支三房譜傳，縣志續卷八人物志第五之一選舉表）

〔一〕國英，宣統泰興縣志徵訪員。

學校畢業

張東烈　字子輝。廩貢。光緒三十二年，京師大學畢業。奬給舉人。〔一〕（據縣志續卷八人物志第五之一選舉表，縣志稿人物應例副册）

〔一〕黄橋耀黃電燈股份有限公司股東名册載張子輝通信處爲米巷，股本一千元。（臺北「中央研究院近代史研究所檔案館」藏泰興縣耀黃電燈公司檔案，館藏號：23－25－11－070－01）

凌希漢　宣統元年，兩江師範學堂畢業。（據縣志續卷八人物志第五之一選舉表，民國十年省視學林懿均視察泰興縣教育狀況報告書「黄橋市立二國」條）

王健基　字培丹。宣統元年，通州師範學堂畢業。（據縣志續卷八人物志第五之一選舉表，「應例朱沛」條）

何祖澤　字桂庵，一作簣庵，歲貢崧長子。宣統元年，通州師範學堂畢業。（據泰興何氏家乘卷五五棐公支三房譜

傳，縣志續卷八人物志第五之一選舉表）

嚴維鏞　字則韶。宣統二年，蘇州優級師範學堂畢業。部試獎給舉人。父廷楨，字劍堂。〔一〕（據縣志續卷八人物志第五之一選舉表）

〔一〕維鏞，宣統泰興縣志徵訪員。

孫　銘　字新盤。宣統二年，江南高等學堂畢業。部試獎給舉人。（據縣志續卷八人物志第五之一選舉表，縣志稿人物志節婦吳氏傳）

丁蓬山　字寶生。廩貢。宣統三年，蘇省存古學校畢業。〔一〕（據縣志續卷八人物志第五之一選舉表，縣志稿區域志學堂「麗黃書院」條）

〔一〕蓬山，宣統泰興縣志名譽協纂、徵訪員。

蔡人杰　字仲英。宣統三年，北京高等殖邊學校畢業。部試獎給舉人。（據縣志續卷八人物志第五之一選舉表，湯建楨七十年前的黃橋）

丁文江　字在君，禎祺次子。宣統三年，英國葛拉司哥大學畢業。回國後廷試，獎給格致科進士。禎祺字吉庵。〔一〕（據光緒縣志卷一九人物志一之二選舉表下，縣志續卷八人物志第五之一選舉表，丁廷楣先生訪問紀録丁氏家族及義莊丁文江一家）

〔一〕宣統政紀卷六二：「（宣統三年九月庚午，）驗看學部考驗游學畢業生。得旨：（略）彭世芳、丁文江、章鴻釗，均著賞給格致科進士。」

丁燮林　一名西林，字巽甫，一作純甫，建垚長子。民國二年，交通部上海工業專門學校畢業。六年，英國伯明翰大學畢業。八年，獲伯明翰大學碩士學位。（據縣志續卷八人物志第五之一選舉表，延令丁氏重修家乘卷一〇年表，丁西林研究資料之孫慶升丁西林生平和文學活動年表）

何　徵　字迪三。江南高等實業學堂畢業。（據縣志續卷八人物志第五之一選舉表，「應例朱沛」條）

何鏡蓉　字文權，金鏞長子。直隸法政講習所畢業。（據泰興何氏家乘卷五五棐公支三房譜傳，縣志續卷八人物志第五之一選舉表）

何　倬　字卓甫。附貢。上海師範畢業。（據現任教職員一覽表）

何紹祖　字季生。江蘇省立第一師範本科畢業。（同上）

丁文淵　字月波，禎祺四子。同濟德文醫學堂畢業。後獲德國柏林大學博士學位。（據丁廷楣先生訪問紀録丁氏家族及義莊丁文江一家）

丁燮坤　字晉甫，建垚次子。國立吴淞同濟大學畢業。（據延令丁氏重修家乘卷一〇年表）

軍校畢業

成　桄　字谷采。光緒三十二年，日本士官學校畢業。部試奬給舉人。（據縣志續卷八人物志第五之一選舉表）

朱先志　字履先。光緒三十四年，日本士官學校畢業。部試奬給舉人。父增，字瑞卿。（同上）

王　鶚　字一飛。德國乃賽軍官學校、斯攀島步兵射擊學校、柏林炮工大學畢業。（據縣志稿人物志學校畢業，縣志續卷八人物志第五之一選舉表，黄橋鎮教育志第二章科舉教育第一節儒學）

黃橋鎮表微卷九

泰興　何振　輯

人物

宋

顧忻

顧忻，十歲喪父。以母多病，葷辛不入口者十載。鷄初鳴，具冠帶率妻子詣母之室，問其所欲。如此五十年，未嘗一日改志。所居遠郡城幾乎百里，每遇二税入輸，語其昆季曰：「家之極難者願付我，必克荷之。不願輸税，慮離母之左右，以失其欲也。」以是昆仲常多之。母老，目忽不能睹物。忻日夜號泣，祈禱天地，刺血寫佛書數十卷。母目忽明，以至燭下亦能縫紝，精神輕健，雖少婦之不若。晚年，忽語其子曰：「吾效汝不食葷食矣。」遂不過中食，顔色如童稚，年九十，無疾而終。（張鎡皇朝仕學規範卷九行己引胡安定孝行録）祀鄉賢祠。嘉靖十三年，知縣朱篪建顧孝子祠於泰興城鎮海門内。〔一〕（據康熙二十七年縣志卷四祠祀）

〔一〕「顧忻」「十歲」間原有「泰州泰興縣永豐里人」。

宋史卷四五六孝義傳：「顧忻，泰州泰興人。十歲喪父，以母病，葷辛不入口者十載。鷄初鳴，具冠帶率妻子詣母之室，問其所欲，如此五十年，未嘗離母左右。母老，目不能睹物，忻日夜號泣祈天，刺血寫佛經數卷。母目忽明，燭下能縫紝，九十餘無疾而終。」忻事始見孝行録。惜録久佚，而仕學規範摭引最詳，他書不免删改附會，於宋史可見一斑。

顧忻家世辨證：

光緒縣志卷二〇人物志二之一宋元明人列傳：「顧昕一名忻，先世吴郡人。陳黄門侍郎野王，其十世祖也。大父文龍，以畫名。父慈，字彦暉。唐東川節度使。王建陷郡，不屈死。昕甫十齡，母錢挈之還吴，家泰之永豐里。母遭變致疾，昕弗御粱肉，十年乃復常。晨興，具冠帶率妻子詣母所，問所欲，如是者五十年。母老，失明。日夜號泣籲天。母目復明，秉燭能縫紉，年九十餘而終。論曰：（略）舊省郡邑志紀孝子事略同，更檢家諜，詳叙所系。」

武陵宗譜彙編卷首上之宗譜考：「〔武陵小史〕出於石函，并非臆造，故世譜全譜皆率由之。」今檢武陵小史彙編：「文龍字應惕，士雅子也。人以其有狂態，故稱之爲顧生。寶曆中，以畫名於世，游於諸侯之門。人有求其畫者，先以絹數十幅攤置於地，乃以墨汁及諸采色各貯一器，使人吹角擊鼓，齊聲喊叫。文龍乃着綉袄、錦纏頭，飲酒半酣，繞絹帖走十餘匝，取墨汁攤瀉絹上，次瀉諸色，乃以長巾一頭覆於所瀉之處，使人坐壓，已執巾角而曳之，迴環既遍，然後以筆隨勢開决爲峰巒島嶼之狀。巧出天然，人争致之。凱之嘗摹畫曰『手揮五弦易，目送飛鴻難』，以神之不易摹肖也。文龍之巧，其得畫之神者矣。年八十二而卒。子一：慈。」與封演封氏聞見記卷五圖畫相近：「大曆中，吴士姓顧，以画山水歷抵諸侯之門。每画，先帖絹數十幅於地，乃研墨汁及調諸彩色各貯一器，使數十人吹角擊鼓，百人齊聲喊叫。顧子着錦袄、錦纏頭，飲酒半酣，繞絹帖走十餘匝，取墨汁攤寫於絹上，次寫諸色，乃以長巾一頭覆於所寫之處，使人坐壓，已執巾角而曳之，迴環既遍，然後以筆墨隨勢開決爲峰巒島嶼之狀。」小史年曰「寶曆」，聞見記曰「大曆」。余嘉錫四庫提要辨證卷一五子部六雜家類四謂聞見記「當作於貞元十六年十月以前」，又考演「天寶末進士第」。唐語：「三十老明經，五十少進士。」若演年三十登天寶十五載進士第，則寶曆元年已九十九，自不能撰聞見記。故知小史有誤，年當爲「大曆」。

小史載文龍「年八十二而卒」。若大曆十四年年二十，則推其生於上元元年，會昌元年卒，乃祖父生於開元十年。又載文龍祖父承禎卒於乾符三年，則承禎年一百五十五，其誤顯然。又：「慈字彦暉，文龍子也。（略）忻，慈之子也。行十六。節幹。居於泰州。十歲父喪。以母錢氏遇變震驚致疾，葷辛不入口者十年。鷄初鳴，具冠帶率妻子詣母室，問所欲，候寒暖，如此者五十年。母老，目不能視物。日夜號泣祈天。母目忽明，年九十餘，無疾而卒。子三：德敷，德聞，德施。德敷無出。德施編管薊州，無考。」司馬光資治通鑑卷二六一載彦暉卒於乾寧四年，則忻生於文德元年。若慈年四十八生忻，則文龍八十二生慈。若慈五十八生忻，則文龍七十二生慈。若慈六十八生忻，則文龍六十二生慈。皆鮮見。

小史彙編：「慈字彦暉，文龍子也。爲東川節度使。以字行。王建來攻城，不屈，自刎，舉家皆死。幼子忻挈母逃歸，跋涉萬里，屢濱危險，若有神祐，鄉里皆稱爲孝感所致。」新唐書卷一八六顧彥朗傳：「顧彥朗、彥暉者，豐州人，并爲天德軍小校。」小史載彥暉爲吴人，與新唐書不合。案：全唐文卷九二〇之釋登輝護聖寺鐘銘：「惟唐龍紀元年十月十七日，梓州三軍官吏、百姓等以節度吴郡顧公繕甲治兵，扈僖皇帝有功，授鉞典我邦稱禮。（略）以法家財施，命其季漢州刺史彥暉叔、僧栖讓鑄重五百鈞，以十一月二十六日懸像殿之右。」此吴郡或爲郡望。新唐書顧彥朗傳又載：「梓有鏡堂，世稱其麗，彥暉嘗會諸將堂上，養子瑶尤親信，彥暉以所佩劍號『疥癆賓』佩之，使侍左右。嘗語諸將曰：『與公等生死同之，違者先齒疥癆賓。』衆曰：『諾。』及圍急，瑶請聚親信飲，得同死。彥暉顧王琛曰：『爾非我舊，可自求生。』指頽垣令逸。彥暉手殺妻子，乃自刎，宗族諸將皆死，麾下兵猶七萬。」小史載「幼子忻挈母逃歸，跋涉萬里」，與新唐書不合，且與孝行録載忻有昆季不合。案：司馬光資治通鑒卷二六一：「〔乾寧四年十月〕庚申，顧彥暉聚其宗族及假子共飲，遣王宗弼自歸於建；酒酣，命其假子瑶殺己及同飲者，然後自殺。」亦與新唐書間有出入。新唐書顧彥朗傳：「彥朗遷累右衛大將軍。光啓中，擢拜東川節度使、檢校太保、同中書門下平章事。」小史未及彥朗，尤可怪矣。

武陵小史所載顧忻及其父、祖、高祖年歲自相抵牾，事迹多與史籍不合，遂知光緒縣志所補世系未足徵信。

明

陸若蕙　何嵩何濟　王翊　何椲　唐氏何氏

陸若蕙字妙榮，何洪妻。年二十九，夫殁。守節五十六年。〔一〕〔由縣詳旌。〕（光緒縣志卷二五

列女志一之三節婦今録）

〔一〕「陸若蕙字妙榮何洪妻」，原作「何洪妻陸氏」，餘皆雙行夾注。

泰興何氏家乘卷四墓文之李同仁七世伯川公陸孺人墓志銘載若蕙字妙榮，生於至正二十六年，景泰元年卒，年八十五。

同書卷八貞節傳載宋拯陸孺人節孝本傳等。

何嵩字與瞻。祖濟，字伯舟。嘗發粟振飢，詔旌其閭。柴墟集何與東墓志；何氏家乘張聽梅谷何公墓志，又何棐兄繩之行狀。〔二〕父頔，以富民籍京師。念伯兄顥無子，以嵩繼之。嵩既後顥，乃稱頔爲叔父云。嵩幼嗜問學，長而力農。心常念頔，白顥請北省。興化高穀以鄉里故與語，奇之。穀時在館閣，欲薦嵩可用，力辭乃已。越一年，頔命之歸，嵩泣曰：「吾父與叔父相離久，若得兄弟爲樂，嵩請代役使，吾父得弟勝得兒矣。」頔歸一歲卒，嵩聞訃奔歸。生母呂亦卒，嵩雖限服制而哀痛甚至。時都御史王竑巡撫淮、揚，尚書王恕方爲揚州郡守，皆接禮嵩。他日，恕行縣，遂造其廬，嵩由是益重於鄉。及還京師，吏部姚夔薦於朝，授鴻臚寺序班。九年，遷主簿。以父喪去職，喪祭如禮。兄岳、巒繼卒，嵩積哀成疾，久益劇，謂子韡曰：「吾兩兄皆未葬，吾不可歸，汝歸代吾事。」比得韡報書，乃嘆曰：「吾願畢矣。」既又念母孫老，上疏乞歸。歸半道，聞孫已卒，兼程抵家，疾復作，竟亦不起。匏翁家藏集何君墓志銘，何氏家乘李東陽何與瞻墓表。〔二〕（縣志補卷五上人物志第五之一宋元明人列傳）

〔一〕萬曆縣志卷三：「行義：張政，單政，何濟，王翊，焦富。」

泰興何氏家乘卷一誥敕載獎諭尚義何濟敕命一道：

敕直隸揚州府泰興縣民何濟：國家施仁，養民爲首。爾能出穀麥一千二百石用助賑濟，有司以聞，朕用嘉之。今特賜敕獎諭，勞以羊酒，旌爲義民，仍免本户雜泛差役三年。尚允蹈忠厚，表勵鄉俗，用副朝廷褒嘉之意。欽哉。故敕。正統七年四月初十日。敬天勤民之寶。

同書譜傳、卷五行狀之張珹旌表義士體素公行實載濟號體素，文旺三子，生於洪武六年，景泰二年卒，年七十九。

同書卷四墓文載岳正旌表義士體素公墓志銘、宋拯體素公王孺人墓志銘等。

延令王氏重修家乘卷一之題名目録：「五世翌，前明成化初，以粟米一千八百石賑濟饑貧。丙戌之歲，敕賜尚義，建坊通衢。」

〔二〕泰興何氏家乘卷四墓文之李東陽鴻臚寺主簿與瞻公墓表載嵩爲峋三子，顥嗣子，生於宣德三年，成化二十年卒，年五十七。

吴寬匏翁家藏集卷六一載鴻臚寺主簿何君墓志銘。泰興何氏家乘卷一誥敕載成化十五年鴻臚寺序班何嵩誥命一道、弘治十二年應天府推官何樟父母誥命一道，卷四墓文載何樟故母張太安人壙記等。縣志補卷二建置志第二名迹「何嵩墓」條：「按：家乘尚有侍讀學士長沙李東陽墓表，其文不載東陽懷麓堂集。志、表皆據儲巏行狀，叙述略同。」泰興何氏家乘卷四墓文之李東陽鴻臚寺主簿與瞻公墓表：「成化甲辰冬十月十有五日，鴻臚主簿何君卒於泰興。其子國子生樟將歸襄事，乃奉進士儲静夫所著狀，介尚寶寺卿仲君維馨，請予文表諸墓道。旬日間，足十餘至，至則泣曰：『禮，奔喪當亟赴。緯尚在此，以兹文故也，蓋非此無以葬吾親。』予惻然感焉。按狀（略）」

何緯字繩之。性孝友。少侍父嵩居京師。事父母，朝夕親供甘旨。從父岱官指揮，卒於京，爲治喪扶櫬歸。撫從弟楷過於同胞。父廣交游，往來多名公卿，緯日在父側從請教焉，由是問學大進。補順天府學諸生，舉成化十六年鄉試。〔一〕授南京應天府推官。勤官善决獄，以簡直不爲時容，左遷浙江都司斷事。母憂，不出，遂不再仕。家居十年，足未嘗至公門，雖鄉飲，亦不往。何氏家乘何棐兄繩之行狀。〔二〕（縣志補卷五上人物志第五之一宋元明人列傳）

〔一〕「十六年」，原作「庚子」。

〔二〕嘉靖惟揚志卷一九人物志上：「何緯。字繩之，泰興人。順天府鄉試。任應天府推官。」泰興何氏家乘譜傳、卷五行狀之何棐儒林郎繩之公行狀載緯號省軒，嵩次子，生於景泰七年，正德九年卒，年五十九。

同書卷一誥敕載弘治十二年應天府推官何緯并妻誥命一道，卷四墓文載呂原夫儒林郎繩之公墓志銘、何文煥故母蕭太夫人墓志銘、高淪儒林郎繩之公朱孺人墓志銘等。

唐氏，何岳繼妻。壽一百三歲。〔一〕（嘉慶縣志卷五人物）女何氏，孝子張⿰齒盧妻。壽百歲。（據同卷）

〔一〕泰興何氏家乘卷四墓文載趙祥處士與高公墓志銘。岳字與高。

何棐

何棐字輔之，號篤齋，歲貢岱長子。生於天順八年。（據泰興何氏家乘卷五行狀之尤瑛中憲大夫輔之公趙恭人行狀）弘治十四年舉人，十五年進士。任福建浦城知縣。（據嘉靖惟揚志卷一九人物志上）治縣有聲。〔一〕（閩書卷五七文莅志）正德元年，升南京陝西道監察御史。（據明武宗實録卷二〇「正德元年十二月甲戌」）四年，任巡按湖廣監察御史。後任四川紀功監察御史、巡按湖廣紀功監察御史。〔二〕九年，升廣西按察司副使，未行，改南京太僕寺少卿。〔三〕嘉靖五年，調江西按察司副使。〔四〕（據尤瑛行狀，泰興何氏家乘卷一誥敕）謹號令，示以威信，益修戰具，造艨艟大艦，教士卒水戰，威行江湖間。群盜屏息，各鳥獸散。（尤瑛行狀）二十年卒，年七十八。〔五〕（據尤瑛行狀）

〔一〕泰興何氏家乘卷五行狀之尤瑛中憲大夫輔之公趙恭人行狀：「浦城，海徼山縣。縣多豪右，獷獰不肯遵禮度。縣故産銀，貧民時時聚求發銀，急之，則去爲盜。故浦城號難治。公至，竄元惡一二人，諸頑游民無所依倚，勢氣帖帖莫敢動。乃仿古立社倉，復平糴法。徐爲興學校，謹條約，正習尚，迎士人教村市孺子，而公親授諸生以經。由是浦城文教復興，擬於上國。」

〔二〕泰興何氏家乘卷一誥敕載陝西道監察御史何棐湖廣提調敕命一道：

敕諭監察御史何棐：朕惟國家重務，莫先兵政。往年，爲因各處衛所軍伍有缺，特選差御史前去清理。初間亦多用心，以後因循怠慢，視爲泛常，遂致軍伍空缺，無異於前。今邊務方殷，足兵一事誠不可緩。特簡命爾往湖廣專一提調各該委官清理，務在勤謹精詳，盡心竭慮，欺者正之，枉者辨之，須使人無嗟怨，法無紛擾，奸弊不能作，詭計無所施，軍伍有充足之效，兵政無廢弛之患，斯朕委任之意。如或因循苟且，虚應故事，日後稽爾所行，以憑黜陟。爾其敬之，慎之。故敕。

正德四年九月初二日。廣運之寶。

又載巡按湖廣監察御史何棐敕命一道：

敕巡按湖廣監察御史何棐：朝廷以兵備爲急務，每三年一次閲視本處軍務。後因取回别用，事未完報。今爾現在彼處巡按，特敕爾查照兵部題准事理，躬親遍歷各該地方將官軍馬、器械什物等項一應邊務，逐一點視看驗，畫圖貼説，備造文册。及大小將官賢否，從公訪察。此外有無别項失誤事情，通行具實奏來，以憑處治。中間廢弛政務，應該更張損益，小則從宜區畫，大則開具款目，奏請定奪。爾尤須秉公持正，殫心竭力，務俾夙弊盡除，邊備修舉。毋或徇情曲法，虚應故事，自取罪愆。爾其慎之。故敕。正德五年七月初四日。廣運之寶。

又載四川紀功監察御史何棐敕命一道：

敕四川紀功監察御史何棐：得總制尚書與爾等奏，殘賊陳二及廖麻子二枝被官軍殺敗，合爲一夥，來往漢中、保寧地方爲患。總制官與爾等督率各該領軍等官分道剿殺，多方招撫，副使張敏又仗義入營，與指揮李壽、通判羅賢等不避艱險，推誠撫諭，陸續解散至二萬餘人。一方生靈，得免玉石俱焚之禍。節次擒斬，亦有一千三百餘級。爾協謀計慮，催督有勞，朕心嘉悦，特降敕奬勵。其餘文武官吏人等，或入營招撫，或領軍截殺，或供辦糧餉，參謀軍務，功皆可録，朕已具悉。張敏等宜先以禮奬勞，待事寧之日，及有功陣亡人員，查勘明白，一并照例升賞。廖麻子一枝勢尚猖獗，重爲地方之害。爾宜聽總制官調集官兵，嚴督各該官員同心協力，四面夾攻，務在目下殄滅盡絶，以安地方，斯不負朕憫念遠人至意。爾其欽承之。故敕。正德七年七月初七日。廣運之寶。

又載巡按湖廣紀功監察御史何棐敕命一道：

敕巡按湖廣監察御史何棐：爾先差湖廣，清理軍伍。後因總制軍務尚書洪鍾奏稱地方有事，暫免清軍。又調到湖廣土兵前往四川殺賊，委爾在湖、陝、四川交界地方隨軍紀功。今四川功次已有御史汪景芳紀驗，特改命專一紀驗湖廣功次，禁革奸弊。并有功陣亡、失機誤事等項事情，逐一磨算明白，查勘的確，各另造册奏繳。漢、土官軍沿途經過及住札處所，須嚴加禁約，敢有乘機騷擾、凌辱官司、强奪財物、奸淫婦女等項，就便拿問治罪。爾爲憲臣，受茲委任，尤須持廉秉公，正己率下，不許將無功之人冒報功次。如或徇情曲法，虚應故事，責有攸歸。爾其慎之。故敕。

正德七年十月十二日。廣運之寶。

又載四川紀功監察御史何棐敕命一道：

敕四川紀功監察御史何棐：得總制都御史彭澤、提督總兵官時源及爾等奏，賊首喻老人，自正德八年三月内官軍殺敗廖麻子之後，帶領夥賊五千餘人奔入通、巴等縣山中，恃險拒敵。節被官軍追殺緊急，夥内陳廣仁、許永森等男婦三百餘人，張長子六十人，陸續投降。喻老人乃脅帶劇賊王長子等五十餘人逃往陝西西鄉縣等處爲害，又節被官軍并把隘鄉夫擒斬四十餘人。喻老人止帶男婦八名口奔竄，本年十二月初七日夜，被西鄉縣巡捕老人楊辿、臨洮衛領軍指揮石璠各領官軍鄉夫追至海溪木竹溝。楊辿爲首，軍人吴定兒及老人王紀，鄉夫袁俸學、王俸金，各爲從，奮勇向前，生擒喻老人及夥賊臘生等。軍人邊回保、鄉夫張得海亦隨將王長子當陣殺死，斬獲首級。積年大盜，一旦殄除，地方已寧，人心大快。總制官設策運謀，提督官親犯矢石，功績茂著。爾隨軍紀驗，因事糾正，其功亦多。朕心嘉悦，已差官前去給賞銀二十兩、紵絲二表裏，仍賜敕奬勵，以旌爾功。其餘有功文武官軍人等，待勘報至日，照例升賞不吝。爾其欽承之。故敕。正德九年五月初六日。廣運之寶。

明武宗實録卷七六「正德六年六月癸未」條載湖廣巡按御史棐進言。

〔三〕泰興何氏家乘卷一誥敕載廣西按察司副使何棐敕命一道：

敕廣西按察司副使何棐：廣西府江一帶，水道八百里。猺獞潛伏兩涯，伺隙行劫往來船隻，道梗不通。今特命爾專一提督前項地方，撫理猺獞，禁緝盜賊，整理器械，嚴督官軍往來護送官民船隻。凡那移營堡、阻塞道路、開通蔽障、動調鄰兵、相機剿賊等項事宜，及察訪官軍交通猺獞、揹勒客商、怠慢回避等項奸弊，悉聽從宜處置，金川、馬鞍、咸水、西延、古田、永福、理定等處地方亦聽爾往來提督。仍聽總制、總督官節制。其應與撫、按、總兵及分守、分巡計議者，亦要協和計議而行。爾爲憲臣，受兹重任，必須廉公勤慎，正己律人，務使上通雲、貴，兵威大振，猺獞遁迹，人無畏避，斯稱委任。兹計年守成，無以地方處置乖方，致生他變。憲典具存，朕不輕貸。爾其慎之。故敕。正德九年三月初八日。廣運之寶。

〔四〕泰興何氏家乘卷一誥敕載江西按察司副使何棐敕命一道：

敕江西按察司副使何棐：江西九江府，長江交會，係湖廣、江西咽喉之地。安慶又兼水陸交通處所。近來，流賊竊發，殺官劫庫，出没爲患。今特命爾專在九江駐札，提督九江、安慶、黄州、蘄州、興國、廣濟、黄梅等處軍衛有司，操練官軍、機兵、民快，整備巡、戰船隻，修浚城池，鋒利器械，振揚威武，防禦盜賊，捕捉鹽徒，禁革奸弊，兼理刑名。文武職官内有貪殘不職者，徑自提問參奏。一應武備事宜，爾與守備、都指揮計議停當而行，仍聽南京内外守備及操江都御史節制，不許偏執己見，有誤事機。爾爲憲臣，受兹委任，尤須持廉秉公，正己率下，祛除民害，以靖地方。毋得自違憲度，縱容管軍人員科索克害、臨賊退縮誤事。如違一體，治罪不宥。爾其勉之，慎之。故敕。嘉靖五年四月二十三日。廣運之寶。

同書卷五行狀之尤瑛中憲大夫輔之公趙恭人行狀：「歲丙子，陳太安人卒。服闋，赴京師，有論公浦城時事。事屬未明，罷歸聽驗，實久之。今皇帝御極之四年歲乙酉，事乃得白。猶落京職，調江西按察司副使，以兵備九江。」卷三西征録之祝世禄綉斧西征録序：「公竟以不屈璫瑾，一麾江州兵備而止。」明武宗實録卷一二七：「〔正德十年七月庚子，御史李素言，〕又，南京太僕少卿何棐先任御史，紀功四川。變賣奪回人畜，支銷未明。失機誤事，未問參究。施、永土軍所過，鷄犬一空，皆棐助之。如棐之奸詼，豈可驟升要秩。（略）」明世宗實録卷六三：「〔嘉靖五年四月丁巳，〕調原任太僕寺少卿何棐爲江西按察司副使。」萬曆揚州府志卷一五人物志上：「左遷江西兵備副使。」嘉靖九江府志卷五職官志載棐嘉靖五年至七年任兵備副使。

〔五〕泰興何氏家乘卷一誥敕載正德六年南京陝西道監察御史何棐父母誥命一道、南京陝西道監察御史何棐并妻誥命一道、南京陝西道監察御史何棐敕命一道，卷四墓文載江曉中憲大夫輔之公趙恭人合葬墓志銘等。

九江志所載棐事頗多。

何棠

何棠字愛之，號仲長，岷次子。生於成化七年。（據泰興何氏家乘譜傳）弘治十四年舉人，正德六年進士。（據嘉靖惟揚志卷一九人物志上）八年，任禮部祠祭司主事。後升精膳司員外郎。十四年，正德帝鋭意南巡，棠等以諫止受廷杖。十五年，任直隸廣平知府。（據泰興何氏家乘卷五行狀之張聽廣平府知府愛之公行狀）奏改官租驛馬，減種馬，民大便之。郡有大豪爲民害，棠擒治之，境内肅然。時乘輿數出，供賦繁甚。棠以廣平地隘民貧，力請於當事者，乞寬之，遂得減半。嘉靖初，録諫南巡諸臣，加從三品俸。（萬曆揚州府志卷一七人物志中）元年卒，年五十二。（據泰興何氏家乘譜傳）廣平民聞訃悲泣走泰興吊者數百人。（萬曆揚州府志卷一七）祀鄉賢祠。〔一〕（據康熙二十七年縣志卷四祠祀）

〔一〕康熙江南通志卷四六人物：「何棠。字愛之，泰興人。正德辛未進士。歷官郎中。以諫武宗南巡，廷杖。尋升廣平知府。奏改官租驛馬，擒治大豪，境内肅然。嘉靖初，録諫南巡諸臣，加從三品俸。以疾告歸卒。」縣志補卷三下經制志第三典禮載正德十一年重建泰興城隍廟碑記：「賜進士第承德郎禮部祠祭司主事邑人何棠篆額。」

康熙五十五年縣志卷三人物引萬曆縣志卷三棠傳後王稚登按語：「余客泰興，泰興咸推張、何二氏。人言方伯峨峨若千丈松，司徒鑿鑿如百鍊剛，觀察秉憲，太守持平，皆濟代才也。二氏子孫并以文學孝友世其家，韋相籯經，石君醇謹，殆兼之哉，可以式是國人矣。」

泰興何氏家乘卷一誥敕載正德十一年禮部祠祭清吏司主事何棠父母誥命一道、禮部祠祭清吏司主事何棠并妻敕命一道，卷四墓文載鄒守益廣平府知府愛之公墓志銘等。

楊氏

楊氏年十五，許聘程氏，未歸而程卒。及葬，喪過其門，女號痛，數日不食，父母慰之曰：「汝未醮，不宜如此，他日豈無善配耶。」女曰：「男室女家，禮聘爲信。更事他姓，非吾志也。」慮爲父母所奪，即自經，因合葬焉。〔一〕（南畿志卷三〇郡縣志二七）道光十八年旌。（光緒縣志卷二六列女志二貞烈孝義合録）

〔一〕「楊氏」「年十五」間原有「女太興黄橋鎮人」，除「楊氏女」外，餘皆雙行夾注。

萬曆縣志卷三：「楊烈女，黄橋鎮人。許字程氏，未嫁而程之子死。喪過其門，烈女號慟不食者數日。父母勸之，謂未嫁程而奚用自悲焉，知他日無佳婿耶。女曰：『許程即程婦，寧論嫁不嫁乎。豈有更事異姓之理。』悲益甚，慮爲父母所奪，自縊死，與程合葬焉。」

何翌

何翌字順卿，號敬軒，瑚長子。生於嘉靖二十三年。（據林任申黄橋名人録安平縣令何翌）萬曆元年舉人。（據萬曆揚州府志卷一五人物志上）歷任河南郾城縣教諭、湖廣黃安縣教諭、直隸安平知縣等。（據泰興何氏家乘卷一人物）下車即培城基，闢水關，河防賴之。商鹽累民，力請免派引鹽，聽民煎食納税，真莫大之仁政也。他如清逋負而夙弊頓絶，究侵漁而積奸立破。民生永賴，立祠祀之。（康熙安平縣志卷七人物志）天啓三年卒，年八十。〔一〕（據黃橋名人録）

〔一〕嘉慶重修一統志卷五四深州二：「何棨。泰興人。萬曆間，知安平縣。培城基以杜水患，又多開水關蓄泄之。時商鹽爲民深累，棨申文力請免派，數十年積蠹一朝而清。催科盡革羨餘。民立祠祀之。」

康熙安平縣志卷五職官志載棨萬曆二十二年至二十七年任知縣。

同書卷一〇雜紀志載棨鹽鍋納税本末識語：

余以萬曆二十二年十二月二十三日到任，首詢民瘼，無甚於商鹽者。日夜焦勞，圖所以除之。以爲不激切不足以動上，不決烈不能以底成。乃攄「五不便三利」之説，於二月二十四日親呈院道府。鹽院大怒，幾不能免。余亦不自惜矣，先後申禀幾數萬言，無慮數十上，置成敗禍福度外。閱四月，而始獲憲令恩豁。詎非憲恩禔福安平盛典哉，然其爲計亦甚苦矣。所願後之君子力守令典，毋爲市棍所餡，毋爲鹽商所撼，堅持毋改，以生此一方殘孽，則諸君子之仁惠當萬倍於此。兹以靳户部之命，附刻志中，用垂永久。孟秋七月，知縣廣陵何棨識。

泰興何氏家乘卷二文翰載棨直隸安平縣新建水關記、何繼嵩安平縣知縣敬軒公滹沱河遠徙記、程道淵敬軒公永除安平鹽商德政碑記、崔璵敬軒公德政碑記等。

安平志所載翌事頗多。

何鏷

何鏷字肆卿，號襟宇，晚號黄谷山人，班三子。生於嘉靖二十八年。（據泰興何氏家乘卷二文翰之祝世禄德興縣知縣襟宇公德政遺愛碑記，卷四墓文之余懋綸文林郎德興縣知縣襟宇公墓志銘）萬曆十六年舉人。（據萬曆揚州府志卷一五人物志上）署江西都昌縣教諭，歷任白鹿洞主教、江西德興知縣等。（據余懋綸墓志銘）性廉介恬静，任法不阿。尤精九九之術，錢糧掌中立算，吏胥無所售其欺。每催徵，即籍中登記，稍有羡餘，召納户還之。兩造在庭，一訊立剖，不假手書吏，六曹爲虚。過客館穀之需，持錢貿易市肆中，無半菽一縷派及編氓。亡疆外之交、束帛之饋。（康熙饒州府志卷二一人物志）民歌之曰：「何侯爲令，吏瘦民肥。」（余懋綸墓志銘）邑界三省，故多盗。盗入民廬，爲保甲獲。捕兵捕官持盗金，爲耳目，蘄免。鏷竟窮治，盗爲衰息。庫藏法馬，民間斗衡，歲時校定，（康熙饒州府志卷二一）稱何公秤、何公斗云。（余懋綸墓志銘）建興賢書院，課青衿，捐俸百餘，市田餼之，歷五載如一日。以艱去。（康熙饒州府志卷二一）二十六年春，「以方正忤時，左遷魯藩」。（祝世禄碑記）二十九年卒，年五十三。（據余懋綸墓志銘）民哀思之。〔一〕（康熙饒州府志卷二一）

〔一〕康熙德興縣志卷五秩官志載鏷萬曆二十一年至二十四年任知縣。泰興何氏家乘卷二文翰載程道淵永祀襟宇公生祠碑記等。

德興志所載鏷事頗多。

何南金

何南金字許卿，號麗泉，琨長子。生於嘉靖四十年。（據泰興何氏家乘卷一人物，卷四墓文之朱一馮文林郎莆田縣知縣麗泉公墓志銘）泰興知縣舒曰敬負人倫鑒，亟奇南金，國士遇之。〔一〕（朱一馮墓志銘）萬曆二十五年舉人，三十五年進士。（據康熙二十七年縣志卷三選舉）三十六年，任福建莆田知縣。（據康熙興化府莆田縣志卷八職官志）性倜儻，有文名。爲政暇，於邑中佳勝智泉、碧瀨諸處徜徉憩息，皆有品題，碑板纍纍可誦。嘗捐俸修江口橋。先是，官路狹小，濡軌不便，南金復闢爲康莊，行人德焉。（康熙興化府莆田縣志卷八）三十七年，卒於官，年四十九。〔二〕（據朱一馮墓志銘）

〔一〕「泰興知縣舒曰敬」，原作「先生」。

「南金」，原作「公」。

〔二〕嘉慶縣志卷六古迹：「竹隱庵在城南諸家圩，明何南金讀書處。」

光緒縣志卷二〇人物志二之一宋元明人列傳：「季寓庸字因是。父三卿，有雋才。舒曰敬宰縣時，於諸生中識三卿及張京元、何南金、朱一馮、戴思敏，期以必達。京元等并顯，思敏亦舉於鄉，而三卿獨不售。」

莆田志所載南金事頗多。

何一本

何一本字應萬，（嘉慶縣志卷五人物）號若魯，（康熙武平縣志卷七官師志）其敏子。（泰興何氏家乘卷一人物）萬曆三十七年歲貢。（據乾隆直隸通州志卷一三選舉志）歷任定遠縣訓導、滁州教諭、（據泰興何氏家乘卷二）鳳陽府教諭等。（據康熙二十七年縣志卷三選舉）以明經任福建武平縣教諭。〔一〕闡明理學，文教振興。自持以正，言笑不苟，周貧却贄，有古人風。遷漳州府授。行李蕭然，士心屬之。〔二〕（康熙武平縣志卷七）

〔一〕「福建武平縣」，原作「邑」。

〔二〕嘉慶縣志卷五人物：「何一本字應萬。萬曆歲貢。任定遠縣訓導，洊升漳州府教授，署武平縣事，再攝府篆。守正不阿，崇祀名宦。康熙間，邑令趙良生攝篆武邑，見雙桂凌霄，詢之諸生，云：『此若魯何公手植也。』猶稱頌公德，以雙桂比甘棠焉。」康熙武平縣志卷一〇藝文志之趙良生文廟雙桂賦序：「康熙戊寅，攝篆武邑。謁聖之餘，登堂會講，見雙桂森然，具有淩雲之勢，詢之諸生，云：『此前博士何師若魯公所手植也。』公爲余外王父，以明經授邑教諭。守正不阿，有古人風，詳載志傳中。余睹茲樹，儼遘公之音容焉，爰爲賦之。」賦曰：「緊嘉樹之雙植兮，掇秋英以擅芳。瑣黃金而鑄顏兮，綴丹霞以爲裳。麗環橋與璧水兮，映沼沚之文光。溯托根之奚自兮，同召伯之甘棠。（略）」光緒縣志卷一三經制志二之二學校下載一本爲天啓鄉飲賓。

清

何開　何龍光

何開，因僑居海陵，遂爲海陵增廣生。前太僕少卿何棐曾孫。康熙五十五年，年百歲。少時，豐於財，後家中落。其飲食步履今尚健，信可稱人瑞云。〔一〕（康熙五十五年縣志卷四雜志）

〔一〕「何開」「因僑居」間原有「邑之黃橋鎮人」。

何龍光字大山，又字秋山。諸生。橐筆浪游，足迹經萬里，所得悉發之於詩。詩不尚聲臭，自然入妙。有訾之者，輒曰：「彼訾我，豈不勝於譽我耶。」其簡傲如此。著有正思堂詩集二卷。〔一〕（光緒縣志卷二一人物志二之二國初以來見舊志者列傳）

〔一〕泰興何氏家乘卷七傳贊之瞿照秋山公傳載龍光字錫永，號秋山，一號大山，大用嗣子，生於崇禎十二年，康熙五十五年卒，年七十八。

呂鳴純

呂鳴純字諧六，振西子，黃橋鎮西呂家橋人。（據延令呂氏重修族譜卷一之朱腹松諧六公傳，卷七年表）順治三年舉人，四年進士。任福建長樂知縣。（據康熙二十七年縣志卷三選舉）時兵燹後百務未興，鳴純修廢舉墜，勸學興文。尤善評文，所識拔如陳書、李靖、黃有樹、林千里、梁大木等，皆知名士。又捐修文廟、學宮、射圃。至今誦之。（乾隆長樂縣志卷六職官志）升户部主事，（據朱腹松諧六公

傳）兼管京口關稅事務。一切據實秉公，兼能不畏强禦。〔一〕（朱腹松諧六公傳）

〔一〕延令吕氏重修族譜卷一載國朝順治丁亥科會試諧六公中式墨卷等。

成氏　孫氏　孫氏　何有蘭　戴氏　何大年何震　何蘭孫

成氏，何振甲妻。年三十寡居。時一堂雖具重慶，而家無遺殖。身復無出，引從叔之子聯元爲後。氏惟日夜拮据，力謀供給老稚。間因小姑歸寧聚處，勞得少休。既而六喪遞舉，蕭然竹屋，備歷酸辛，絶無周親可倚。然在氏則苦守至老，終無怨悔。壽登八十有二。（海曲拾遺卷四列女類）道光十八年旌。〔一〕（光緒縣志卷二四列女志一之三節婦續録）

〔一〕「成氏」「何振甲」間原有「黄橋鎮」。

泰興何氏家乘卷五五棐公支三房譜傳載成氏生於康熙三十六年，乾隆四十三年卒，年八十二。

孫氏，生員孫德瓏女。父死，在襁褓。八歲喪母，哀號不食。伯父母撫之。少長，值父母忌辰，必素服哭。已許字何涇源，未娶而涇源死。〔一〕聞訃之日，易縞衣，撤簪珥，拜兄與嫂，欲往唁。兄難之，即取匕首自誓，兄哀而聽之。既至，哀慟昏仆，誓不復歸。夫將殯，匍匐太姑前，曰：「伯氏有子，求爲吾夫立後。」姑許之，立伯氏金煜之子爲嗣，以痘殤。氏擗踊，嘔血數升，歸房投繯死，書十一字於户上，曰：「所天早逝，鞠子又殤，命也夫。」（乾隆直隸通州志卷一六列女志）乾隆八年，奉旨旌表，建貞烈坊。（泰興何氏家乘卷一人物）祀節孝祠。〔一〕（嘉慶縣志卷五人物）

〔一〕「涇源」，嘉慶縣志卷五人物、泰興何氏家乘卷八貞節傳之張馥孫氏姑侄節孝合傳皆同，光緒縣志卷二六列女志二貞烈孝義合録、泰興何氏家乘卷一人物皆作「金源」。

〔二〕泰興何氏家乘卷八貞節傳之渠支十七世孫孺人傳載孫氏爲黄橋鎮生員德瓏女。又張馥孫氏姑侄節孝合傳：「永豐稱鄉先輩有家範傳後者曰何氏，何氏姻戚遍鄉邑，與同里孫氏爲尤厚。」

孫氏，儒童何文杏妻。初，歸而伴讀，適合夫冠之年。逾五歲，賦寡鵠。矢志孝兼，内外曲盡。日侍姑側，姑泣亦泣。及痛定思深，必委曲周旋，博其忘憂乃已。聞父染病沉疴，又屢請於姑省親，不以避小嫌致薄大本。越十年，傷嗣子殤，致疾卒。泰邑令曾旌其宅閭。〔一〕（海曲拾遺卷四列女類）

〔一〕泰興何氏家乘卷八貞節傳之張馥孫氏姑侄節孝合傳：「夫涇源、文杏兩何氏爲堂叔侄，而兩孫氏爲嫡姑侄。」同書卷一人物：「孔邑尊給聯匾以表揚之。」嘉慶縣志卷三秩官載孔繼榦乾隆四十五年至四十九年任知縣。

何有蘭，附貢佋女。（據光緒縣志卷二六列女志二貞烈孝義合録）母張氏，早卒。繼母蕭撫之如己出，因以字其兄之子恩錫。兄令績溪，恩錫侍官舍，將以冬月歸聘，歸數月而死。氏聞訃音哭，不食，欲以身殉，父母曰：「殉身以立節，不如守志以完貞。且吾眼中止一女，忍視女死耶。」女謂其所善伯母曰：「吾蕭氏婦，夫死，無孤可撫，義當從死。歸死蕭氏，正也。吾今日死，得爲蕭氏婦。異日死，誰諒吾志乎。」俄自經於房中。時乾隆七年八月十二日也。〔一〕九年冬題旌。〔二〕（乾隆直隸通州志卷一六列女志）祀節孝祠。（嘉慶縣志卷五人物）

〔一〕「七年」，原作「壬戌」。

〔二〕「九年」，嘉慶縣志卷五人物同，泰興何氏家乘卷一人物：「乾隆癸酉，奉旨旌表，建坊貞烈。事載州縣志。越乙酉，奉旨纂修入大清一統志。」癸酉即十八年。

泰興何氏家乘卷四墓文之錢維城何烈女有蘭墓志銘載有蘭生於雍正二年，乾隆七年卒，年十九。

戴氏，何泰齡妻。二十九歲守節。奉寡姑盡孝，撫嗣子成立。伯氏夫婦并歿，遺孤無依，氏代爲撫育。節孝而兼慈愛，洵巾幗完人也。年登上壽，邑令武贈以「孝竹貞松」額。守節五十九載。現年八十八歲。〔一〕（嘉慶縣志卷五人物）

〔一〕泰興何氏家乘卷八貞節傳之果支十七世戴孺人傳：「乾隆歲次乙巳，泰興縣正堂武批：查得故儒士何泰齡之妻戴氏，（略）爰結匾額，用表芳徽，以彰潛德，以維風化。『孝竹貞風』，泰興縣正堂武廷選立。『德昭壼儀』，泰興營都閫府張成功立。『筠節鶴年』，泰興儒學教諭孫仝祁、訓導路瞻嶧同立。」又：「嘉慶歲次癸酉，泰興縣正堂張准以節孝纂載邑志，送祠享祀。」又載戴氏爲黄橋鎮國學生紹祖次女，生於雍正五年。

何大年字文彊，號黄村。事親能養志。女兄早寡，憫孤幼稚，厚恤之。教諸子以義方，延名師授之學。乾隆二十一年歲祲，倡捐輸振，復出粟平糶。〔一〕有以田産來鬻者，如直與之。

遠近稱焉。性好讀書，常手一編。暇則蒔花種竹，招朋舊清談或棋一局，翛然塵外人也。何氏家乘季惇大黃村何公傳。（縣志補卷五下人物志第五之一嘉慶以來列傳）大父震，字茂遠。（據光緒縣志卷二〇人物志二之一宋元明人列傳）父蘭孫，字畹芳。善事震。祲年，糜飢者，奔走疫癘中，感疾以歿。〔二〕（又卷二二人物志二之三嘉慶以來列傳）

〔一〕「二十一年」，原作「丙子」。

〔二〕縣志補卷三下經制志第三典禮載嘉慶二年王兆熊重修城隍廟碑記：「總理督修者，則邑紳張兆璠、何大年、姚元吉、顧疆也。」此廟在泰興城。

泰興何氏家乘卷五五棐公支三房譜傳載震生於崇禎十三年，康熙五十八年卒，年八十。又載蘭孫生於康熙三十三年，乾隆二十一年卒，年六十三。又載大年生於康熙五十九年，嘉慶八年卒，年八十四。

光緒縣志卷二〇人物志二之一宋元明人列傳：「震字茂遠。諸生。志意高潔，遭世變，不樂仕進。客如皋冒襄園中，聯裾群彥，極觴咏之樂。」縣志校卷五上人物志第五之一宋元明人列傳：「何震，何氏家乘有其子芹孫行狀，稱生崇禎十三年庚辰，卒康熙五十八年己亥。是震實爲清代人。且震以康熙十二年後始補諸生，鋭志科名，累試不第，與縣志所稱『遭世變，不樂仕進』者迥異。志又云：『客如皋冒襄園，聯裾群彥，極觴咏之樂。』考冒襄同人集，既不載其一字，其同時名流集中亦無及其名者，惟家乘載朱青選贈詩一篇耳。」

光緒縣志卷二二人物志二之三嘉慶以來列傳：「大年補諸生，益樂爲善。歲焚逋券，先後凡數萬緡。族子某不治生產，將鬻所居。大年購以重值，反其券，俾居如故。未久，復鬻，三鬻，三購。族子歿，更恤其孤，宅竟未易主也。」縣志校卷五下人物志第五之二嘉慶以來列傳：「何大年三反族子宅事與季惇大所撰大年傳不合，傳但云『歲飢有以田産售者，如直與之』而已。惇大自言爲大年内戚，故知之詳，無溢詞。而未舉及反宅一節，足證是事之不盡實矣。」泰興何氏家乘卷五行狀載何芹孫邑庠生鄉飲介賓茂遠公行狀、何大年例貢生畹芳公行狀，卷七傳贊載季惇大黄村何公傳等。

丁喬年丁紹宗　王氏

丁喬年字南有。國子生。乾隆中，大父紹宗輸巨資賑災，膺優獎。後二十年，鄰邑潮災，流亡麕集，喬年與弟引年并助賑。平日，救焚拯疾暨諸善舉，壹切慨任之。臨殁，屬子椿爲義莊以贍族。〔一〕（光緒縣志卷二三人物志二之三嘉慶以來列傳）

〔一〕光緒縣志卷一九人物志一之二選舉表下載喬年爲鑒子。

王氏，監生丁喬年妻。在室孝事父母，適丁敬奉舅姑。舅殁，事姑尤謹。撫子守孀，二十年如一日。災年所買婢僕，不取身價，悉給本家領去。撫三子，皆成立：椿，候補衛千；桂，即用從九；楷，增廣生。（嘉慶縣志卷五人物）光緒元年旌。（光緒縣志卷二六列女志二貞烈孝義合録）

何氏

何氏，郁文女。適茅丹五，彌月而夫夭亡。氏矢志靡他，聞姑與其母有別議，遂自經死。時二十三歲。邑令胡奬之。〔一〕（海曲拾遺卷四列女類）

〔一〕「何氏」「郁文」間原有「泰邑」，「適」「茅丹五」間原有「黃橋」。

光緒縣志卷一六秩官志一古今官屬年表載胡寧乾隆四十年至四十一年署知縣。

嘉慶縣志卷五人物載何氏生於乾隆十七年，三十九年卒，年二十三。

何汾 何棖　何湘

何汾字丹樓。廪貢。工書。購聚古碑刻，鑒别真贋。尤精醫。歲施藥餌。方書善本，重鋟以行，傳習遂廣。子棖，字倩絲。國子生。不墮其業，書法亦絶肖。棖子玗。〔一〕（光緒縣志卷二二人物志二之三嘉慶以來列傳）

〔一〕泰興何氏家乘卷七傳贊之周瑞清琢如何徵君傳：「父善書，晨起必磨墨升餘，供其揮翰。」玗，有傳。

同書卷五五棐公支三房譜傳載汾號恒夫，大年長子，生於乾隆五年，嘉慶二十五年卒，年八十一。又載棖爲汾次子，生於乾隆三十七年，道光十四年卒，年六十三。

同書卷七傳贊載何爾壽倩絲公傳等。

何湘字芸樓。乾隆五十七年舉人。大挑知縣。厭習吏事，與汾隱居嘯咏，有終焉之志。里中諸務，恒藉汾爲重。霑接後進，悉有聞於時。著有芸樓詩稿。子楷。〔一〕（光緒縣志卷二二人物志二之三嘉慶以來列傳）

〔一〕湘，嘉慶縣志同修。

光緒縣志卷一一經制志一之二賦役下：「〔嘉慶〕十九年，知縣張先甲捐資設賑。邑人陸錡、季宗杼、何湘、伏孔昭、李星緯、季宗路、孫志義、陳啓奎、丁椿、常慎修、李家吉、姚元繼、丁引年、趙良禮、張金華、薛東山、戚英培、卞國祥、欒瑀、翟皓、沈容、戚慶熙并以輸助，分別給額。」

泰興何氏家乘卷五五棐公支三房譜傳、卷七傳贊之陳鳳喈芸樓先生傳載湘一字雲流，號耘流，大年次子，生於乾隆十年，嘉慶二十一年卒，年七十二。

丁引年丁人綱　**丁椿**　**丁人慶**　**丁桂**　**朱氏**焦氏　顧氏　王氏　**丁順年**丁勝五

孫保之　成瑄　葉雲　徐尊　黄越　徐上達

丁引年字秩有。國子生。里黨稱貸不能償，更資之。一日，貸者至，詢所需，曰：「將以訟。」引年曰：「吾貸爾金，以利爾也。貸而訟，益之害矣。」其人感悟，遂釋不訟。子瑶。瑶子人綱，附貢。善事母。踵諸大父志，以義名。〔二〕（光緒縣志卷二三人物志二之三嘉慶以來列傳）

〔二〕光緒縣志卷一一經制志一之三賦役下：「〔嘉慶〕十九年，知縣張先甲捐資設賑。邑人陸錡、季宗杼、何湘、伏孔昭、李星緯、季宗路、孫志義、陳啓奎、丁椿、常慎修、李家吉、姚元繼、丁引年、趙良禮、張金華、薛東山、戚英培、卞國祥、欒瑀、翟皓、沈容、戚慶熙并以輸助，分別給額。」又：「〔道光〕十一年，知縣李震請賑灾民。邑人趙良禮、丁引年、季宗杼妻朱氏并輸銀一千兩有奇。」

光緒靖江縣志卷三輿地志：「咸豐二年，知縣齊在鎔浚諸河港，移知泰興縣知縣張行澍會勘助工。里人孫瞻洛開河港記：『（略）瞻洛因赴泰之印莊，黄橋轄下，偕陳少尹洙、耿廣文文瀾、何中翰楉、尹廣文高佑勸，紳士季君琨、丁君人綱首出厚資，以次諸戚友量力解囊。（略）』」

光緒縣志卷一九人物志一之二選舉表下、縣志續卷八人物志第五之一選舉表載人綱字則李。又載人綱子作霖，字卜三；鴻賓字頤壽，光緒應例。

丁椿字古園。援例衛守備，權廬州衛，調沔陽。楚中軍户離逖，親詣編審尺籍乃定。每構訟，虚衷研鞫，群情翕服。檄補袁州衛。母疾，告歸。子人慶。〔一〕（光緒縣志卷二三人物志二之三嘉慶以來列傳）

〔一〕嘉慶縣志卷四選舉：「丁椿。即用衛千總。」

光緒縣志卷一九人物志一之二選舉表下載椿爲嘉慶五年材勇，江西袁州衛守備。

延令黄橋丁氏重修家乘卷一之道光二年丁增年支譜序：「嘉慶己卯，有丁莊等處族人倡爲修譜之議。（略）適古園侄自袁州衛予告回籍，咨余曰：『聞我族有修譜之議，何以不果修。』余曰：『修譜則誠美舉也，其如星宿海莫接何。』古園曰：『何不爲支譜。』余聆其説，欣然以爲近理，相約擇吉草創支譜。」

光緒縣志卷一一經制志一之二賦役下：「（嘉慶）十九年，知縣張先甲捐資設賑。邑人陸錡、季宗杼、何湘、伏孔昭、李星緯、季宗路、孫志義、陳啓奎、丁椿、常慎修、李家吉、姚元繼、丁引年、趙良禮、張金華、薛東山、戚英培、卞國祥、欒瑀、翟皓、沈容、戚慶熙并以輸助，分别給額。」

丁廷楣先生訪問紀録丁氏家族及義莊丁氏家族載椿爲喬年長子。

丁人慶字餘堂。由運副改通判，權判金華。值潮灾，襄理賑務，勸民輸助，不足則解槖濟之。檄辦歲運。旗弁朋竊官米，事發，當科數百人罪。人慶憐之，代償如額。歷權嘉興、杭州。乞歸。〔一〕（光緒縣志卷二三人物志二之三嘉慶以來列傳）

〔一〕清宣宗實録卷三一五：「〔道光十八年十月〕乙未，諭内閣：據鐵麟等奏『浙江省杭、嚴頭幫欠交易州稜米，遲滯未完』。此項截撥米石爲陵糈所關，難容延緩。屢經勒限購買，仍未運交，非尋常虧短可比。杭、嚴頭幫千總李龍泰著暫行革職，總運丁人慶著暫行摘去頂帶。勒限兩個月，責令嚴押旗丁等上緊措辦，如數補交。儻逾限不完，即著一并嚴參，從重治罪，以爲玩漕誤公者戒。該部知道。」光緒縣志卷一九人物志一之二選舉表下載人慶道光中署浙江嘉興府通判。丁廷楣先生訪問紀録丁氏家族及義莊丁氏家族載人慶爲椿子。

丁桂字西嶺，喬年仲子。國子生。歷權衢州通判、台州同知。台濱海，民私販餉盜。桂懲其尤者，餘悉宥，予以資，俾操他業。海溢，漂没廬舍人畜亡算。履勘，設賑灾黎，咸説。作浦大火，塘工毁，官匿不報。大吏檄桂往查，諸不便者饋巨金，弗内，竟以實聞。巡撫林則徐嘗曰：「『事從容有餘味，人從容有餘年。』丁倅其必壽乎。」後果躋耄齡。（光緒縣志卷二三人物志二之三嘉慶以來列傳）

朱氏，丁人憲妻，撫州守朱楚金女。耽吟咏，有端操。中年，喪所天。遺孤壽銘，親教之，弱冠餼於庠。其族有翔妻焦，亦知書，兼通長桑、珞琭諸術。家範整肅，姻黨咸師之。浙江鹽運副使人慶妻顧、附貢人綗妻王并著義問，王尤樂爲善，數解橐濟公。〔一〕（光緒縣志卷二六列女志二貞烈孝義合録）

〔一〕「朱氏丁人憲妻」，原作「丁人憲妻朱氏」，餘皆雙行夾注。

丁廷楣先生訪問紀録丁氏家族及義莊丁氏家族載人憲爲桂次子。

丁順年字鳳千，國子生，喬年從弟。家設米肆，常以賤值糶人。佃其田者，租不足額，亦聽之。同時爲善於其鄉者。丁勝五字識一，順年族也，善恤嬰嫠。孫保之字厚培，附貢，嘗拾遺還主，以醫名。成瑄字宗武，葉雲字靄亭，徐尊字榮尊，并國子生，黄越字襟三，武學生，道光末，咸集資賑灾。尊子上達，權諭安東，亦稱職。〔一〕（光緒縣志卷二二人物志二之三嘉慶以來列傳）

〔一〕清代硃卷集成成懋勛硃卷載瑄爲懋勛堂伯（叔）祖。

丁氏楷三房支譜：「〔人鴻第三女〕適鎮南徐家莊安东教諭徐上達（字峻夫）三子品琛（字獻淮）。」

顧氏

顧氏，儒士徐世才妻。幼失母。以孝聞。羈丱，侍父疾，不解帶者彌年。十七于歸。生子鳳，甫周晬，世才卒，氏年二十。舅久病，氏事之如孝子。逾年，舅殁，姑衰，久困床褥。氏拮据萬狀，嫁兩小姑務愜姑心，色養數十載不倦。遺孤授室，嗣世業，入成均，皆氏力也。苦節三十六年。現年五十五歲。嘉慶十五年旌。（嘉慶縣志卷五人物）

錢氏

錢氏，嘉慶十五年，入市，爲惡少侮詈，羞憤自縊。臬憲讞案請旌。（縣志卷五人物）十六年旌。〔一〕（光緒縣志卷二六列女志二貞烈孝義合録）

〔一〕「錢氏」「嘉慶」間原有「黄橋人」。

黄氏　尹政熙　黄氏朱氏

黄氏，尹以智妻。事母至孝。母患弱疾，百藥不治。氏潛割左股，和藥以進，母霍然愈。年十八，歸尹。事姑四十餘年，篤孝不衰。生三子：政懋、政熙、政輔，皆蜚聲庠序。氏卒年六十有一。（嘉慶縣志卷五人物）學政彭元瑞給「純孝格天」額。（縣志稿人物志貞孝）光緒元年旌。（光緒縣志卷二六列女志二貞烈孝義合録）

尹政熙字古畬。道光歲貢。歷權溧水、山陽、儀徵教諭，供職勤慎，著訓士質言一卷。里居嘯詠，無少長，皆樂與之游，別有碧梧軒詩稿二卷。〔一〕（光緒縣志卷二三人物志二之三嘉慶以來列傳）

〔一〕政熙，嘉慶縣志勸捐董事。

光緒縣志卷一九人物志一之二選舉表下載政熙爲道光八年歲貢，署山陽縣訓導。

同書卷一二經制志二之一學校上：「道光十一年，知縣李震、教諭葉琛建學西石堤三十丈。琛自記：（略）董其事者，爲張琮、汪鶴、孫鴻文、吴大鴻、何龍文、趙良禮、汪炘、韓鵠、尹政熙、朱思康諸公。」

縣志稿人物志義行尹高昌傳：「今閲尹氏家乘，尹以智三子：長政熙，次政懋，三政輔。」

黄氏，生員尹政懋妻。朱氏，政懋妾。政懋殁，黄年二十八，朱年十八。朱所生子高昌，廩貢，前卒。撫孫文焯、文炳、文燦，曾孫寅生，皆諸生。黄守節五十二年，朱守節六十四年。道光十二年，學政廖鴻荃給「冰雪雙清」額。〔一〕（縣志稿人物志節婦）同治九年旌。（光緒縣志卷二四列女

志一之二節婦續録）

（一）「黄氏生員尹政懋妻朱氏政懋妾」，原作「生員尹政懋妻黄氏妾朱氏」，餘皆雙行夾注。

縣志稿人物志義行載顧曾烜燕詒尹君家傳：「大父以智。父政懋，邑學生。母黄，艱於育，簉室以朱。生君七月，茂才公殁，兩孀撫之。善讀少過，念母孀，讀劬益劬，遂餼於庠。援例爲校官，狀節行籲旌，并以其官封如秩。兩母究於大年，顧以資嗇，不獲樹之貞石，以爲歉也。」高昌，有傳。

泰興城東尹氏族譜載尹氏諸人傳記，惜未能細檢。

呂氏　韓鵠韓步鯉　韓聯甲

呂氏，韓讓妻。年二十六，夫殁。撫孤錦裕，監生。守節五十一年。學政林天齡給「輝揚彤管」額。孫泰東，舉人；漢東，諸生。（一）（咸豐二年旌。）（光緒縣志卷二四列女志一之二節婦續録）

（一）「呂氏韓讓妻」，原作「韓讓妻呂氏」，餘皆雙行夾注。

後有「州志別有韓灼成妻呂氏。灼成，即讓也」句。

韓鵠字維城。增貢。樂善好施。與何、尹諸戚輸粟濟貧，終歲弗懈。捐金倡修文明、拱辰諸梁。子步鯉，字琴溪。廩貢。能承父志，凡善舉，靡弗爲。著志成軒詩集。孫聯甲，諸生。工詩善畫。（一）（縣志稿人物志義行）

（一）後有「計呈刊本志成軒詩集一册」句。

光緒縣志卷一二經制志二之一學校上：「道光十一年，知縣李震、教諭葉琛建學西石堤三十丈。琛自記：（略）董其事者，爲張琮、汪鶴、孫鴻文、吴大鴻、何龍文、趙良禮、汪炘、韓鵠、尹政熙、朱思康諸公。」

張馥 張荃

張馥字蕙亭。嘉慶歲貢。授徒六十年，弟子著録以百數文席講論。過者倚垣竊聽，雖婦孺，皆解。授陽湖訓導，未赴。舉制科，亦不就。士論歸之。子沅，字楚舲。廪監。沅子荃，字郁田。諸生。世勤講授。沅殁，荃撫兩弱弟尤摯。〔一〕（光緒縣志卷二三人物志二之三嘉慶以來列傳）

〔一〕宗鏡碑記載馥爲董事。（詳藝文金石）

嘉慶縣志卷四選舉載馥爲嘉慶十三年歲貢。

馥，嘉慶縣志勸捐董事。

何楛 何玗

何楛字小山。道光十五年舉人。訓昆山。邃於經術。生徒請業，申暢疑義，聞者涣釋。時論推其敏洽。〔一〕（光緒縣志卷二三人物志二之三嘉慶以來列傳）

〔一〕光緒昆新兩縣續修合志卷一六歷代職官表：「何楛。上元舉人。（同治）二年署（昆山教諭），即報病去。」

光緒靖江縣志卷三輿地志：「咸豐二年，知縣齊在鎔浚諸河港，移知泰興縣知縣張行澍會勘助工。里人孫瞻洛開河港記：『（略）瞻洛因赴泰之印莊、黄橋轄下，偕陳少尹洙、耿廣文文瀾、何中翰楛、尹廣文高佑勸，紳士季君琨、丁君人綱首出厚資，以次諸戚友量力解囊。（略）』」

泰興何氏家乘卷五五棐公支三房譜傳載楛字承點，號小山，湘次子，生於嘉慶九年。

何玗字東美。國子生。居父喪，哀瘠異常。母恒卧疾，百計醫禱，歷久弗懈。女兄寡，養之終其身，撫猶子如子。應光緒元年制科，給秩如例。〔一〕（光緒縣志卷二二人物志二之三嘉慶以來列傳）

〔一〕泰興何氏家乘卷五五棐公支三房譜傳：「應光緒元年孝廉方正科，奉旨給六品頂戴。」又載玗號琢如，榱三子，生於嘉慶十七年，光緒七年卒，年七十。同書卷一人物載辟舉原案，卷七傳贊載周瑞清琢如何徵君傳等。

王氏　何氏

王氏，丁翕妻。年二十八，夫殁。奉姑撫孤。守節十四年。〔一〕〔光緒九年旌。〕（光緒縣志卷二五列女志一之三節婦今録）

〔一〕「王氏丁翕妻」，原作「丁翕妻王氏」，餘皆雙行夾注。丁氏楷三房支譜載王氏爲黄橋鎮監生圻女，生於嘉慶二十年，咸豐五年卒，年四十一。

何氏，監生何彩女。許字丁復琴。年二十一，壻殁。守貞三十年。〔一〕〔咸豐二年旌。〕（光緒縣志卷二六列女志二貞烈孝義合録）

〔一〕「監生何彩女」前原無「何氏」，餘皆雙行夾注。

尹高昌　尹高佑

尹高昌字燕詒，政熙弟子。〔一〕廪貢。（據縣志稿人物志義行）父政懋，諸生。殁時，高昌生甫七月也。念母孀，讀甚劬。爲文殊俗，尚精書法。授徒所入，悉以施。纖碩靡弗應。每歲始冬訖春，爲食食餓者，行之越二十年。他邑灾，稔其義，越境募粟，予之八百斛。（光緒縣志卷二二人物志二之三嘉慶以來列傳）同治元年，知縣張興詩贈「樂善可師」額。〔二〕（縣志稿人物志義行）

〔一〕「燕詒」，光緒縣志卷二二人物志二之三高昌傳作「燕貽」。

〔二〕縣志稿人物志義行載顧曾烜燕詒尹君家傳：「君諱高昌，字燕詒，自號惺齋，吾郡泰邑人也。泰東南巨鎮曰黃橋，尹其著姓。（略）君健於文。應省試，三薦不得售。授徒里中，所入悉以施。任恤好義，里無纖碩咸屬。君遇水旱癘疫，爲食食餓者。即非歲大無，始冬汔春，流亡須捷，亦食之，行之凡二十餘年。江南沙民鳧没，常人稔君義，募粟於君，予之八百斛。粵事之棘也，以泰完區，歲徵富人金万億。或緣爲利，不且覬甄叙博官。當事以浼君，君弗應，獨與其鎮人干掫，晝夜不少息。鎮文明、致富、直來、拱辰諸梁久不治，君杙以木，絙以鐵，甃以石。雁嶺生成淤故渠，君釃之。所費皆不訾醵諸人，而罄己脯資爲之倡。其它衣寒藥疾、槥亡冢枯及禁革里之所不便者，靡弗任也。（略）咸豐丙辰，大旱，蝗。君偕鎮人禱於神，天大雨，蝗不爲害。既事，立廟以栖之，所以報也。君三子：文焯、文炳、文燦，皆諸生。」此葉有眉批：「燕詒先生事略已見顧志，唯更正處或附載於人物志末。」

尹高佑字穀貽，政熙弟諸生政輔子。咸豐中，當事徵邑輸糈，歲逾數萬。高佑肩其事，轉輸靡匱，富民無後言。由增貢授睢寧教諭，在官亦以能稱。〔一〕（光緒縣志卷二二人物志二之三嘉慶以來列傳）

〔一〕光緒靖江縣志卷三輿地志：「咸豐二年，知縣齊在鎔浚諸河港，移知泰興縣知縣張行澍會勘助工。里人孫瞻洛開河港記：『（略）瞻洛因赴泰之印莊、黃橋轄下，偕陳少尹洙、耿廣文文瀾、何中翰楛、尹廣文高佑勸，紳士季君琨、丁君人綱首出厚資，以次諸戚友量力解囊。（略）』

光緒縣志卷一九人物志一之二選舉表下載高佑爲同治應例，睢寧縣教諭。

光緒睢寧縣志稿卷一二職官表：「尹高佑。泰興人。〔同治〕八年任〔教諭〕。」

封氏　丁氏

封氏，捐職縣丞韓琅妻。幼有至性。歸韓，相夫治姑喪盡禮。母尹，中年失明。封恒歸侍，昕夕調護，不假手妯娌，或遣其女左右之。母忘其苦，九十猶童顏。四子興東，廪貢。〔一〕〔由縣詳旌。〕（光緒縣志卷二六列女志二貞烈孝義合録）

〔一〕「封氏捐職縣丞韓琅妻」，原作「捐職縣丞韓琅妻封孝女」，餘皆雙行夾注。

丁氏，監生韓步文妻。年二十九，夫歿。奉姑。守節五十二年。光緒元年，學政林天齡給「輝揚彤管」額。〔二〕（縣志稿人物志節婦）

〔二〕「丁氏監生韓步文妻」，原作「監生韓步文妻丁氏」，餘皆雙行夾注。後有「查韓步文字斐然，與舊志節婦今録載該節婦事實、年歲相符。節婦續録別有監生韓斐然妻丁氏。按：斐然即步文之字，妻丁氏又相同，其爲重出無疑，并據韓步文婿尹文焯函請更正」句。光緒縣志卷二四列女志一之二節婦續録：「監生韓斐然妻丁氏。奉舅姑，撫嗣聯奎。守節垂四十年。〔同治十三年旌。〕」光緒縣志卷二五列女志一之三節婦今録：「韓步文妻丁氏。年二十九，夫歿。奉姑。守節四十六年。

光緒元年旌。」

張鴻

張鴻字步江，馥從子。父香，兩世皆歲貢。鴻權徐州教授，日接諸生，誘之向學，言論盎然，悍習少衰。學中租賦爲吏乾没，事覺欲自裁。鴻察其貧，償以己俸。檄襄郡賑，上官以爲能。〔一〕（光緒縣志卷二三人物志二之三嘉慶以來列傳）

〔一〕光緒通州直隸州志卷一〇選舉志上載鴻字一江，同治七年歲貢，署徐州府教授。光緒縣志卷一九人物志一之二選舉表下載鴻署徐州府訓導。

何氏　張氏　殷氏

何氏，監生成瑾妻。年三十，夫殁。奉姑撫孤。〔一〕〔咸豐二年旌。〕（光緒縣志卷二四列女志一之二節婦續録）

〔一〕「何氏監生成瑾妻」，原作「監生成瑾妻何氏」，餘皆雙行夾注。

清代硃卷集成成懋勛硃卷載瑾爲懋勛堂伯（叔）祖。

張氏，成貽穀妻。知縣張先甲給「柏操松齡」額。〔一〕〔咸豐二年旌。〕（光緒縣志卷二四列女志一之二節婦續録）

〔一〕「張氏成貽穀妻」，原作「成貽穀妻張氏」，餘皆雙行夾注。

殷氏，成萬繼妻。年二十八，夫殁。撫孤沐蔭，光緒三年進士。〔一〕〔元年旌。〕（光緒縣志卷二

五列女志一之三節婦今録）

〔一〕「光緒三年」，原作「丁丑」。

「殷氏成萬繼妻」，原作「成萬繼妻殷氏」，餘皆雙行夾注。

閭氏

閭氏，生員余律元妻。奉兩世舅姑，能章婦順。夫歿，子前卒，撫孫希胡成諸生。〔一〕嘗相地建宗祠，獨力創爲之。〔二〕（光緒縣志卷二六列女志二貞烈孝義合録）

〔一〕「希胡」，余氏祠告示碑作「俊彥」。（詳藝文金石）

〔二〕「閭氏生員余律元妻」，原作「生員余律元妻閭氏」，餘皆雙行夾注。

侯萬里

侯萬里字壯圖。廩貢。性端直。文譽噪一時。楷法逼近歐、柳，尤善作擘窠大字，遠邇購求争藏庋，以爲寶。負才不遇，晚而恚甚，聚所著述悉焚之。〔一〕（光緒縣志卷二二人物志二之三嘉慶以來列傳）

〔一〕光緒縣志卷一二經制志二之一學校上：「同治十二年，署知縣袁瑞麟，邑人朱連城、葉甘棠、侯萬里、朱棠、孫遷逵、陳洙等，修大成殿兩廡。砌丹墀，易以石。建泮池三梁，禮門、義路二坊。」縣志續卷九人物志第五之二列傳：「〔陳〕汝球字敔庭。與兄〔汝玉〕同時補諸生，時有『二難』之目。天資穎異，讀書目數行下。少從縣人侯萬里游。與王邦鼎等結奎社，文名甚著。以歲貢終。」又：「曹克成字子勤，弟德成字仁甫，皆能書。德成嘗從侯萬里學，得其筆意。克成，縣學生。間亦學畫米芾山水。德成仲子國鏞，字序東。廩膳生。亦能書。力學早逝。」

光緒縣志卷一九人物志一之二選舉表下載萬里爲大儒子。

李成 李麟 許氏

李成字德甫。咸豐歲貢。父麟，多隱德。成有幹才。歲澇，籌賑甚力。粵事起，流民北渡，藍縷盈路。栖止食息，悉爲之所。故人貧乏者，不待告，持金贈其家。〔一〕（光緒縣志卷二三人物志二之三嘉慶以來列傳）

〔一〕光緒縣志卷一九人物志一之二選舉表下載成爲咸豐四年歲貢，内閣中書。又載麟字慶章。

許氏，歲貢李成妻。性好施。貸者立應，不責償。將歿，命其子紹基舉券一篋焚之，凡千緡。〔一〕（光緒縣志卷二六列女志二貞烈孝義合録）

〔一〕「許氏歲貢李成妻」，原作「歲貢李成妻許氏」，餘皆雙行夾注。

吴氏

吴氏，王西庚妻。中年守節。享年九十三。光緒三十一年，孫雋基筮仕江西，奉江西巡撫兼提督軍門柯逢時賜「養堂福蔭」額。〔一〕（縣志稿人物志節婦）民國時旌。（縣志續卷一〇上人物志第五之三列女上）

〔一〕「吴氏王西庚妻」，原作「王西庚妻吴氏」，餘皆雙行夾注。

後有「右孫新盤稿」句。

何鳳儀印琨　何茝仙　何允彝　丁氏

何鳳儀字夔功。監生。性慈祥坦易。任邑中公務，歷著勤勞，邑令咸倚重之。時淮、揚薦饑，鳳儀與韓錦裕等漕粟振濟，躬冒風雪，全活甚衆。印琨字玉泉。附貢生。粵亂，嘗入參將歐陽福春幕數年。後謝歸，董理地方事。光緒十一年，縣境大水，邑令張興詩屬以散振，鄉人稱平。〔一〕（縣志續卷九人物志第五之二列傳）

〔一〕「十一年」，原作「乙酉」。

鳳儀，光緒縣志采訪。

光緒縣志卷一九人物志一之二選舉表下、泰興何氏家乘卷七傳贊之成懋勛太姻伯同勤何公傳載彭字同勤，鳳儀父。又載宗泰字仰東，鳳岡子，鳳儀嗣子。

何茝仙，陸蔭棠妻，舉人何爾壽女。幼得王父母歡。十齡，王母歿。過時猶悲。王父年高，夜必飲以乳。女待至漏盡，取以飲之，如是者凡五寒暑。比歿，益悲。既歸陸數月，舅師澄歿。屢膺大喪，感疾遂卒。〔一〕（由縣詳旌。）（光緒縣志卷二六列女志二貞烈孝義合録）

〔一〕「何茝仙陸蔭棠妻」，原作「陸蔭棠妻何孝女」，餘皆雙行夾注。

泰興何氏家乘卷九哀挽詩之何爾壽孝女茝仙哀挽叙載茝仙生於同治元年，光緒八年卒，年二十一。

何允彝字念卿，舉人爾壽次子。沉潛力學，治經史詩賦均有根柢。讀書南菁書院，爲黃院長以周所器重。性肫篤。某年歲試，與兄允恭坐相接。允恭忽發風眩疾，允彝恐其曳白而出也，亟以所作予之，已乃潦草竣事，遂不得列高等。再應試，乃補廪膳生。未幾，以劬學得瘵疾卒。與允彝同學南菁，年相若才相埒者，後多登甲乙科，知名當世，而允彝以早逝名不出鄉里云。〔一〕（縣志續卷九人物志第五之二列傳）

〔一〕泰興何氏家乘卷五五棐公支三房譜傳載允彝字研卿，生於同治五年。又載允彝兄允斌，字雋卿。

丁氏，廪貢何允彝妻。年三十，夫亡。守節至今二十三年。〔一〕（縣志續卷一〇中人物志第五之四列女中）

〔一〕「丁氏廪貢何允彝妻」，原作「廪貢何允彝妻丁氏」，餘皆雙行夾注。縣志稿人物志節婦：「何研卿妻丁氏。年三十，夫歿。現年五十二。」泰興何氏家乘卷五五棐公支三房譜傳載丁氏生於同治六年。

韓氏　季氏　焦氏　丁邦楨　何氏　丁氏　陳氏　丁恭銘　丁氏

韓氏，從九丁開基妻。年二十八，夫歿。性好施，既孀，益力。光緒初年，邑募公車、賓興、學田等捐，慨輸千餘緡。撫嗣繼宗，援例布理問，封安人。守節三十九年。〔一〕（縣志稿人物志節婦）九年旌。（光緒縣志卷二五列女志一之三節婦今録）

〔一〕「韓氏從九丁開基妻」，原作「從九丁開基妻韓氏」，餘皆雙行夾注。光緒縣志卷一三經制志二之二學校下：「賓興經費。（略）〔光緒六年，〕丁韓氏〔捐錢〕四百千。（略）公車經費。光緒五年，丁韓氏捐黃橋鎮市房三所，售價四百四十二千。」又：「〔學田。〕附歲修經費。（略）〔光緒六年，〕丁韓氏捐三百千。」

延令黃橋丁氏重修家乘卷六載韓氏生於嘉慶十六年，光緒五年卒，年六十九。又載開基道光丙戌年卒。又載繼宗字詒謨。縣志續卷八人物志第五之一選舉表載繼宗字貽謀。

季氏，丁福寶妻。（據光緒縣志卷二五列女志一之三節婦今録）民國時旌。〔一〕（縣志續卷一〇上人物志第五之三列女上）

〔一〕丁氏楷三房支譜載季氏生於道光十九年，民國六年卒，年七十九。又載福寶字介甫，候銓府同知，咸豐十年卒。

焦氏，丁振基妾。年二十七，夫亡。守節至今四十七年。〔一〕（縣志續卷一〇中人物志第五之四列女中）

〔一〕「焦氏丁振基妾」，原作「丁振基妾焦氏」，餘皆雙行夾注。

丁氏楷三房支譜載振基又娶尤氏，生於道光三十年，民國十四年卒，年七十六。又載振基光緒三年卒。

丁邦楨字維周。生有至性，善事父母。年十七，隨其父芷江諱沅幕游山左，先意承歡，奉命唯謹。父患□□，發時危險不堪，名醫束手。〔一〕維周日夜涕泣，因割股和藥以進。父服後，病遂霍然。後有其傷痂者，群乃得悉其事，然維周仍匿不告人也。維周以其父糊口四方，既勞且病，又念母王氏家居勤儉，饔飧不給，且時發咳血之症，乃瀝血爲文，竭誠叩禱，每夕焚香，祈以身代。彼時，人無知之者，歿後於故紙堆中得其底稿，并有「□」「□」「塗」「改」等字，洋洋數百言，凄惻動人，見其文者咸嘖嘖稱之。事爲山東巡撫李所聞，嘉其純孝性成，詳請於朝。光緒二十一年得旨，准予建坊，以資觀感。後以財政不逮，僅於宗祠内立匾額一方云。年二十七，聘而未娶，其弟德森以長子百城嗣之。墓在黄橋鎮東封家莊。〔一〕（縣志稿人物志孝友）

〔一〕縣志續卷九人物志第五之三列傳：「父病喘亟。」

〔二〕縣志續卷八人物志第五之一選舉表載邦楨爲「黄橋鎮人，寄籍山東」，光緒朝薦辟。

何氏，年十一，父病，從母日夜侍湯藥，歷五六年不懈。許字丁槐銘，未婚，夫亡。女時年十九，泣請於母，往奔喪。居宅之後屋，奉姑王，寢食其中，足不逾閫一步。姑患乳癌，女親爲洗濯，日數次，寒暑罔間，歷兩載遂瘳。〔一〕（縣志續卷一〇下人物志第五之五列女下）

〔一〕「何氏」，原作「何貞女」，餘皆雙行夾注。

縣志稿人物志貞孝載何祖澤仲姊行述。

丁氏，朱家璐妻，舉人壽銘胞姊。年十九，歸朱。夫體弱多病，丁主持家政，上事下撫，一秉禮法。年三十，夫亡。撫兩子成立。守節至今三十四年。〔一〕〔民國時旌。〕（縣志續卷一〇上人物志第五之三列女上）

〔一〕「丁氏朱家璐妻」，原作「朱家璐妻丁氏」，餘皆雙行夾注。

陳氏，許字舉人丁壽銘長子幹生。未婚，夫亡。聞之欲自殉，家人苦勸乃止。力請於父，歸丁持服。事舅姑孝。守貞至今三十年。民國時旌。〔一〕（縣志續卷一〇下人物志第五之五列女下）

〔一〕「陳氏」，原作「陳貞女」，餘皆雙行夾注。

丁廷楣先生訪問紀録我的家庭大嫂：「大嫂是我堂叔祖維城公的外孫女，他父親陳仲端，二哥陳舉廷，胞侄陳景喬（上海南洋大學畢業，靖江縣立初級中學第一任校長）。大嫂名金，我本家堂兄叫她金表姊，堂侄叫她金大嬸。她原和我大哥（大哥名廷棟，字幹生）有婚約，大哥早夭亡（可能二十歲上下），大嫂前來吊孝（俗名抱牌位結婚），在前清時代無限尊崇，皇上頒御筆『節孝』供家屬豎立石牌坊，據説她進我家時，父親在大門口跪地恭迎，何等尊崇。」

丁恭銘字仁甫。性伉直，善排紛難。任保甲事，能舉其職。筦黃橋育嬰局，日必視察乳媪撫養嬰兒之善否，俾無失所。光緒二十一年，縣西水災，恭銘奔走勸振，至忘寢食，并出己資爲倡。〔一〕先是，其兄義銘官睢寧教諭，淮溢爲災，恭銘於家書中悉其狀，謀於衆，釀巨金往拯之，睢人感泣。至是，亦因義銘之請，泛舟以報。〔二〕（縣志續卷九人物志第五之二列傳）

〔一〕「二十一年」，原作「乙未」。

〔二〕丁廷楣先生訪問紀録丁氏家族及義莊丁氏家族載恭銘爲維城次子。

丁氏，何爾昌妻，諸生丁道元女。善事舅姑。姑于病篤，刲股療之。〔一〕（縣志續卷一〇下人物志第五之五列女下）

〔一〕「丁氏何爾昌妻」，原作「何爾昌妻丁氏」，餘皆雙行夾注。

延令丁氏重修家乘卷八年表載道元爲燮林祖父。

尹氏　黄氏

尹氏，生員一德女，廪貢善嘉妹。守貞不字，孝事父母。年至今四十七。〔一〕（縣志續卷一〇下人物志第五之五列女下）

〔一〕「尹氏生員一德女」，原作「生員尹一德女」，餘皆雙行夾注。

黄氏，增貢尹文炳妻，監生黄殿英女。天性肫摯。年十三，其母吴病篤，女於深夜焚香祝天，封左股煎湯以進。吴服後，病遂霍然。〔一〕（縣志稿人物志貞孝）

〔一〕「黄氏增貢尹文炳妻」，原作「增貢尹文炳妻黄孝女」。

丁氏　封氏

丁氏，生員奎五女。許字韓彭壽。夫亡，歸韓持服二年，仰藥死。光緒二十八年旌。〔一〕（縣志續卷一〇下人物志第五之五列女下）

〔一〕「丁氏生員奎五女」，原作「生員丁奎五女」，餘皆雙行夾注。丁氏長年公支譜：「（奎五長女）字本鎮揀選知縣乙酉舉人韓泰東長子儒童。（略）」

封氏，韓庚壽妻。中年，夫亡。守節。撫子士元成立。〔一〕〔民國時旌。〕（縣志續卷一〇上人物志第五之三列女上）

〔一〕「封氏韓庚壽妻」，原作「韓庚壽妻封氏」，餘皆雙行夾注。

何氏

何氏，太學生張藻妻。年二十八，夫殁。現年七十有六。〔一〕（縣志稿人物志節婦）

〔一〕「何氏太學生張藻妻」，原作「太學生張藻妻何氏」，餘皆雙行夾注。後有「附呈請褒揚券。右李福增稿」句。

成氏　成沐蔭　成薇仙　成氏　成氏　成氏　韓氏　成慧明

成氏，附貢謝寶樹妻，進士沐蔭女兄。幼承母訓，讀書明大義。年二十二，歸謝。事舅姑孝。越三年，夫亡，痛絶者再。忍死撫八月孤，親授之學。機絲篝火，晝夜勿輟。嘗曰：「予母而兼父者，其心苦矣。」〔一〕（縣志補卷六人物志第五之二節婦今録）光緒七年旌。（光緒縣志卷二五列女志一之三節婦今録）

〔一〕「成氏附貢謝寶樹妻」，原作「附貢謝寶樹妻成氏」，餘皆雙行夾注。

成沐蔭原名佩，字芷佩。光緒三年進士。授浙江知縣，淡於宦情，請改教職。旋謁假歸里，教授弟子。制藝詩賦，均有矩度。〔一〕（縣志續卷九人物志第五之二列傳）

〔一〕清代硃卷集成成懋勛硃卷載佩爲懋勛堂伯（叔）。光緒縣志卷一九人物志一之二選舉表下載沐蔭字叢園，浙江即用知縣。清德宗實録卷二二五：「〔光緒十二年三月癸卯，〕即用知縣成沐蔭，才具軟弱。（略）著以教職歸部銓選。」

成薇仙，清進士浙江候補知縣成沐蔭之三女。適浙江候補驛丞常光第。幼承嚴訓。刺綉餘閑，兼工詩賦。〔一〕（縣志稿人物志閨秀）

〔一〕後有「附詩賦一册」句。

成氏，監生吴永寬妻，舉人懋勛女。歸吴甫六月，夫亡。家貧，茹苦奉舅姑。守節至今三十一年。〔一〕（縣志續卷一〇中人物志第五之四列女中）

〔一〕「成氏監生吴永寬妻」，原作「監生吴永寬妻成氏」，餘皆雙行夾注。

成氏，吴斗山妻，舉人懋勛次女。年二十五，夫亡。守節至今三十年。〔一〕（縣志續卷一〇中人物志第五之四列女中）

〔一〕「成氏吴斗山妻」，原作「吴斗山妻成氏」，餘皆雙行夾注。

成氏，韓浚東妻，諸生元勛女。年二十，夫亡。守節越十年。〔一〕（縣志續卷一〇上人物志第五之三列女上）

〔一〕「成氏韓浚東妻」，原作「韓浚東妻成氏」，餘皆雙行夾注。

清代硃卷集成成懋勛硃卷載元勛爲懋勛胞弟。

韓氏，成洪妻。年三十，夫亡。撫孤棨、桄成立。光緒末，創設慈航女學。守節三十三年。〔一〕〔二十八年旌。〕（縣志續卷一〇上人物志第五之三列女上）

〔一〕「韓氏成洪妻」，原作「成洪妻韓氏」，餘皆雙行夾注。

縣志稿人物志節婦：「從九成洪妻韓氏。年二十九守節。現年五十。欽旌節孝，准其建坊。宣統二年。右李福增稿。」

成慧明，元祥女。事父母孝。守貞不字。年已二十七。〔一〕（縣志續卷一〇下人物志第五之五列女下）

〔一〕「成慧明元祥女」，原作「成元祥女名慧明」，除「成元祥女」外，餘皆雙行夾注。

修真佛堂告示碑：「〔成德寅〕妻曹氏與三女慧明素好誦經供佛，虔誠修道，由坤道師顧培德保舉民妻曹氏□立道名玉清。續三女慧明物故，民妻玉清以世界皆空，虔修佛道更誠，朝夕誦經供佛，清守佛□。」（詳藝文金石）

余氏　余净蓮

余氏，生員丁國俊妻，諸生希胡女。年二十三，夫亡。奉舅姑，撫女及螟蛉子。茹素誦經。捐舊宅改建支祠。守節至今二十七年。〔一〕（縣志續卷一〇中人物志第五之四列女中）

〔一〕「余氏生員丁國俊妻」，原作「生員丁國俊妻余氏」，餘皆雙行夾注。

余净蓮，生員希胡女。守貞不字，奉養父母。與寡姊玉蓮茹素誦經。年至今四十六。〔一〕（縣志續卷一〇下人物志第五之五列女下）

〔一〕「余净蓮生員希胡女」，原作「生員余希胡女名净蓮」，除「生員余希胡女」外，餘皆雙行夾注。

施氏

施氏，生員王式魯妾。式魯未亡時，施知疾不可爲，飲藥先式魯三日死。時年二十二。〔一〕（縣志續卷一〇下人物志第五之五列女下）

〔一〕「施氏生員王式魯妾」，原作「生員王式魯妾施氏」，餘皆雙行夾注。

高慧貞

高慧貞，泰州高家灣人。幼字蔡。未婚，夫亡。外祖某誘之至黃橋，鬻爲韓姓婢女。節資自贖，矢志不字。入藥師庵與尼侶茹素諷經。卒年七十八。光緒時旌。〔一〕（縣志續卷一〇下人物志第五之五列女下）

〔一〕「高慧貞」，原作「高貞女名慧貞」，除「高貞女」外，餘皆雙行夾注。

民國

尹文燦

尹文燦字星若。優附生。著有九章演代、新代數學二書，前經江蘇瞿學憲鴻璣、南通崔徵君朝慶鑒定，均待梓。〔一〕（縣志稿人物志文苑）

〔一〕此葉有眉批：「生存。」

王經

王經字秉綸。爲人渾樸肫誠。董鄉事數十餘年。凡公益善舉，多所捐助，而於嬰堂、粥局尤勤勉焉。在清光緒二十七年，鎮北申成莊有水灾，嘗私賑以金，德在口碑。民國四年，長黃市議會。享年八十歲，鄉人奉謚曰康惠先生。〔一〕（縣志稿人物志義行副册）

〔一〕此葉有沈文濟眉批：「民國時卒，文濟補傳。」

光緒縣志卷一九人物志一之二選舉表下載經爲長治孫，仁壽子。

黄橋鎮表微卷十

泰興　何振　輯

藝文

著述

九江府志十六卷圖一卷　明何棐、馮曾修，明李泛纂

光緒江西通志卷一〇四藝文略二：「九江府志十六卷。嘉靖六年，兵備道何棐、知府馮曾修。」〇縣志補卷七人物志第五之三藝文志：「何棐，九江郡志。黄虞稷千頃堂書目。」〇寧波市天一閣博物館藏明嘉靖刻本，半葉八行，行二十一字，白口，左右雙邊。鈐「范氏天一閣藏書」朱文篆印。前有楊一清序、凡例、目録等。後有李泛後序。一九六二年上海古籍書店天一閣藏明代方志選刊據以影印，一九八二年重印。〇二〇一九年中州古籍出版社排印本，題明嘉靖九江府志，分點校、影印二種，九江市史志辦公室編注。〇棐，有傳。

楊一清九江府志序：

國有史，郡有志。志以述事，事以藏往，藏往以知來。是故文獻足徵焉，勸戒不惑焉。夫志，史之翼也。君子參伍以通其變，小人法守以修其業。由俗以出政，省方以立教。不出書契而知天下者，稽之志而已矣。

九江地界荆、揚，當楚之衝，據金陵上游，歷代爲重鎮。郡故有志。廣陵何君棐以憲副飭兵於兹，懼故志歲久殘廢且多所疑謬，厘而新焉。質之載籍，咨之見聞，芟繁理亂，搜隱析微，而疑者信、謬者正、殘廢者修矣。志成，請予序之。

予觀其書，秩而有倫，約而弗遺。其事核，其文質而贍。或發凡以舉要，或緯圖以法象。體國經野，以爲民極，故首之以郡域。封山浚川，使同貫利，故次之以山川。設官分職，則地利可盡而民不失業，故次之以宦迹。政平治理，則教化敦而賢才興，故次之以人物。辨方正位，以居民也，故次之以宫室。搜乘補卒，以備不虞，故次之以兵衛。兵足則民附，民附而後可以時游觀、節勞佚也，故次之以古迹。存古者，莫若衛其園陵，故次之以陵墓。異教非經也，創之自古昔，今不能廢，故又次之以寺觀。該古今之變、綜事物之情者，莫若文字，故次之以詩文終焉。凡風俗之因革、制度之隆汙、食貨之盈縮、賦役之繁簡，下至溝塗津梁、倉庫遺逸，纖悉畢究，往者存焉，來者考焉。故曰「文獻足徵而勸戒不惑」，可以觀，可以興矣。

何君之莅九江也，期而報政，曰：「武備飭矣，廪庾實矣，膠庠作矣，百度貞矣。獨志弗稱耳，抑何以示久遠，且吾守者之責也。」君初爲御史，核軍功四川，遷南京大僕少卿，改按察副使，所至有聲迹。斯志也，蓋政成而後作焉，君子又以知其爲政之知所先後也。

志凡若干卷，主之者何君，始舉其事者知府東君漢，既而任其事者知府馮君曾。其相成之者，同知姜君輅也。

嘉靖六年秋九月朔日，特進光禄大夫左柱國少師兼太子太師吏部尚書華蓋殿大學士知制誥經筵官國史總裁石淙楊一清書。

李泛九江府志後序：

古者，列國必有史官掌記時政。後世郡邑，雖非封國之比，然得專祀社稷、山川之神，儼然古諸侯也，豈可無紀述邪。

廣陵篤齋何公以南京太僕寺少卿改江西按察司副使，奉敕飭兵九江。公餘稽古，嘗以舊志遺謬，爲缺典，郡守東侯漢曰：「此某責也。」方欲舉行，而有南昌之調。茲馮侯曾繼郡，慨然以此爲爲政之所先。乃請干公遺聘幣至鏡山，屬予秉筆終其事焉。予何人斯，而敢當此，辭至再。公手教益堅，於是幡然曰：「匡廬在念久矣，茲顧沮邪。」遂乘舟下石門，越浮梁。至番之芝山驛，風雨交作，意又索然。頃之，篤齋公舟適至，遂挈以往。豈非類合有此行邪。經都昌，舍舟而輿，凡二百里，抵九江城。所謂匡山、彭蠡、鹿洞、濂溪諸名勝，皆獲親歷。平生幽抱，愜矣，慰矣。竊心語：「不知何以副公所委之萬一邪。」明日，馮侯與郡貳姜君輅、節推張君得麟設宴開局，文士畢集。鄉宦則行人王君汝賓，鄉舉則柳子邦杰、陳子守仁、何子貫、陳子必升、陳子守信，庠彥則劉徽、黃獻、歐陽國光、王用、余文獻，又延莆田逸士葉綸共分硯席，對讀則儒士羅緯。於凡訛者正之，遺者補之，略者詳之，不經者刪去之，而又條具而例合之，邑分而郡總之。故予得因群力以爲力，取衆長以爲長，兩逾月而告成焉。謹序於末曰：

自昔，方輿有圖有志，所以資政治也，非但備遺忘、廣見聞而已。蓋計田賦而知公斂之厚薄，因物產而知民生之豐儉，察宦迹而知吏治之得失，論人物而知士習之浮正、俗尚之澆淳。至若興學校以明禮義，表忠節以勸風化，嚴祀典以敬鬼神，與夫據形勝、飭兵防以備四方之警，舉可按圖而知。然則志之繫於治體，不亦重且大哉。雖然，斯志也，非篤齋公力主之，馮侯克成之，姜、張二君輔翼之，一時清才遠識德侔而道合，言聽而氣同，則予以病夫退叟，亦惡得掛名圖牒，與青雲諸君子分尺寸之功於千里之外也哉。

嘉靖六年丁亥仲冬長至日，鏡山居士李泛謹序。

篤齋遺稿一卷　明何棐撰

縣志補卷七人物志第五之三藝文志：「何棐，篤齋遺稿。五山耆舊前集，泰興何氏詩存，何氏家乘，光緒通州志藝文，縣志人物。」〇清刻泰興何氏詩存本。〇清光緒十九年刻泰興何氏家乘本，版心刻「泰興何氏家乘卷之十篤齋遺稿」，書名葉題「篤齋遺稿」，正文首行題「篤齋遺稿」，次行刻「明太僕寺少卿泰興何棐輔之著」。厘爲入蜀稿，時以御史監征藍軍。入楚稿，正德壬申冬杪，班師回楚。家居稿、入楚稿、入楚稿、入蜀稿、後蜀稿、入楚稿、家居稿、南臺稿，正德二年，由浦城令擢南臺御史。入楚稿，正德四年，湖廣清戎。入蜀稿，正德五年，入蜀紀功。後楚稿，正德七年季冬，因賊聽撫，班師回楚。後蜀稿，正德八年，復被旨，由楚過陝入川。出蜀稿，正德九年四月，調廣西副使。南都稿，正德九年，以軍功擢南京僕少。北上稿、家居稿、出蜀稿，時班師回楚。入楚稿、家居稿、入楚稿、後蜀稿、□□□等。前有陶尚德序。

陶尚德原叙：

世之談詩者，率皆上法曹、劉，下宗李、杜。究之，古今異時，莫或相及。不知用意有淺深，摛詞有工拙，格律有高下，有不繫於時，不限於人者矣。好古者遺近，務華者去實，攻險譎、樂冲淡者各執所見，互爲品題。皆滯於易見之迹，鮮能深探乎理本之奥也。

維揚篤齋先生以名進士蜚聲臺諫，擢南太僕亞卿。宦迹所至，輒爲詩歌。所以舒暢襟靈、導揚隱伏者，意獨至焉。其格律之高古，辭意之渾融，非絺章繪句者所可企也。如「舟停江上月，鐘落渡頭風」「九重懸佇三巴信，萬里惟看一劍携」，可想其風度矣。

先生鄉人路户部以是集貺予。先是，予在泮時，先生鎮臨江州，大敷文教，竊叨「菁莪」之化。今拜讀瑶篇，愀然如復見先生焉。於是幸斯文之不墜，發潛德之幽光而樂書其後云。

嘉靖丁未秋七月，賜進士出身都察院右僉都御史前清理浙江鹽政舊治下門生陶尚德頓首拜撰。

泰興何氏家乘卷四墓文之余懋綸文林郎德興縣知縣襟宇公墓志銘：「侯家居，刻何氏家範、綉斧西征録、篤齋公詩集，并未梓文集，藏於家。」鏷，有傳。

楊廷撰五山耆舊集卷二引陶序：「（略）如『舟停溪上月，鐘落嶺頭風』『九重懸佇三巴信，萬里惟看一劍携』，可想其風度矣。先生鄉人路户部持先生遺稿示予。予在泮時，先生鎮臨江州，訓迪勤拳。今先生歸道山，久展誦遺編，不知涕出之何從也。」

泰興何氏家乘卷五行狀之尤瑛中憲大夫輔之公趙恭人行狀：「性喜詩。既老，興致不衰，能一咏百首。雖不皆工，而多逸思，興到出口，每便得佳句。爲文似不經意，而馳騁反覆，雄渾有奇氣。然皆興寄之迹，不足用知公也。」

楊廷撰五山耆舊集卷二附一經堂詩話：「詩筆雄健。如『舟停溪上月，鐘落嶺頭風』『盡日衹行三十里，過山何止萬千盤』等句，一時傳誦。然疵纇頗多，今略加删竄，録存如干首。」

重修安平縣志　明何坙修，明李文鳳纂

康熙安平縣志卷首之歷修安平縣志姓氏：「知縣何坙增修，萬二十三年修。教諭李文鳳校正。」○中國地方志聯合目録載天津圖書館藏明萬曆二十四年刻本，存卷六。○坙，有傳。

康熙安平縣志卷八藝文志載何坙原刻安平縣志序：

郡縣之有志，本史氏遺意，將使司牧者考焉而知所沿革耳。

安平志舊矣。萬曆甲申，都諫王公筆而修之。甲午冬，不佞承乏茲邑。閱志，中得其梗概，知王公之爲鄉邦計良殷也。先是，令安平者如傳舍，即欲展足，而不可得。余惟一日居乎其位，則一日業乎其官。若因循規避，玩愒身謀，謂朝廷功令何。甫莅事，即詢民瘼，知安平之大害有二：一商鹽，一河患。是時，商人之市鹽者數百引，日進公庭而促其直，吏民荼毒甚矣。加以滹沱河環城，内外爲巨浸，民岌岌昏墊中。余爲惻然，於是條陳五議，力請於鹽臺，而詳具治水之策呈申撫臺。其顛末委緒，備在志中所記。卒之商鹽永除，歲輸鹽課，河亦遠徙百里外。歷年大患，一旦輯寧，而民日以殷阜。顧河之徙本無定，而商鹽之禍安平比青苗法尤烈。都諫王公嘗言之當事者，罷去數年，王公没而鹽復行。今鹽臺著爲定式，邑人刻石記之，則鹽害庶幾其永瘳哉。

鄉先生崔君玉吾家學淵源，欲重修其志而未暇。因言此除鹽治河皆地方大計，其申文碑記不載，則後將焉考。必增入志中，庶使後來者洞見利害，而不爲地方階厲云。余惟治人治法兩者兼備，而後可以庇民。法，固因人以立者也。其法具在，而非得人行之，即有良法而民不蒙惠。此紙上之陳言，直土苴敝帚耳。嗟嗟。秦田不井，新室周官，彼人與法不相得也。若西門豹治鄴水，韓昌黎驅鱷魚，

寧有常法哉，亦視精誠之孚民何如耳。後之司牧，其撫字措置必有獨得於心、爲安平百世福者，試考志中所續記，亦足爲良醫壽民之一方也。是爲序。

時萬曆丙申秋八月吉旦。

綉斧西征録一卷　明何鏷編

四庫全書總目卷六四史部二〇傳記類存目六：「綉斧西征録一卷，兩江總督采進本。明何鏷編。鏷，泰興人。萬曆戊子舉人。是編載其祖何棐正德間以御史監軍征蜀寇鄢本恕、藍廷瑞之事，所録皆序記贈咏之類。開卷即題第十二卷第二十二頁，其標目則題泰興何氏家乘，中間又題曰西征捷音、西征圖咏，名目紛然。蓋本刻於家乘中，此乃拆出半卷别行者耳。」〇縣志補卷七人物志第五之三藝文志：「何棐孫鏷編，綉斧西征録一卷。四庫全書總目存目，續通志藝文略，光緒通州志藝文，縣志人物。按：續文獻通考『録』作『記』。乾隆通州志藝文，嘉慶志人物，泰興何氏家乘均作『何棐西征録』。嘉慶志藝文『西征』則作『征西』。」〇明萬曆刻本，佚。泰興何氏家乘卷四墓文之余懋綸文林郎德興縣知縣襟宇公墓志銘：「侯家居，刻何氏家範、綉斧西征録、篤齋公詩集，并未梓文集，藏於家。」〇清光緒十九年刻泰興何氏家乘本，祝世禄序題「綉斧西征録」，書名葉題「西征録」，版心刻「泰興何氏家乘卷之三」，中間題「西征録序」「西征録啓」「西征捷音」「西征圖障」「西征圖咏」「西征録小引」「西征圖記」「西征録考」等。前有侍御篤齋公像、崔桐侍御何篤齋先生像贊、周慶年西征圖等。後附書簡，共二十四札，有何芹孫引。是刻目録載家乘卷首。〇鏷，有傳。

祝世禄綉斧西征録序：

前侍御維揚何公監軍靖蜀後八十年，其孫鏷來令吾邑。裒其所得綸誥紀咏爲西征録，徵序於不佞碌碌。

按：武宗御極之三年，蜀寇鄢、藍、喻、廖嘯聚，聚至數十萬衆，於是起林貞肅公田間而柄之兵。五年，又命大司寇洪公鍾總師秦、定、兩川。六年，中丞藍公章以師濟，鄢、藍授首，夥黨剿散。會貞肅公去，寇復張。八年，始以彭襄毅公節制。明年春，殲廖縛喻，寇以蕩平。

法曰臨敵易將者敗。則何以不敗也，監軍之力也。當武廟時，貂璫釜鬲於内，將吏首鼠於外，一柄而衆持之，其何以爲政。使公稍挾猶豫，不能爲三軍旗鼓，蜀事且不知所税駕。故余謂監軍之功不在首虜，要之調衆畫，一群情。無用之用，用滋大耳。

矧貞肅、襄毅一時巨艾，與公共當一面，終始交歡，形於篇什，則公之爲人可知已。乃者，劉、孛煽禍寧夏。魏公統戎，葉公爲應援，朱公犄角，蕭公守，李公專征，事權之不一，視公當日有加焉。賴梅公國楨以侍御監之，卒成厥功。今梅公節鎮雲中，功伐炳奕且未艾。而公竟以不屈璫瑾，一麾江州兵備而止。則功名之際，豈不堪三嘆哉。

然余不獨爲公嘆也。重慶之役，播酋業已就理，卒縱之逸。彼且憑陵巖險，擾我邊鄙，劉我人民，損我威重。弊在以嫌生疑，以疑生賄，賄不已而激，激不已而畏。故柄事者嫁禍於剿，大抵以開釁者初非其任，而急欲杜釁以爲己功。貪畏相乘，中外相左。即有露刃斫案、嚴誅賞以振士氣如監軍，其人能無掣肘。

昔夏氏竊據蜀土，高皇帝不遽用兵，而卒不免用兵，蓋亦慮後之人重言戰也。今以西事習九邊，以九邊習東夷，而至於罷戰議封。高皇英爽在天，或者不無少望。曰馭夷之術，專務羈縻，將坐而聽之乎。則余何敢言，而姑弁諸西征録之首。

先太僕公監軍川、陜，與一時公卿往來書札甚多。舊譜未載，原簡又皆散佚，不獲全覩。不肖芹孫搜輯家藏，僅得若干，補刻於後，寫式悉照原簡。

何芹孫引：

泰興何氏家乘卷五五栞公支三房譜傳：「芹孫，震長子，字雍芳，號亦崖。庠生。」卷首之雍正元年張玉履重修何氏家譜序：「吾甥雍芳毅然興繼述之志，舉其族譜，廣搜博采，加之潤色。積日累月，厥有成勞。稿已付梓，請弁其首。」書簡當此時所增。

西征圖，落款「修亭畫」，刻「慶年」朱文篆印。光緒縣志卷二三人物志二之三嘉慶以來列傳：「國朝以來以畫名者。（略）周慶年字修亭，亦負重譽。」故知圖爲後人所增入。

德興縣志十四卷　明何鏷修，明俞廷佐、余懋綸纂

光緒江西通志卷一〇四藝文略二：「德興縣志十四卷。萬曆二十四年，知縣何鏷修。」〇佚。

康熙德興縣志卷首之萬曆二十四年知縣何鏷序：

古者，列國各有史官掌記時事，以備觀省而垂勸戒。今郡邑之有志，非即古列國之有史乎。江以西，饒爲上郡。德興爲饒隸邑，其間山水明秀，毓爲人文。理學則有程蒙齋、董盤澗、余安直、祝觀物，名臣則有張節度、汪彦章、余心耕、祝約齋、孫歲寒、孫冰蘖祖孫光啓，宦績則有董惟坤、朱重惠，隱逸則有周冠玉、姜饒章、笪月庭，貞烈賢媛則首稱夏孝貞、余雪玉。其瑰瑋奇邁、炳耀今昔者

不可勝紀，咸於志焉，足徵也。顧志自永樂年間僅傳抄本。迨世廟時始一纂修，付之剞劂氏。然亦略而未詳，觀者病之。迄今數十年來，尤多殘缺不及。今更爲修輯，無論挽近無稽，即往哲芳規、名區古迹，其不至於泯没者幾希矣。

不佞鏷癸巳冬承乏莅兹邑。慨志久湮弗修，竊欲圖之而未逮也。頃者，郡伯林公拊循全饒，恩信流洽，吏士翕然嚮風。暇之日，注意郡志，博采七屬邑而纂輯，且垂成爲不朽盛事。不佞鏷因有感焉，乃敦請廣文冲臺俞君、孝廉南華余君特秉椽筆，而又延邑庠譽髦士如余生柔、張生德篆、王生國用、孫生士觀等相與訪求父老，參酌古今，搜剔叢藪。凡舊志所未及者，增益補葺之。刻期已成編，余詳閲之，大都義例精確，體裁簡古，文而核，直而不阿。其有裨於文獻者，非渺小也。後有作者，稽宦牒而可以思治，睹鄉評而可以思賢，覽山川土田而可以思興廢，觀民風物産而可以思隆替。然則斯志也，庶幾哉與郡志并垂不朽乎。

余樂觀梓人之告成，故撮其大略而叙之如此，以驗來者。

又萬曆二十五年尚寶寺卿祝世禄序：

饒有七邑，介在「東滙」之東，大都以水勝。獨德興邑萬山中，岺嵂迴環，蒼翠萬狀。泊水西流，實源彭蠡；少華左峙，可亞匡廬。東距浙，北距新安。三省交牙，四塞爲境。朝代薦更，兵燹罕被。民俗樸茂，簡出重遷。聚族而居，往往來自唐、宋間。

漢縣銀城，隋場銀冶，惟德乃興，因爲邑名，蓋至南唐始見於職方。父老相傳故有宋志，予不及見，第見永樂、景泰二志傳寫民間，不隸官府。嘉靖之季，西蜀許侯始一修而刻之。於時，載籍寥寥，多屬草創。甫及脱稿，侯且報遷，當事不戒，邑人士好張家世，不無竄而入之者。而其亥豕舛駁，篇帙錯落，更復不少。觀者病焉。

越四十年，廣陵何侯來令吾邑，政尚廉平。自公多暇，慨前志之久苐，懼來兹之無稽，雅有意乎邑之文物。會郡伯林公下檄諸邑，於是咨諏遺逸，商訂義例。以孝廉署廣文事俞良仲、邑孝廉佘言卿二君素以耿介聞，屬之秉筆，而佐之以佘、張、王、孫諸生，相與進退今昔，校讎同異，芟繁撮要，厘訛補遺。歷期月而始成書，爲卷十四，爲綱十二，爲目七十三。志山川以表形勝，志建置以表經制。物力纖嗇，而竭澤反裘之是虞，則食貨次之；世變江河，而起敝維風之是急，則風俗次之。官爲民設，故次職官；人以地杰，故次人物。以至仙釋、祲祥、藝文、方伎，以博雅家所不吐棄者，附以志焉。璧聯珠貫，縷析條分。雖大端一禀於君侯，而二三君子殫力紬繹以維絡乎其間，良亦勤矣。乃其難無如人物一志。志故無刻。嘉靖之役，邑人士第執家乘以徵邑乘，家私而邑公，其有不當輿論者不收爲易，而或不免於收之。今此之役，稍有易置，孝子慈孫且執故乘以徵今乘，故習而今未定，甚至訟言於庭。以二君耿介，威富不移，猶自志其慚於凡例，中世奈何易言志哉。

往予令休寧，懵焉不解。視已成事，藉前志之益爲多。今者，得君侯志吾邑，越在官方，不獲載筆。從二君後，攄一得之愚以佐末議，殊爲嗛嗛。我國家令甲齊之人不以治齊，楚之人不以治楚，勢必使捧檄千里交治之。其風習，東西南北不埒也。邑人士身處宇下，心知之而不能口之也。此物此志，具不下堂皇，而周遭百里，上下千年，興敗之繇，如指諸掌。按籍得俗，按俗得理。則君侯所貽於繼君侯者，遠矣。不佞重爲邑人士幸，又重爲後之令吾邑者幸，遂不辭而弁諸首簡。

智泉志一卷　明何南金撰

黄虞稷千頃堂書目卷八地理類下：「何南金，智泉志一卷。」○佚。○南金，有傳。

莆陽獄詞一卷　明何南金撰

縣志補卷七人物志第五之三藝文志：「何南金，莆陽獄詞。何氏家乘，一作『麗泉勘語』。」○清光緒十九年刻泰興何氏家乘本，版心刻「泰興何氏家乘卷之十四麗泉公勘語」，書名葉題「麗泉勘語」，卷端題「麗泉公莆陽獄詞」。

悲華館詩草一卷　明何南金撰

徐乾學傳是樓書目：「悲華館詩集，二卷，明何南金。二本。」○縣志補卷七人物志第五之三藝文志：「何南金，悲華館集二卷。崇川詩集，五山耆舊前集，泰興何氏詩存，康熙志選舉表，乾隆通州志人物，又藝文，嘉慶志人物，又藝文，光緒通州志藝文，縣志人物。按：徐乾學傳是樓書目作『夢華館集二卷』。一經堂詩話『集』作『詩』。何氏家乘作『悲華館詩草』，一作『麗泉初稿』。又按：自崇川詩集以下均無卷數。而徐氏傳是樓藏有此書，云二卷，當可信。其以『悲』爲『夢』，蓋誤字也。」○明萬曆莆田縣署刻本，佚。康熙興化府莆田縣志卷八職官志：「何南金，泰興人。萬曆三十六年，以進士知縣事。（略）著有悲華館詩集，刻署中。卒於官。」卷七職官志載南金萬曆三十六年至三十八年任知縣。○清刻泰興何氏詩存本。○清光緒十九年刻泰興何氏家乘本，版心刻「泰興何氏家乘卷之十一麗泉初稿」，書名葉題「麗泉初稿」，正文首行題「悲華館詩草」，次行刻「明莆田令延令何南金許卿著」。前有黄理序、何爾壽引與單思恭序等。後有南金傳。何、單二文字形近方，不似其他稍長。

黄理序：

臯與泰接壤，予家於臯耳。何氏爲泰望族，代有聞人。其最著者，在明則侍御、莆田兩公，國朝則秋山公。既得交其裔芸樓先生，先生温雅誠篤，有古君子風，舉於鄉，出山左張公之門。公來牧於通，泰、如皆屬邑。先生每往州必由臯，由臯必過予謀竟日歡。今春，復膺張公聘，衡童子試，至則袖所梓三公遺稿見示，且曰：「吾莆田公有舒公序，散佚莫稽，子曷爲我補之。」予樂得三公之著作畢讀焉。其古體俱出入漢、魏、六朝，近體則臻唐、宋諸大家。而莆田公尤復春容大雅，古艷非常。凡山川游歷、友朋贈答、國事民生，無不隱寓諸胸中，發而爲詩，駸駸乎得三百篇遺意。顧序侍御公詩有陶氏，序秋山公詩有王氏，皆當代知名士。予何人，敢襄茲役。而先生囑益力，謂吾與子爲文字交，序吾先人遺稿，非子誰屬，若必計其知名與否，得毋猶有世俗之見存耶。予不敢辭，謹述其得讀公詩之原委以應。至公爲勝國名進士，宰莆田，多異績，則泰之邑乘備載之，毋庸予多贅云。嘉慶乙丑麥秋，如臯後學黄理艮男謹序。

何爾壽補刊單序小引：

甚矣，文章之顯晦有時也。吾族祖麗泉公生勝朝，夙負文譽，與泰州儲公巏、同邑張公京元號「淮南三俊」。既而以名進士宰莆田，才華經濟，輝映邦家，盛矣哉。公之治績，於勘語略見一斑。至其生平著作，若制舉文及十笏齋詩稿俱散佚無存，所存者，唯悲華館初刻而已。今觀集首黄序，係國朝嘉慶時補撰。相傳原序爲公師舒元直大令筆。久失去，從未知舒序外更有單序也。光緒乙酉，邑侯楊君重修縣志，聘崇川顧姓谷進士主纂，予亦分校其事，因得搜羅闔邑舊族各記載。忽於故楮中得單思恭悲華館集序，亟讀之，淵淵作金石聲，酣嬉淋漓，幾欲生吾麗泉公於腕下，可不謂奇構歟。顧何以自前明迄今歷三百餘年不知此序落何處，一旦津劍浦珠兩美竟合。非有神物呵護，不至此。顯晦有時，不信然歟。顧君既將此序載入縣志，適家乘亦有重修之役，因恭録原文，付手民補刊之，以弁於麗泉公詩集之首，且述其緣起以志賞心。光緒丁亥榴月穀旦，二十一世族孫後學爾壽拜手敬題。

單思恭悲華館集序：

思恭來游延令，有私恨焉，有私喜焉。客曰：「離況索歟。土風樂歟。」此非思恭所由恨且喜也。顧念遲吾游十許載，令吾眼中無生許卿先生。而又念幸從敗楮中手録其遺文成帙，令吾腕下猶不死許卿先生。於是乃爲序，序曰：

吾今知異人私材於天固別生美氣也，蓋談構撰於今代竟難乎爲材矣。語韻者束之以徘，壓之以格。其什五酬送慶吊，非必其所欲爲也。卒無不應者，辭多而情寡，衰也滋甚。間一二工矣，又多拙於文苑。句不得五七字外，篇不得什百語外。文其詩而詩其文，兩端相笑，未有訖時。更可太息者，則方童子十餘齒，先入以講師蒙説，既乃中以薄士制義。悲哉。往而不返也，美氣絶矣，焉得材。

吾讀許卿先生構撰，而乃知異人私材於天果別生美氣也。客曰：「如何。」曰：「客且無遽衡先生構撰，試與道先生狀。不佞蓋聞之延令人云，先生二十年授經糊口，宜淋漓齒頰者，論語諸書而止。又所得脯資，隨手散去，且不能購古籍，何由漁獵。即爲孝廉，小展矣，而猶十年許淫思制義，不攝魄，不休其狀。咸若與詩、古文辭左。蓋頃數年，而天下始好以才士之業合制舉家言，在爾時，猶未也。一冠進賢，復苦作吏手，扳簿書，了當公事已耳，乃安能得此。餘晷，世上異書悉從兩眼入，飽胸腹間，而出之腕下。泠泠乎，仙仙乎，其詩耶。刁刁乎，調調乎，其文耶。鏗鋐大篇，寥寂短章，或縱横衝擊，或游戲俳諧，咸極要妙意。其人眉目唇吻間盡靈異之色，一以爲騷人，一以爲文人，有美氣而無蒙氣。今死矣，猶有生氣而無死氣。若此者，客以爲何如也。且客不睹夫吾郡之先才鬼乎。以子相之韵言而文筆縛焉不副，況乃其下者，賴先生一宕其靈而脱其縛也。熾哉。廣陵遺散，不在天上，不在地下，而在先生七寸管耶。是思恭所由喜也，恨乃不勝喜。雖然，雅聞先生酒人仙吏，半世風流，殊不自押。嗟乎。嗟乎。使臣得遇何先生，當有心醉神酣、不虚吾游屐者。乃當吾世而失之，徒令濁遺風於十畝之故宫、二三之老宿與夫寸楮尺編之上，且其遺文散落者猶什三也。」客曰：「嘻。是子所由甚恨耶。喜乃又不勝恨矣。」

十笏齋集　明何南金撰

光緒通州直隸州志卷一六藝文志、光緒縣志卷二〇人物志二之一宋元明人列傳皆載此序。單思恭甜雪齋文卷一載此序，題何許卿先生全集序。

單思恭甜雪齋詩卷七有存目詩定何許卿先生遺集敬題其後兼示郎君無忌二首。

縣志補卷七人物志第五之三藝文志：「〔南金，〕十笏齋集。崇川詩集；五山耆舊前集；康熙志選舉表；乾隆通州志人物，又藝文；嘉慶志人物，又藝文；光緒通州志藝文；縣志人物。按：一經堂詩話『集』作『稿』。」〇佚。

王稚登延令纂卷下何許卿詩序：

九莖出於枯壤，特苗秀乎阪田。豈惟在地爲然，人亦有之。蓋余讀許卿詩，而嘆篠簜之材，非會稽必産；璆琳之寶，非昆岡獨擅矣。昔揚州以跨鶴誇雄，唐昌以看花表異。淮南，故文物名都也。海陵乃其附庸，延令抑惟甌脱。邑渺渺兮彈丸，江濺濺乎衣帶者耶。不意何郎投生此土。一斛之水，藏蛟龍而氣靈；數仞之丘，栖賢碩而名顯。洵美許卿，非蛟龍與賢碩哉。夫其書富三篋，才盈八斗。亭亭孤映，皎皎絶群。嬝如春柳縈烟，艷如芙蓉出水，爛若山雞吐綬，巧若冰蠶抽繭。斯不在星爲珠、儷月成璧耶。君方修青雲之業，名滿公車。異時，矯首天路，振羽赤霄。入銅龍，登白虎。把袂子雲，拍肩曼倩。寧徒執牛耳於一方，江左雕龍之彦皆槃水捧劍而趨矣。

泰興何氏家乘卷四墓文之朱一馮文林郎莆田縣知縣麗泉公墓志銘：「公冥搜强記，以爲制舉之業。鉥心劌腎，自闢震旦。（略）乃若盤礴爲古文詞，披華振秀，模仿六朝，殆欲逼真。而其擅場尤在律詩，沉鬱悲壯，是杜工部的派。大曆以下，可衙官矣。（略）公所著有十笏齋、悲華館諸集，傳於世。」

楊廷撰五山耆舊集卷一二：「（南金）著有悲華館、十笏齋集行世。」又附一經堂詩話：「先生年十六補弟子員。南昌舒公曰敬令泰邑，負人倫鑒，以國士待之。萬曆丁酉舉於鄉，丁未魁南宫。宰莆田一載，卒於官，莆人爲之巷哭。泰州儲公巏稱其制舉文劌目怵心，獨闢蹊徑。惜散佚不傳。詩名與同邑朱僉都一馮、張提學京元齊名，并稱三才子。晚年有十笏齋稿，亦不傳。悲華館詩多諸生時作，舒元直先生所點定也。先生詩，五律最上乘，尤工於起勢。如山中晚步云『忽覺一林寂，幽巖鳥定初』，秋夜獨坐云『落月一聲笛，蕭然秋思生』，西湖泛舟至南屏云『亂水疑無地，湖南忽有峰』，皆可直接唐人。外如『鳥啼公吏散，甕熟故人來』『久客蒼頭狎，還家白髮生』『暗泉藏宿雨，老衲挂寒雲』，風流自賞，洵不愧才子之目。」

泰興何氏家乘卷一一悲華館詩草附南金傳：「公諱南金，字許卿，號麗泉。生嘉靖辛酉。（略）同邑朱僉都一馮稱其制舉文劌目鉥心，自闢震旦。惜散佚不傳。晚年有十笏齋詩稿，亦不傳。此初刻悲華館詩多諸生時作，舒元直先生所點定，間有孝廉時作附焉。里中相傳公與泰州儲公巏、同邑張公京元一時并稱才子。此雖少作，亦吉光片羽之足珍已。」

光緒縣志卷二〇人物志二之一宋元明人列傳：「南金早負文譽，世稱所作劌目鉥心，自闢震旦，與泰州儲巏、同邑張京元號『淮南三俊』。」縣志校卷五上人物志第五之一宋元明人列傳：「何南金，楊廷撰一經堂詩話云『與張京元、朱一馮稱三才子』，以其爲同時同縣人也。顧氏修州志據之，易其文爲『延令三俊』。及撰縣志，乃謂與泰州儲巏、同邑張京元號『淮南三俊』。考明史儲巏傳，成化二十年進士，正德中以南京户部左侍郎卒官。南金、京元，萬曆中進士，距巏登第時已百餘年，安從得此號也。」

正思堂詩草一卷　清何龍光撰

縣志補卷七人物志第五之三藝文志：「何龍光，正思堂詩草。泰興何氏詩存，何氏家乘。按：嘉慶志藝文作『秋山詩集』。家乘載是書王式丹序，作『何秋山詩集』。續五山耆舊集，縣志人物『草』均作『集』，云二卷。又按：五山耆舊今集有『秋山存稿』，考家乘『正思堂詩草』又題作『秋山存稿』，實一集也。如皋沙元炳之志頤堂藏有泰興何氏詩存一册，不言卷數，明何棐篤齋遺稿、何南金悲華館集各爲一編，清何龍光正思堂詩草爲一編，蓋據何氏家乘本翻刻行世。觀此，益知作二卷者之誤矣。」〇清刻泰興何氏詩存本。〇清光緒十九年刻泰興何氏家乘本，版心刻「泰興何氏家乘卷之十二秋山存稿」，書名葉題「秋山存稿」，正文首行題「正思堂詩草」，次行刻「邗東何龍光大山著」。前有王式丹序，何爾壽引，秋山遺照、題咏與何湘識語等。〇龍光，有傳。

王式丹正思堂詩集叙：

嘗聞昔人謂窮乃工詩。而何以今所稱工詩者多不必窮，窮人之詩曾未見有一二指以爲工者也。

豪華温厚之族，俾與憔悴專一者較其毫厘分寸，其工拙吾不敢知。但一語出，輒爲之詡獎不休，漫謂凌顔轢謝、超岑軼杜。一人倡之耳，食者附之，而若人工詩之名轟然矣。窮則不然，人而窮即爲舉世所擯賤。窮而有詩，即以擯賤其窮之心擯賤其詩。一人倡之耳，食者附之，而若人之詩鮮有知其工者矣。

延令秋山何子爲吾郡故家，負不羈之才，雅嗜聲韵。嘗襆被游萬里外，山川秀麗、景物蕭條，無不收拾於奚囊竹簏間。其爲詩也，縟而不釀，縮而不窘，平淡而不涉於俗，精深而不浮於巧，何其工歟。顧老不一遇，邱園養素，冲寂無聞，徒使陸離光焰虚燭於荒江老屋之間。嗚呼。何子之窮且日以甚，吾又烏知夫見何子之詩者之必以爲工耶。然文章之得失，當有定分。今之漫謂凌顔轢謝、超岑軼杜者，不數十年而棄擲磨滅，等於糞壤。而吾何子之詩，且將越久彌新而未之有艾，則又不得謂「窮乃工詩」之説之終不然矣。

余未得交於何子，家弟桐孫數爲余言其爲人，因出其詩以觀，遂從而序之如此。

康熙丙戌花朝日，婁郁王式丹序。

何爾壽補刊秋山公遺照小引：

十四世族祖秋山公，騷壇名宿也。負抑塞磊落之才，不屑屑於功名富貴，而肆力於韵語。嘗橐筆爲汗漫游，每有會意，輒爲吟咏。凡以自寫其性靈，非若尋常之妃青儷白以爲工也。前輩王樓村殿撰爲之弁言。而吾曾叔祖芸樓公復將正思堂原稿刊入家乘，與吾十世祖篤齋公、十二世族祖麗泉公所存兩集若鼎足然，可謂風雅嗣響矣。兹因續修宗譜，其裔孫蔭堂族弟檢公之遺照見示。觀其古色斕斑，布景寫真的係名手，并諸巨公之題贈在焉。予宿重公詩，得睹遺照，彌仲景仰，兼嘉陰堂弟能敬承祖澤，遂與西山叔商酌。爰命梓工摹繪上版，所有題贈亦依次附刊，即裝列正思堂詩集簡端，俾讀公詩者兼得窺公之容也，謂非後嗣幸事哉。刻既竣，謹述數語以志其緣起。光緒十九年歲次癸巳仲夏之吉，二十一世族孫後學爾壽拜手敬題。

何湘題咏、識語：

吾鄉前朝盛風雅，輩輩能吟復能寫。餘韵流傳昭代初，尚有鷄壇争入社。先生吾之高祖行，踽踽逸民遁荒野。蒯緱芒屩游幕府，平生踪迹半天下。身後一卷落吾手，八十年遇知音者。校勘剞劂播藝林，英氣如逼墨如灑。諸昆恂恂對門居，每瞻遺像不能捨。後生今亦鬢皤然，能騁尻輪飛意馬。追公洪崖浮邱間，共酌天漿分一斝。

十四世族祖秋山公詩稿，湘已校勘刻入家乘。兹以采臣弟囑題遺照，率爲俚歌，仰希仙鑒。十八世族孫後學湘拜題。

魏周琬充射堂文鈔正思堂詩序：

今人喜説詩，其實何所得詩。如煮鬯燒薰，作者自領於其意而止，非以爲鬻歌假食者也。予庚辰入延令，得交於秋山何丈。越今兩年外，不甚昵熱，而内實切切相固。時録詩以示，擲筆徑去，未嘗問小小有得失否也。何丈舊不得志，去而之北鞮，渡馬桑乾，出入嚣嚣戎徒間，幾已就功名。然性本好嘲咏，卒悔而歸隱於延令城東四十里之黄橋。大率所居荒凉，薄田數畝，妻子饘粥不具，夏緼一葛，冬則敝絮單席而已。乃其爲詩，劇有名稱，城中善詩者喜與之往還。每酒酣後，尋述生平舊事，戲笑懟恨，靡態不爲，未嘗閉所不當言作踽踽深涼狀，以有一毫欺於胸中也。及道曩所經處，若彈劍出聲，忽蕭蕭邊氣動几席間，使有雄心者不覺拊髀頓起。至其交朋友，憂樂一如在己，而性實介然，耻乞假於人。假此以談何丈之爲詩也，倜儻而忠信，聞見廣以肆行，孤清而不污。雖不知詩之有體，而能使常有其體，有所咏歌嗟嘆。宜其纏惻廉悍，至於感人之深，非夫摸擬竄竊、取青媲白以求見鬻之徒之所得虱於其間也。爲詩如何丈，可念哉。

蜂情集 清何龍光撰

佚。

張丕揚木田詩鈔卷八題何秋山蜂情集：

白傅風流，傳「楊柳」「櫻桃」之句；端明放達，有「冰肌玉骨」之歌。蓋我輩鍾情，原不隨雲駛水逝；縱詩人老去，肯令其響寂音消。秋山先生少負奇才，生多逸興。滄江歸卧，英雄氣短而兒女情長；華館高吟，綺語難除而艷思有寄。漫云柔腸成百結，敢辭狂浪之名；願向花間活一生，甘逐燕鶯之侶。蜂情名集，猶思筆底餘香；泥絮思飛，我亦風前增慨矣。

泰興何氏家乘卷一二正思堂詩草内子出釵鈿爲余刻詩賦此志感：「杜老從初好，荆妻念苦吟。鈿釵傾籠次，卷帙授書林。梨棗寧邀譽，丹黄務賞心。悠悠身後事，可否有知音。」

同書卷七傳贊之瞿照秋山公傳：「年弱冠，矢志不羈。嘗襆被游萬里外，山川險阻、景物蕭條，多所睹記。發而爲詩，駸駸乎得三百篇遺意，王樓邨先生嘗以『平淡不涉於俗，精深不浮於巧』賞贊之。如州縣志所載及正思堂存稿，皆一時名手所選録，王桐孫先生所點定，近、古兩體俱有漢、魏、六朝及三唐餘韻。」考其所依王式丹正思堂詩集叙，恐正思堂存稿未必由名手選録，王令樹點定。

楊廷撰五山耆舊今集初刊卷三引季慎行延令世説：「何秋山爲吾郡故家，負不羈之才。嘗襆被游萬里外，山川景物，悉收拾於奚囊竹篦間。人有訾其詩者，或告之，輒怡然曰：『彼訾我，豈不勝於譽我耶。』其簡傲如此。」

同卷：「王樓邨曰：『何秋山詩縟而不支，縮而不窘，平淡而不流於俗，精深而不浮於巧，宜其越久而逾新也。』」

同卷附一經堂詩話：「秋山詩不尚聲臭，得自然之趣。五言如『借水通花徑，裁山入草堂』『城遥風送柝，市近水摇燈』『掃地迎新霽，扶花待小春』『竹凉聲似雨，薜老夜成雲』『風葉沿溪走，昏烟蓋水平』『天寒鶯語澀，春老雁行稀』『花月頻催老，窮愁且放閑』『數椽都映竹，一歲未離花』『鶴老栖塵骨，松孤出世心』『移衾鄉夢續，安枕客囊空』『秋老聲歸樹，天低影入山』『閑撑看世眼，老剩讀書心』，七言如『細響通橋冰下水，微茫射月瓦中霜』『青浮遠浦漁炊岸，白點平蕪鷺立田』『不盡松聲孤磬裏，幾行雁影夕陽中』『無端春色偏忙過，有限花時每浪開』『引客尋花迷蝶路，逢僧憩樹見烏巢』，均堪諷誦也。」

泰興何氏詩存三卷

縣志補卷七人物志第五之三藝文志「正思堂詩草」條：「如臯沙元炳之志頤堂藏有泰興何氏詩存一册，不言卷數，明何棐篤齋遺稿、何南金悲華館集各爲一編，清何龍光正思堂詩草爲一編，蓋據何氏家乘本翻刻行世。」○徐雁平清代家集叙録：「泰州何氏詩稿（江蘇泰興）三卷。何棐等撰。清永豐鎮何氏宗祠刻本。上海圖書館藏本。目次：篤齋遺稿，何棐（輔之）撰，收詩162首；悲華館詩草，何南金（許卿）撰，收詩178首；正思堂詩草，何龍光（秋山）撰，收詩233首。」上海圖書館著録爲「何氏詩存三卷，一册，清刻本」，因新冠肺炎疫情而未能目驗。

泰興何氏家乘卷一一悲華館詩草之嘉慶十年黄理序載何湘刻棐、南金、龍光三人遺稿而請補序南金集。此或有關於詩存。

痧症全書三卷　清林森傳授，清王凱編輯，清何汾、何湘删訂

縣志補卷七人物志第五之三藝文志：「何汾、湘，删訂常州王凱痧證全書三卷。浙江圖書館書目。按：何氏家乘作『何汾痧症書』。」〇上海圖書館藏清嘉慶三年序刻本，三册，半葉九行，行二十二字，白口，四周雙邊。卷端刻「痧症全書。閩中林森藥樵傳授。毗陵王凱養吾編輯。泰興何汾丹流、湘芸樓删訂，孫鴻敬承、鵠侍臣參校」，何汾序題「删訂痧書」，目録題「痧症全書」。鈐「念修游目」「上海圖書館藏」等印。內有朱筆批語，多起以「杰按」。前有何汾序。中國國家圖書館等亦藏是刻。〇中國中醫古籍總目所載此書刊本頗多。浙圖所藏爲清光緒四年慈幼堂刻本。〇二〇〇九年雲南民族出版社排印本，題痧症全書譯注，鄭祖榮校注、譯釋。

〇汾、湘，皆有傳。

何汾删訂痧書序：古無「痧」字，本作「沙」，今俗作「痧」，又省作「痧」。

痧無專書。雖古有絞腸痧、乾霍亂、青筋、白虎、中惡等症治，而禁忌未明，剖析未盡，千古如在暗室，醫家托爲怪症。稍知推拿焠刮者又禁人服藥，迷誤就斃，可勝悼哉。康熙初，林藥樵始以痧書授王養吾。丙寅，刻晰微補化全書，未廣流傳。乾隆丙午，江寧有重梓施送者。沈氏尊生書亦已收入。

而見者卒鮮，爰爲删纂開雕。較原書詞理簡净，視沈刻眉目清疏。中有疊出數見者，便於倉猝檢閱，對症施治，毋嫌煩複也。方名原取六十四卦，今改八音分紀，省字數，易記查耳。家置一册，庶幾識所忌宜，無誤身命。倘有同志益廣其傳可也。嘉慶三年歲次戊午，泰興何汾丹流氏志。

附原書正誤一條

醫家不信有痧。頭痛則用紫蘇、麻黄發汗，腹痛則用木香、枳實温中。不語直視，則認爲陰症，而用桂附、乾薑；卒倒脉伏，認爲中風，而用牛黄、蘇合。小兒則誤作驚風、痘疹，婦人則誤爲經阻血凝。立刻殺人，可勝惜哉。人祇知絞腸痛是痧，不知有不肚疼而種種雜症之兼現。疑似之間，必當詳究也。

耕道堂詩草一卷　清何湘撰

館閣試律説注釋卷首之嘉慶六年何湘序例：「會齋中刻痧症方書，因請并授之梓。」

縣志補卷七人物志第五之三藝文志：「何湘，耕道堂詩草。何氏家乘，一作『芸樓存稿』。按：縣志人物作『芸樓詩稿』，蓋即『詩草』之又題『存稿』者，實一集也。」〇清光緒十九年刻泰興何氏家乘本，版心刻「泰興何氏家乘卷之十三芸樓存稿」，書名葉題「芸樓存稿」，正文首行題「耕道堂詩草」，次行刻「延令何湘芸樓著」。

楊妃菊詩　清何湘撰

編入耕道堂詩草。

泰興何氏家乘卷一三耕道堂詩草咏楊妃菊次韵序：

鄉愚不能詩，亦嘗留心押險韵枯韵之法。甲戌秋杪，有述前人咏楊妃菊者，句云：「命委馬嵬坡畔泥，驚魂飛上傲霜枝。西風落日東籬下，薄幸三郎知不知。」才三韵，而「支」「齊」通押。本不當效顰，乃或激賞過情，一似更難措筆者，因戲爲疊韵。草草口占，都不稱意，往復不已，每得十餘稿，輒以呈伯兄恒夫老人。吾兄固不談聲律，而深知一切利病者，乃爲細意推敲，斟酌芟潤。擇其少有意致者得百四十八首，命子侄輩録而存之。工拙無足言，適令見者詫其猶有童心，可資一噱而已。乙亥初春，耕夫燈下識。

丹桂山房文集　清何湘撰

佚。

館閣試律説注釋二卷　清何汾、何湘編

余藏清嘉慶九年序刻本，二卷，四册，半葉十行，行二十二字，上魚尾，下黑口，左右雙邊。版心題「試律説注」，目録首行刻「館閣試律説目録」，何湘序例首行題「館閣試律説注釋」，次行刻「崇川孫奎斗泉審定」，三行刻「泰興何汾丹流、湘沄流輯釋。受業甥潘人麟玉函同纂」。目録後刻「金陵杜新甫刻」。前有吴錫麟序，首葉右下刻「延陵後人」朱文篆印。缺書名葉。北京大學圖書館等亦藏是刻。張定藏是刻一函二册，大體缺第二、三册，書名葉中題「館閣試律説注釋」，右上刻「嘉慶辛酉年鎸」，左下「耕道堂藏板」。○上海圖書館藏清積秀堂刻本，因破損而未見。二〇一五年經學文化稀見清代四部輯刊第六輯第七九册影印積秀堂本，四卷，半葉十行，行二十二字，無魚尾，下黑口，左右雙邊。版心題「試律説注」，序例首行題「館閣試律説注」，目録首行刻「館閣試律説目録」，次行刻「崇川孫奎斗泉審定」，三行刻「泰興何汾丹流、湘沄流輯釋。受

業甥潘人麟玉函同纂」，書名葉左刻「館閣試律説箋釋積秀堂藏板」，右「泰興何芸樓評選」。序例落款在「蛇足云爾」行後。前無吴序。○石家莊市圖書館藏清書業德刻本，二卷，四册。

吴錫麟序：

洪惟我國家重熙累洽，文運光昌。自乾隆丁丑會試加試帖一首，嗣後鄉會場著爲令典。海内操觚之士，罔不引商刻羽，留心有韵之書。而操選政者因之博搜遠采，惟試帖一體是尚。此芸樓何君館閣試律説所爲作也。雖然，古有説經者，未見有説詩者。孟子之言「説詩」「説經」，非今之「詩」也。西河毛氏唐試帖選謂試帖爲八股之權輿。所論破題、出題諸法，皆與制藝相吻合。誠試帖入門之圭臬也。是選也，既説之，又注釋之，是并以「詩」爲「經」矣。其視此事也甚重，故窮極幽渺，理法備，神氣得。學詩者得是編而熟復焉，其受益爲何如哉，宜乎流傳藝苑、不脛而走也。嘉慶九年甲子季冬，嘉興吴錫麟題於粤東官舍之惠連居。

何湘序例：

試律之有説也，自曉嵐先生唐律説及庚辰、我法之評，而海内獲指南車矣。顧深者見深，其説抗之彌高；淺者見淺，其説引之彌近。湘不自揣，抄集詞館名作，句櫛字比，以爲之説。説益卑益煩，益覼縷刻鑿，知不直方家一哂耳。同人阿好者，或以爲可資初學之階梯而貸塾師之口舌也。會齋中刻痧症方書，因請并授之梓。梓濟，人之奇方寶訣而續之以此，亦舍人之蛇足云爾。

試律以庚辰集爲指南。兹選竊欲爲之推波助瀾，故凡庚辰選中詩概不采録。

試律坊選多有注無評。兹主於説面，又詳注於後。

試律向以黄昆圃先生爲大宗，近日單行推紀宗伯。鄙意欲華瞻與流逸相兼，故二家所選特多。今雨堂詩墨佳者已悉入庚辰集，故兹不復采。

近時，名手輩出。奈僻處江鄉，見聞未廣。容俟搜羅，再登續選。

嘉慶陸年嘉平月，泰興芸樓氏何湘識。

佚。

試律繼聲　清何湘編

館閣試律説注釋卷首之嘉慶六年何湘序例：「近時，名手輩出。奈僻處江鄉，見聞未廣。容俟搜羅，再登續選。」

泰興何氏家乘卷五五棐公支三房譜傳：「〔湘〕著有丹桂山房文集、楊妃菊詩，選有試律説、試律繼聲、痧症全書。」

同書卷七傳贊之陳鳳喈芸樓先生傳：「先生學問淵博。沉酣經史外，下至稗官野乘，無不遍覽。論説善解人頤。所著有試律説、試律繼聲，行於時，詩、古及制舉文數百首稿藏於家。晚年，臨池學書，書法益進。」

訓士質言一卷　清尹政熙撰

佚。○政熙，有傳。

碧梧軒詩稿二卷　清尹政熙撰

佚。

光緒縣志卷二三人物志二之三嘉慶以來列傳：「〔政熙〕歷權溧水、山陽、儀徵教諭，供職勤慎，著訓士質言一卷。里居嘯咏，無少長，皆樂與之游，别有碧梧軒詩稿二卷。」

桂蔭軒詩稿　清何松徠撰

泰興何氏家乘卷五五棐公支三房譜傳：「〔松徠〕著有桂蔭軒詩稿。」○佚。○松徠字秀山，歲貢。

泰興何氏家乘卷七傳贊之顧坦先母舅秀山公傳：「其爲文也，出之若不經意，而題之虚神實意，兩無遺憾，恒令人於弦外會音。（略）晚年，倦游家居，恒賦詩以規切時事。方粤匪之猖披也。江以南，流離播徙者，目不忍睹；江以北，摧税捐輸者，耳不忍聞。且大兵之後，繼以凶年。土脉起而天寒雨雹，秧苗茁而天怒暴風。旱則川竭，水則陵襄。公以閑居憂世之心，憫國計民生之困，一一著爲詩歌，使讀之者罔不想見老杜當年懷抱。其他篇什，若同人贈答，若方外唱和，或箴規盡善，或指點元虚，舉無無爲言。二母舅爲坤公、三母舅竹友公皆先公棄世，公賦詩以傷之，哀惋之情真令人不能卒讀。其稿俱存，惜目前艱於梓耳。」

寶善堂詩文　清何楉撰

佚。○楉，有傳。

梯雲集詩　清何楉編

佚。

古文精華　清何楉編

佚。

佚。

時藝萃珍　清何楉編

泰興何氏家乘卷五五渠公支三房譜傳：「〔楉〕著有寶善堂詩文，選有古文精華、時藝萃珍、梯雲集詩。」

延令王氏重修家乘十卷　清王見恒修，清趙鴻綸纂

清光緒十七年活字本，半葉十行，行二十四字，白口，四周雙邊。卷三首行刻「延令王氏重修家乘世系總圖」，卷四首行刻「延令王氏重修家乘年表卷之四」，版心題「王氏家乘」，書名葉中題「王氏宗譜」，右上刻「光緒歲次辛卯年重修」。卷六第二四葉有紙廠「頂上扇料」「本立如皋」印記。卷一載序、記、贊、傳、挽詩、壽章、題名録等，卷二載凡例、義舉、族約、族禁、匾式、碑文、告示、宗祠田産、俵書、便田筆帖、祭田議單、各族祭田、名氏録、執譜録、姓原、倡首名氏等，卷三世系全圖，卷四至卷七南分年表，卷八至卷一〇北分年表。序共十二篇：無名氏大字序，乾隆十三年薛清來、張從律、李業、劉祺、王永昌五序，嘉慶五年王涥、王世美、王道安三序，道光二年王涥序，同治元年、光緒十七年王見恒序二。是刻卷一末葉左下刻「善」字，原由王氏南分十九世孫同庚執。

王見恒王氏重修族譜序：

憶昔同治壬戌，曾延張師蔭梅修輯族譜。屈指計之，於今閱三十載矣。近年，鄉鎮族人來祠享祀，僉云譜牒宜修，并欲屬之於予。予已年逾七旬，步履稍艱而精神頗健，故肩其事而不辭。上年春，予邀集再堂弟晝三、秉綸、臚卿、朗軒、咸宜、植三、友三，暨胞侄式恭，堂侄開山、式曾、式尊、式祐、式魯、登庸等，公同議酌。我族散處各鄉，寒素者居多，饒裕者蓋寡。事係大公，難分軒輊。每丁僅收大

錢乙百文，出者自易爲力。費用不敷，我等經治均貼。衆皆欣然允諾。於是造册治裝，分班出往，逐門互證，開清年甲。然後回集宗祠，參考世系，分别派支，補闕拾遺，正訛改誤。比對既終，發謄草譜。迨至臘月初間，適有泰興城南趙師子經來祠承修族譜，予向諸弟侄等商榷，遂與趙師訂日開工而定其局焉。今年二月上旬，趙師來祠開印，衆弟侄等逐日在祠監修，責莫推辭，事歸的實，輪流查核，較對無差。是役也，固無「吕嬴」「牛馬」之混，亦無魯魚帝虎之訛。庶俾後嗣子孫悉其根由，明其倫次，咸知木本水源之有自也。是爲序。光緒辛卯年三月下旬，十七世孫見恒薰沐百拜撰。

泰興何氏家乘六十卷首一卷

何世元藏清光緒十九年刻本，半葉十行，行二十四字，白口，左右雙邊。版心、目録皆題「泰興何氏家乘」，書名葉中題「何氏家乘」，右上刻「光緒癸巳重修」，左下「宗祠藏板」。目録後刻「金陵杜寬孚同男德仁、德義刊刻印訂」，卷首之何湛重修家譜跋後刻雙行小字「承手人維揚灣子大街龍文齋刻字店穆宇平刊刻印訂族譜」。卷首載凡例、目録、祖像、序跋等，卷一誥敕、封贈、人物，卷二文翰，卷三西征録、書簡，卷四墓志，卷五行狀，卷六祭文，卷七傳贊，卷八貞節傳，卷九哀挽，卷一〇篤齋遺稿，卷一一麗泉初稿，卷一二秋山存稿，卷一三芸樓存稿，卷一四麗泉公勸語，卷一五祠宇，卷一六塋域，卷一七至卷三八世系，卷三九至卷六〇譜傳。序共二十一篇：光緒十八年茅景容序，正統八年宋拯序，嘉靖二十二年鄭廷鵠、馬仲芳、馮彬三序，萬曆三十七年何曌序，康熙三十三年張玉書序，康熙四十三年宫夢仁序，雍正元年張玉履、朱青選二序，乾隆三十年馬宏琦、宫焕文、程盛修、鄭忬四序，乾隆二十九年劉三枚、蔣光祖二序，乾隆三十年桂敬順序，嘉慶十七年季惇大序，嘉慶二十年鄭錫琪、瞿照二序，道光二十九年陳鳳喈序。跋共七篇：嘉靖十四年何文焕何氏源委，雍正元年何承孫跋，乾隆三十年何金煜跋，嘉慶十七年何湘跋，咸豐二年何湛跋，道光二十九年何瀟跋，光緒十九年何檀跋。二〇一四年鳳凰出版社泰州文獻第二三册據以影印，其提要謂「收録此書卷一至十六」，實缺卷一與卷首之凡例、祖像，卷一六之塋圖。吉林大學圖書館藏是刻卷首至卷一四，十二册。

茅景容何氏續修宗譜序：

泰興，偏邑也。地平衍無山，而西枕大江，北通淮水，東距海不三百里，潮汐通焉。秀氣之所鍾，蔚爲偉人，萃爲鼎族。其以才著、以德重、以科第仕宦顯者，先後相望，綿延數百年而未艾，可謂盛矣。自明以來，以何、張爲稱首。張氏散居郊邑，而何氏則聚族於黄橋，舊所謂永豐鎮也。

何氏譜肇自明時，其紀叙詳而有法。世系而外，凡塋地、祭田以及敕誥、銘狀、贈言，靡不備載。而著作如太僕公等詩集，亦臚列其中，以永垂不朽。前譜修於道光庚戌。近歲，族中諸君子以子姓益繁，復爲纂輯。頃將告成，姻家静齋大令以全譜見示，囑爲序之。

披誦再三，於太僕公集竊有感焉。公官明之中葉，建功奏凱，卓然有聲。吾邑至咸豐間值赭寇方張，相隔止一衣帶水，賴大軍雲集，幸得免於兵燹。故聚族而居者日以繁盛，非江南諸邑所敢望。然泰西通商於中國，東南門户，以江海之會爲要衝。吾邑介居其間，今之籌防海防江者必及焉。近何氏人才輩出，他日抒偉抱而展大猷，當有紹太僕公之前徽，規模宏遠，不啻過之。障狂瀾而作砥柱，以身繫天下之安危者，豈惟族姓蕃滋、支分派衍如江、淮、海之水源遠而流益長，於一家稱盛事云乎哉。是爲序。

光緒十八年歲次壬辰季夏吉日，賜進士出身誥授奉直大夫翰林院編修加三級姻愚弟茅景容拜撰。

何檀重修族譜跋：

族譜創始前明，嗣後續修者無慮六七次，承先啓後，甚盛舉也。但經費浩大，稽察煩難，欲善其事，談何容易。光緒初年，族中在事諸人以子姓繁衍，有志重修。自開雕迄今，寒暑屢更，訖難蕆事。中間經理既非一人，鐫刻亦非一手，亥豕魯魚，知所不免。至於各支生歿，已梓者無可加詳，未梓者偶然添注。良以譜版向係逐行挨刻，非活字裝印可比，無從攙擠。欲據現在核其丁口，一一補載之，非徹底重修不可。與其前功盡棄，又不如就已定之規模稍加裒集，不使散佚之爲愈也。檀從先大父遷居南鄉歷有年矣，距永豐舊宅又數十里，不獲身親其事，中心耿耿焉。兹因梓工告竣，爰述其大略如此云。光緒十九年歲次癸巳仲夏，十九世孫檀拜手謹跋。

志成軒詩集　清韓步鯉撰

縣志稿人物志義行韓鵠子步鯉傳：「計呈刊本志成軒詩集一册。」○佚。○步鯉，附韓鵠傳。

成薇仙詩賦　清成薇仙撰

縣志稿人物志閨秀成薇仙傳：「附詩賦一册。」○佚。○薇仙，有傳。

泰興城東尹氏族譜首四卷世系圖二卷年表十六卷　尹文焯、尹積喬修，趙鴻綸纂

民國五年三畏堂活字本。

九章演代　尹文燦著

佚。○文燦，有傳。

新代數學　尹文燦著

佚。

縣志稿人物志文苑尹文燦傳：「著有九章演代、新代數學二書，前經江蘇瞿學憲鴻璣、南通崔徵君朝慶鑒定，均待梓。」

動物學　丁文江編

民國三年商務印書館排印民國新教科書本。自後屢有刊印。○二〇〇八年湖南教育出版社排印丁文江文集本。

Geology of the Yangtze Valley below Wuhu　V. K. Ting

V. K. Ting, "Geology of the Yangtze Valley below Wuhu", in Whangpoo Conservancy Board, *Shanghai Harbour Investigation*, Shanghai: Shanghai Mercury, Limited, 1919. ○前三篇載河海月刊第三卷第三至六期，第四篇未載，民國九年至十年出版，題揚子江下游之地質調查，汪胡楨譯。○載太湖流域水利季刊第一卷第二至三期，民國十七年出版，又載揚子江水道整理委員會月刊第一卷第一至三期，民國十八年出版，皆題揚子江下游之地質，汪胡楨譯。○一九九三年北京大學出版社排印丁文江選集本。○二〇〇八年湖南教育出版社排印丁文江文集本。○Ding Wenjiang, *Report on the Geology of the Yangtze Valley Below Wuhu*, Sydney: Wentworth Press, 2016. ○Wenjiang Ding, *Report on the Geology of the Yangtze Valley* below Wuhu, London: Fb&c Limited, 2017.

礦政管見附修改礦業條例意見書　翁文灝、丁文江合著

民國九年排印本。○二○○八年湖南教育出版社排印丁文江文集本。

中國礦業紀要　丁文江、翁文灝合著

民國十年農商部地質調查所排印地質專報丙種第一號本。○二○○八年湖南教育出版社排印丁文江文集本。

民國軍事近紀　丁文江著

中國社會科學院近代史研究所近代史資料編譯室藏打印稿本。○民國十五年商務印書館排印本。一九七一年文海出版社近代中國史料叢刊第六六輯據以影印，改題民國軍事近紀上篇。○一九八七年四川人民出版社排印近代稗海本，另有廣東軍事紀。○二○○七年中華書局排印近代史料筆記叢刊本，另有廣東軍事紀。○二○○八年湖南教育出版社排印丁文江文集本，附廣東軍事紀等。

徐霞客游記　丁文江編

民國十七年商務印書館排印本。一九八六年商務印書館據以影印。○一九七四年鼎文書局中國學術類編本，題丁校本徐霞客游記。

徐霞客先生年譜　丁文江著

與丁編徐霞客游記同印。○載民國二十二年商務印書館排印國學基本叢書本徐霞客游記。一九九九年北

京圖書館出版社北京圖書館藏珍本年譜叢刊第五九册、二〇〇六年北京圖書館出版社明代名人年譜第一〇册皆據以影印。國學基本叢書有一九六七年臺灣商務印書館影印本。一九七八年臺灣商務印書館新編中國名人年譜集成第三輯據商務印書館排印徐霞客游記本影印，題明徐霞客先生宏祖年譜。〇載民國商務印書館排印國學基本叢書簡編本徐霞客游記。〇載民國二十八年商務印書館排印萬有文庫本徐霞客游記。〇載一九六五年臺灣商務印書館排印萬有文庫薈要本徐霞客游記。〇二〇〇八年湖南教育出版社排印丁文江文集本。〇載上海古籍出版社整理本徐霞客游記。

徐霞客先生年譜訂誤，方豪撰，載國立浙江大學文科研究所史地學部叢刊第四號徐霞客先生逝世三百周年紀念刊，民國三十一年出版。一九九九年北京圖書館出版社北京圖書館藏珍本年譜叢刊第五九册、二〇〇六年北京圖書館出版社明代名人年譜第一〇册皆據以影印。〇載民國三十七年北平上智編譯館排印本方豪文録。〇載一九五六年中華文化出版事業委員會排印現代國民基本知識叢書本徐霞客紀念論集。〇載一九六九年臺灣學生書局排印本方豪六十自定稿。〇載一九八六年商務印書館影印本徐霞客游記。〇二〇〇八年湖南教育出版社排印本丁文江文集。

中國官辦礦業史略　丁文江著

民國十七年排印本。〇二〇〇八年湖南教育出版社排印丁文江文集本。

外資礦業史資料　丁文江著

民國十八年排印本。〇二〇〇八年湖南教育出版社排印丁文江文集本。

川廣鐵道路綫初勘報告　丁文江、曾世英著

民國二十年實業部地質調查所、國立北平研究院地質學研究所排印地質專報乙種第四號本。○一九九三年北京大學出版社排印丁文江選集本。○二○○八年湖南教育出版社排印丁文江文集本。

中國分省新圖　丁文江、翁文灝、曾世英編纂

民國二十二年申報館排印本，之後屢經增訂至第四版。三十七年排印戰後訂正第五版，曾世英、方俊增訂。○民國二十六年上海亞東圖書館排印本。

中華民國新地圖　丁文江、翁文灝、曾世英編

民國二十三年申報館排印本。

漫游散記　丁文江著

載獨立評論第五至八五號，非每號皆有，民國二十一年至二十三年出版。○臺北傅斯年圖書館藏民國丁文江游記稿二種本。○載「中央研究院」院刊第三輯丁故總幹事文江逝世廿周年紀念刊，一九五六年出版。○一九九八年遼寧教育出版社排印游記二種本。○二○○八年河南人民出版社排印本。○二○○八年雲南人民出版社排印本，二○一五年再版。○二○○八年湖南教育出版社排印丁文江文集本。○二○一○年花城出版社排印丁文江集本。○二○一五年中國人民大學出版社排印中國近代思想家文庫丁文江卷本。

蘇俄旅行記　丁文江著

載獨立評論第一○一至一七五號，非每號皆有，民國二十三年至二十四年出版。○臺北傅斯年圖書館藏民

國丁文江游記稿二種本。○載「中央研究院」院刊第三輯丁故總幹事文江逝世廿周年紀念刊，一九五六年出版。○一九九八年遼寧教育出版社排印游記二種本。○二〇〇八年湖南教育出版社排印丁文江文集本。○二〇一〇年花城出版社排印丁文江集本。○二〇一五年中國人民大學出版社排印中國近代思想家文庫丁文江卷本。

爨文叢刻甲編　丁文江編

民國二十五年商務印書館中央研究院歷史語言研究所專刊第十一種本。一九九三年臺北「中央研究院歷史語言研究所」據以影印。○二〇〇八年湖南教育出版社排印丁文江文集本。○二〇一一年貴州大學出版社排印本，二〇一四年再版。

梁任公先生年譜長編初稿　丁文江、趙豐田編

中華書局藏稿本。二〇一五年中華書局據以影印，題梁任公先生年譜長編稿本。○臺北傅斯年圖書館藏民國二十四年剪貼曬藍并清鈔活頁本，不分卷，題梁任公先生年譜稿。○民國二十五年油印本。一九九九年北京圖書館出版社北京圖書館藏珍本年譜叢刊第一九三至一九六册、二〇〇六年北京圖書館出版社晚清名儒年譜第一八至二〇册皆據以影印。○一九五八年臺北世界書局排印本。自後屢有刊印。○一九八三年上海人民出版社排印本，題梁啓超年譜長編，二〇〇九年再版。○二〇〇四年日本岩波書店排印本，題梁啓超年譜長編，島田虔次編譯。○二〇〇八年湖南教育出版社排印丁文江文集本。○二〇一〇年中華書局排印本。

臺北世界書局版梁任公先生年譜長編初稿校勘記，吴銘能撰，載其二〇〇一年臺灣學生書局排印本梁啓超

研究叢稿下篇。

星學一卷　丁文江著

清華大學圖書館藏民國地質研究所排印本。

丁在君函牘不分卷　丁文江著

上海圖書館藏稿本，四册，半葉十行，行十七至十八字，白口。用「天生祥」紅欄稿紙寫就。書衣分别題信「稿一」「信稿二」「信稿甲附電報」「信稿乙」。末葉書「西藏路遠東飯店三樓之三〇九三一一兩室」。

雲南個舊附近地質礦務報告　丁文江遺著，尹贊勛整理

民國二十六年實業部地質調查所、國立北平研究院地質學研究所排印地質專報乙種第十號本。〇一九九三年北京大學出版社排印丁文江選集本。〇二〇〇八年湖南教育出版社排印丁文江文集本。

丁文江先生地質調查報告

民國三十六年經濟部中央地質調查所排印本。〇二〇〇八年湖南教育出版社排印丁文江文集本。

詩歌

雲谿書屋詩

錢　浩

先生闢得地幽偏，高結藏修屋數椽。窗外淡烟連瑞靄，門前流水接山泉。飛騰却望爲霖早，

映讀争看得月先。俯察仰觀皆道體，鳶飛魚躍見天淵。（泰興何氏家乘卷二文翰）

雲谿書屋詩

王　鍾

先生喜遁識窮通，藏得牙籤棟宇充。南浦輝連孫户月，方塘緑綯董幃風。飛來窗外和書潤，流到門前與道同。盛世有人能接武，早爲霖雨慰疲癃。（泰興何氏家乘卷二文翰）

雲谿書屋詩

樊　輔

結屋雲溪溪上頭，水光雲影共悠悠。氣鍾川岳天中見，源出昆侖地底流。態變龍鳶時聚散，波涵星斗夜沉浮。自從識得清閑趣，對景伊吾咏不休。（泰興何氏家乘卷二文翰）

和西寺題壁韵

何　棐

來往任停鞍，開堂具茗餐。松風狂作籟，花雨醉扶欄。香篆僧禪定，鐘聲客夢寒。永豐惟兩寺，此是小長干。

詩興壓驢鞍，明霞動欲餐。書蕉常作紙，題竹每跂欄。柏子飄風烈，桐花墜雪寒。應憐小禪寺，僻在水西干。

意馬伏無鞍，何須苜蓿餐。黃金堪布地，白玉擬裝欄。禪魄枯忘暑，吟肩聳若寒。齋餘施鳥食，塵事杳難干。

經來白馬鞍，草木是衣餐。見佛無巴鼻，觀心有檻欄。梅風消溽暑，竹雨作輕寒。客自題詩去，和僧兩不干。（泰興何氏家乘卷一〇篤齋遺稿家居稿）

莧河夜行船中偶興六月廿四日

粯子河邊夜問航，推篷容膝不容狂。禦蚊略可低懸帳，夢蝶權當偃在床。牽引由人難着力，風波何味且須嘗。因思泛泛漁翁社，滿地江湖一醉鄉。

舟至姜堰

姜堰添夫暫駐航，欲將人力勝風狂。未鳴匹馬朝天佩，已厭孤舟獨夜床。張店重遮堤柳密，蔣湖擬摘野蓮嘗。月明望見黃橋寺，雲樹依依繞故鄉。

蔣垛道中

舵纏水草滯風航，不及漁舟一葉狂。見月清湖呼解纜，看雲白晝鎮眠床。桑榆樂地遲難到，蔗境佳時漸得嘗。譬似秦川心萬里，此間何處匪吾鄉。

舟過顏林

行盡菰葳不礙航，近家又得順風狂。□□不用勞催榜，自在猶如困得床。廛市炊烟剛欲起，

田家□□已争嘗。深慚刺史煩郵送，彩鷁高艤抵故鄉。（同上）

爲侄璽題半村

五畝平分一畝餘，前通寰闠後田蔬。雖鄰人境無喧馬，可付兒曹有舊書。春半每開緑岸圃，日斜猶看隔溪魚。乾坤到處名人宅，庾信羅含亦此閭。（同上）

棐，有傳。

壽何篤齋七袠

張羽

壽星卿月照天中，春曉樓船過永豐。東閣襟期同汗漫，南塘風日好從容。鯉庭玉樹連枝秀，鸞誥金花奕葉封。曾共少年矜傅粉，白頭林下各成翁。（東田遺稿卷上）

羽字鳳舉，泰興人。生於成化三年。弘治九年進士。任河南左布政使。嘉靖十五年卒，年七十。有東田遺稿等。泰興志有傳。

八景詩次謝侯韵 選一

豐里春雲

周崇儒

紫氣東南浮，鬱鬱出烟嶼。歲旱方蟲蟲，望爾作霖雨。（康熙五十五年縣志卷四藝文）

崇儒字汝爲，泰興人。嘉靖十六年舉人。任江西臨江府同知。見萬曆揚州府志卷一五人物志上、楊廷撰五山耆舊集卷六。

黄橋

范國禄

黄橋舊游處，歷歷我所經。時異物不同，耳目猶未更。乃知古延令，地厚俗亦淳。江海昨騰波，風聲振四鄰。伊誰爲鎮定，尚貽此太平。安土雖重遷，依依卜築情。（十山樓稿卷七）

黄橋

廿載黄橋路，驅車此再過。官田鹽碱積，國課豕牛多。日落投荒寺，風寒倚哨歌。窮途難得酒，欲寐且何如。（同書卷一二）

黄橋

楓冷黄橋秋滿船，小村燈火孤客眠。蘆花一溪照明月，風聲半夜吹寒烟。夢裏霜心落滄溟，天涯劍氣空龍泉。新豐市遠不得酒，長嘯舊日多餘錢。（同書卷一五）

國禄字汝受，通州人。諸生。有十山樓詩文集等。通州志有傳。

黄橋客店夜遇范女受僕知女受便以今日離東皋矣爲之悵然却寄二絶句

陳維崧

野店荒鷄咽復鳴，春宵寒重夢難成。如何此地思元九，纔隔梁州半日程。

二女明妝世所無，雙鬟窈窕映晴湖。輕帆輸爾過彭蠡，飽看春流大小姑。時女受將游豫章。（湖海樓詩集卷二〔乙巳〕）

維崧字其年，宜興人。生於天啓五年。康熙十八年，舉博學鴻儒。授翰林院檢討。康熙二十一年卒，年五十八。有湖海樓詩集等。見清史稿卷四八四文苑傳、袁行雲清人詩集叙録卷八。

黄橋夜泊

袁邦俊

楓冷黄橋秋滿船，小村燈火孤客眠。蘆花一溪照明月，風聲半夜吹寒烟。夢裏霜心落雁塞，天涯劍氣空龍泉。新豐市遠不得酒，長嘯舊日多餘錢。（楊廷撰五山耆舊今集初刊卷三）

邦俊字友生，通州人。布衣。有壯游集等。

留别諸同學返黄橋

何龍光

蛩吟衰草一庭荒，老菊紛披獨耐霜。積雨初晴天又黑，殘秋向盡樹皆黄。人遲遠道書空把，客滯寒城絮未裝。高會久隨旗鼓後，吟魂不慣返窮鄉。（泰興何氏家乘卷一二正思堂詩草）

龍光，有傳。

送何秋山歸黃橋

王令樹

來日猶殘夏，别時已早秋。俱成多病客，難話八年愁。露氣催紅葉，溪風泛白鷗。相期重把酒，莫待曉霜稠。（映日堂詩卷三）

令樹字桐孫，泰興人。康熙十八年進士。任山西道監察御史。有映日堂詩。泰興志有傳。

送秋山返黃橋疊前韵

王新銘

十日爲歡猶不足，而君忽復轉雙轂。聚時坐有車公樂，别時路惹楊朱哭。乃知合散如摶沙，隨手一撒不可束。甚日南州仍下榻，此夜北堂虛設褥。空使居人疑打門，悵望樹頭鳥啄木。安得身如孟與韓，爲雲爲龍上下逐。君所居曰黃橋村，過從不用舂糧宿。何時一命相思駕，爲訪龐公通款曲。後會後期我能踐，此情此意君須録。還看今夜離堂月，照人顔色光燭燭。（潛夫詩鈔卷一）

新銘字湯又，令樹次子。雍正中，舉賢良方正。任山東東平州通判。有潛夫詩鈔等。泰興志有傳。

丙申新夏淮南槐水山房言別時袁肩山同學之延令兄文帶之紫琅弟湘碧之黄橋余之京師得窗字

程世繩

幾樹槐芽映緑窗，將離人尚滯他邦。池生春草吾慚謝，筆燦繁花客是江。叢桂小山他日夢，蒯緱長鋏去時艭。明朝異地知相憶，更惜燈前倒酒缸。（尺木樓詩集卷三）

世繩字準存，安徽休寧人。康熙五十六年舉人。任湖北京山知縣。雍正九年卒。有尺木樓詩集。見袁行雲清人詩集叙録卷二三。

北行舟次述懷先寄慎齋弟泰興

周廣業

那堪重讀汝墳篇，解帶臨風意慨然。行篋懶携幽怪集，郵程愧覓孝廉船。水光瀲灩摇吳月，雲色蒼茫接楚天。情結同生惟俊弟，陸平原詩：「惟我俊弟，咨爾士龍。」又：「依依同生，恩篤情結。」江城且共賀新年。時擬先至弟署，開歲長行。（冬集紀程附詩）

阻風無錫聞京口以浚河堵壩因擬道江陰達泰興廿三

昨夜狂聲翻白波，檣竿向曉北來多。京江潮信休憑問，幹觳乘風到馬駄。靖江縣，本江陰之馬駄沙也。（同上）

自靖江肩輿抵黄橋已二鼓喜慎齋都門初歸賦此

莽蕩江天闊，紆迴沙路遥。深村攢老樹，斷港露危橋。短晷行常促，懸燈侶共招。車行較緩，夜行迷路，輿夫舉火招之。不辭風露冷，情話愜今宵。

剪燭論歡會，停杯訴别腸。征裘燕市雪，客鬢海門霜。語爲姻親絜，情兼兒女長。相期淹歲暮，行色轉倉黄。

黄橋鎮示慎齋

古木平沙外，人烟雜市囂。一隅分赤縣，四至東黄橋。揚俗餘輕躁，唐風舊沃饒。五代時，地屬南唐。遠希桑殿直，盗迹望風銷。宋桑殿直懌爲永安巡檢，盗望風而逃，去年寄慎齋生日詩「風希殿直聞宵柝」亦用此。

戲咏黄橋土物

腥涎洗净煮蟶乾，細嚼瓜瓤趁酒闌。自笑曾無食肉相，莫言仲叔嗜猪肝。地産猪及瓜子，海物則蟶魚乾。

正月七日送立堂南歸二首

小年我聿至，人日爾言歸。會淺憂歡集，陸士龍詩：「會淺别速。」又：「載離載會，且歡且憂。」途長南北違。雙峰春草發，五渚夜帆飛。喜動慈幃色，堆盤菜正肥。計到日適逢立春。

遠許携諸侄，明州侍哲昆。伯兄信至，急謀迎養，力有未能。屬弟先挈子弟西來讀書，然後歸理家政。免憂兒失學，暫使婦持門。松柏橋東宅，桑麻舍北園。及時歸整理，家政亦殷繁。

留别慎齋

薄宦奔馳敢即安，時聞有委辦江船之信。微名我復赴春官。八年耀袂思長在，陸平原贈弟詩：「灑涕即路，耀袂長辭。」又：「自往迄兹，曠年八紀。悠悠我思，非爾焉在。」余與慎齋别亦八年矣。半月聯床别更難。馬齒驟增猶諱老，羊裘新製足衝寒。關心最是趨庭輩，願比瑶環與茁蘭。慎齋謀爲諸侄延師甚急。余作家書，亦深以子侄讀書爲念。

發黄橋遇雪

紆軫歲方獻，飭裝臘向殘。風吹凍草凍，雪壓寒林寒。舞絮望中盡，飛花空際盤。此時跨驢背，鄭棨壯詩瀾。

泰興途中十三

聞説迎春縣郭東，陌頭吹面已柔風。十家五落昏烟裏，燈火如星賽社翁。（同上）

廣業字廑圃，浙江海寧人。生於雍正八年。乾隆四十八年舉人。嘉慶三年卒，年六十九。有孟子四考、經史避名彙考、蓬廬詩鈔、蓬廬文集等。見洛塘周氏家乘卷一〇。

拜何儀部墓

蔡景

骨鯁當年事，馨香此日名。南巡終返駕，廷杖幸全生。華表應歸鶴，豐碑尚勒盟。我來瞻拜處，延佇不勝情。（嘉慶縣志卷八藝文下）

景字景西，泰興人。乾隆四十七年恩貢。有桐江詩鈔、桐江制藝等。見嘉慶縣志卷四選舉。

濟川鎮懷古

王汝霖

吴趨且莫唱，聽我歌濟川。驥渚東南障，柴墟西北連。臨淮轄邑二十九，孟瀆斜連扼塞口。還我孤山江一拳，崇川左控廣陵右。書帶橋，筆架山，君子堂前松柏顔。乃有神龍蜿蜒蠖，略幾百里決渠荷。鍤行江水驚濤滚雪歸，濠河秔稻桑麻相櫛比。得勝河邊鐵炮開，明太祖克張士誠於此。鯨呿鰲擲凱歌來。衹今刬削銷磨盡，往日遺迹空塵埃。後樂山前樂未央，化仙池上仙空仰。離別人來相見灣，羈孤客進小心港。高梁大厦枕雲根，衣冠樸遬皇民敦。千柄白蓮江上渚，半欄紅藥海邊村。一抔何處忠愍墓，右副都御史茅誧謚忠愍。四世誰家孝義門。宋蔡夢祥四世同居。我過黄橋訪舊宅，孝子顧昕墓即黄橋舊宅。更入茅汪尋古迹。相傳白蓮庵前有茅汪，是茅忠愍公葬處。斷碣千年秋草黄，芳踪一片土花碧。宫人斜畔有微曛，玉鈎一曲蓬顆分。人説翠華南渡日，

剩粉殘香妃子墳。墓在延佑觀後，今湮。（王藻崇川各家詩鈔彙存補遺卷一八存吾齋詩草）

汝霖字雲石，通州人。嘉慶六年進士。授山東知縣。有存吾齋詩草。通州志有傳。

失題

何棖

長日未消棋一局，不知工竣在何時。〔一〕

棖，附何汾傳。

泰興何氏家乘卷七傳贊之何爾壽倩絲公傳載棖嘉慶中重修廣福寺，「歷數載，卒新廟貌。口占有云『長日未消棋一局，不知工竣在何時』，即咏其事也」。

顧孝子墓在泰興縣東黃橋鎮

李震

明初顧孝子，墓在黃橋旁。年年春及秋，士女薦酒漿。子職本自盡，非求名姓彰。何以千載後，能令人不忘。曠覽東郭間，棘門寬且長。蔓草穴狐鼠，青燐穿白楊。豪華忽焉没，獨留庸行芳。不必遺萬卷，不必積千箱。力田貧家子，孺慕發肺腸。鷄鳴問寢膳，慰心安而康。遇年母失明，匍匐日彷徨。扁鵲求不得，五中割刃鋩。形骸就枯槁，號泣呼彼蒼。竟占勿藥喜，雙珠還夜光。歡愉荷天祐，純德聞四方。成祖開紫極，旌賢錫寵章。孝爲百行先，豈僅耀一

鄉。我今憶前修，寸衷殊悚惶。先塋隔千里，何時躬一觴。日暮啼烏烏，越山不可望。惟舞老萊衣，勉力娱萱堂。（自適齋詩鈔卷二）

震，浙江鄞縣人。舉人。道光九年、十一年、十四年、十七年、二十一年，五任泰興知縣。有自適齋詩鈔等。泰興志有傳。

崇川竹枝詞 選一

李琪

越絲千縷入吴綿，織得綿紬錦樣鮮。儂住黄橋橋上市，願郎不泊石莊船。泰興黄橋、石莊俱出綿紬。（少山詩鈔卷六）

琪字東美，通州人。生於乾隆四十六年。道光十五年恩貢。有少山詩鈔、少山文鈔等。通州志有傳，見袁行雲清人詩集叙録卷五八。

曉發泰興至如皋

謝元淮

群鴉曙争啼，孤城曉猶閉。行邁出東門，辨途遵軌轍。遠樹藹朝烟，濃霜似微雪。東南一角紅，海濱上初日。川原迤邐過，村塢參差出。艱難感知遇，辛苦生歡悦。雉皋憶前游，長夏正觸熱。乙亥五月，行役過此。嚴親羈吴門，望我歸心切。顛沛五六載，往事那堪説。惟此一寸心，區區抱丹血。（養默山房詩稿卷一一吴舠集「庚辰」）

黃橋役夫嘆

西去泰興東如皋，中間蕞爾爲黃橋。役夫不怨迎送苦，惟云奔走窮昏朝。伊昔誰作厲階始，送差東西二十里。官人如虎役如鬼，殺爾何消寸餘紙。渠送州中差，儂送縣中客，鞭笞不許稍休息。渠儂中道一相逢，却教輿立語刺刺。前歲官長初來時，僕從十百如雲馳。就中兩郎芙蓉姿，傍人指說官親隨。黃橋役夫一時盡，捉差還捉里中兒。昨日官差尤倉卒，氊裹十箱街左列。不知何物實箱中，沉沉壓肩骨欲折。骨欲折，不敢憐。但得官差過，那惜儂力殫。儂今歸去還無眠，帶月往耕溪上田。（同上）

元淮字鈞緒，湖北松滋人。生於乾隆四十九年。諸生。督江蘇糧漕幾二十年。有養默山房詩稿、碎金詞譜等。見袁行雲清人詩集叙録卷六〇。

琵琶仙

蔣春霖

五湖之志久矣，羈絏江北，苦不得去。歲乙丑，偕婉君泛舟黃橋，望見烟水，益念鄉土。譜白石自度曲一章，以箜篌按之。婉君曾經喪亂，歌聲甚哀

天際歸舟，悔輕與、故國梅花爲約。歸雁啼入箜篌，沙洲共飄泊。寒未減、東風又急，問誰管、沈腰愁削。一舸青琴，乘濤載雪，聊共斟酌。　更休怨、傷別傷春，怕垂老、心期漸非昨。彈指十年幽恨，損蕭娘眉萼。今夜冷、篷窗倦倚，爲月明、强起梳掠。恁奈銀甲秋聲，暗回清

角。（水雲樓詞續）

春霖字鹿潭，江陰人。生於嘉慶二十三年。任東臺富安場大使。同治七年卒，年五十一。有水雲樓詞、水雲樓詞續等。見清史稿卷四八四文苑傳、袁行雲清人詩集敘録卷七三。

舟行之黄橋經泰興城東老龍河水道紆曲可愛其上諸村頗有幽絶者

顔駉

絶境未曾有，居人猶自迷。帆風時順逆，窗日忽東西。村僻衣冠古，年豐屋舍齊。一廛如可卜，賣劍買牛耕。

南蕩

晴似鹽場雨似河，黄茅白葦亦無多。地荒并覺天容慘，路闊常疑里數訛。但有清渠可流惡，應無土壤不宜禾。悠悠行路空蒿目，幾度斜陽策蹇過。

春歸

春事忽三月，歸途情轉慵。晚紅迴客盼，新緑换村容。去去日將夕，行行人未逢。東山寺何所，烟外似聞鐘。

初夏黄橋道中觸目

一曲清歌陌上桑，小橋西畔有微行。不知楊柳門何處，似隔蒹葭水一方。客况飽諳忘遠道，語音頓改覺殊鄉。僕夫未解踟躕意，催促行踪趁夕陽。

蠶場未了麥漸漸，四月江村樂事兼。花下紡車繅早繭，柳陰爐火煅新鐮。魚池日照看針出，果樹風來作蜜甜。却憶去年正愁絶，燕南趙北雨廉纖。

村望

滿地殘紅踏作泥，環村高柳有鶯啼。麥苗漸可田塍覆，桑葉剛能屋宇齊。陂路日移侵壞冢，野庵欲去隔清溪。數椽高卧如相假，不待歸謀萊子妻。

寓齋新秋

客途如夢日悠悠，此夕俄驚火已流。疊雪羅衫閑過夏，含風篝火淡成秋。曉窗作字難三紙，午枕呼茶可一甌。除却鄉心更無累，性情久已似馴鷗。

野步

離愁春困兩如醺，徙倚東皋帶夕曛。赴食健豚衝淖過，知歸群鴨到門分。村中妝也梳時樣，世上琴多漆斷紋。一笑别尋歸路去，街頭燈火已紛紛。

秋夜

一一窗棱月色過，風開羅幕見天河。還家蝶夢經秋少，吠雨蛙聲到曉多。自昔王陽金可作，誰憐蘇子墨相磨。故人久斷閩中信，幕府年來况若何。時王孟恂客福州王中丞幕。

晚秋自黄橋歸

歸途鎮日喜塵清，雨足千村放嫩晴。賣酒旗高遥見影，納禾車重遠聞聲。長風送雁有底急，落日向人無限情。閑到山僧閑不得，短衣驅犢事秋耕。（蠹餘草）

附。〔一〕〔二〕

駉字仁卿，泰州人。同治六年解元。有蠹餘草。

〔一〕朱棣孝順事實卷七顧忻祈天：

子之事親，貴乎有孝愛之誠也。是故致其謹於起居飲食之間，順其欲而不咈其志；致其憂於疾痛昏眊之時，忘己之所自養而盡誠以祈其安。此君子之孝也，顧忻其庶幾乎。鷄鳴而起，冠帶以適其母之所，問所欲而敬進之，至於五十年之久，未嘗少違，固可謂孝矣。初，以母疾，絶滋味且十年。及母老而失明也，則又晝夜號泣以祈天。誠感如此，母目復爲之開明，至能縫紉於燭下，康寧壽考，九十餘而終。此豈勉强於朝夕者之所能哉，蓋孝愛之至也。忻既盡誠於事生，則能慎其終可知矣。彼於生事有未盡而徒於送死加謹焉者，豈不有後時之痛哉。故於忻有取也。詩曰：

鷄鳴冠帶謁慈闈，所欲遵承志不違。五十餘年如一日，油然孝敬世間稀。

又

母病葷辛忍自供，母盲號泣訴蒼穹。終令母目重開朗，端爲純誠故感通。

棣，明太祖第四子。生於至正二十年。洪武三年，封燕王。建文元年，舉兵靖難。四年即位。永樂二十二年卒，年六十五，謚文皇帝，廟號太宗。嘉靖十七年，改廟號曰成祖。明史卷五至卷七有本紀。明太宗實録卷二二六：「〔永樂十八年六月〕辛丑。○頒孝順事實書於文武群臣及兩京國子監、天下學校。先是，上命翰儒臣輯録古今載籍所紀孝順之事可以垂教者爲書。每事，上親製論斷及詩。名孝順事實。又親製序冠之，序曰：（略）」

〔二〕徐豐曾雙桐書屋詩集卷四泰興長生橋湖頭田家有牡丹一株大徑畝餘相傳其祖明時宦游携回者經數百年而繁盛如初每開必三四百朵之多其大如盎惜其家中落花種田間頹垣敗壁竹枝雜繞良可慨也用占數絶句以志之：

應是瑶臺月下仙，謫來人世不知年。春風十里花千朵，不向朱門去乞憐。
居然富貴到田家，我亦携樽來賞花。莫問天涯感淪落，青衫紅粉兩堪嗟。
艶福教人妒老農，年年此日醉春風。山歌信口隨心唱，何必清平調始工。
一面頹垣三面籬，個中清況最凄其。驚心怕看天邊月，猶憶蛾眉淡掃時。
雨雨風風暗遠岑，幾番磨勵滌塵襟。從今不讓幽蘭貴，亦具孤芳獨賞心。
如絲細雨不成春，淪落天涯劫後身。我惜卿卿顔色好，菜花黄裏鬥精神。
揩來老眼笑模糊，霧裏相看有若無。漫把琴心歌一曲，紅顔白髮不相符。
年來我亦泣征途，幸與名花邂逅初。手把瑶箋低首拜，可能青目到相如。

豐曾字玉生，江寧人。諸生。咸豐中，避兵燹，徙居泰州。有雙桐書屋詩集、雙桐書屋詞存等。

湖頭在黄橋鎮東南十三里。

文章

冬集紀程節選

周廣業

〔乾隆四十八年癸卯十二月〕廿六。靖江一名驥江。縣惟一山，名孤山，上有伏虎禪師廟。從筍輿中望之，真埊敦也。原野莽蕩，栽麥者多。路旁冢纍纍，其俗不事火葬，隨地埋瘞，最爲近古。是日午發，行六十里，村落甚疏，夜行二十里至黄橋鎮。慎齋弟先三日旋署，相見甚歡，蓋契闊八年矣。立堂弟亦在署。秉燭相對，幸不至如夢寐也。

廿七。黄橋鎮本名永豐鎮，在泰興縣之東四十五里。俗尚鬥健訟，明初設巡檢司彈壓之。舊無公廨，前任某以僦居不便，買地構宅。既轉諭慎齋，雖卑狹，尚可治事。案：巡檢主捕盗靖民，宋世頗重其選，今則專以徼巡爲事矣。地産猪，有猪市。司收其税，上藩庫。歲暮轉鬻尤夥，所謂「肥豕不度臘」也。

廿八。閲通州、泰興二志。通州，梁海陵縣也。宋曰通州，民饒訟簡，官此者最爲優逸。時有「淮南道院」之稱，與江陰軍稱「兩浙道院」者略同。地産椒鷄，狀如鶴鶉，食椒，味辛甘而温，物産志不載。陸機詩疏稱東海諸島，麞鹿食椒葉，肉作椒橘香。殆此類與。

廿九。是月小盡，爲除夕，祀先懸影。此慎齋命工人臨自行樂圖者，不甚肖。宋儒謂寄顔有一毫不似即謂他人父母。竊謂後世影堂即古之尸，尸以孫貌祖，豈能逼肖，蓋將有所寄以致我孝敬耳。然縱不能分毫皆似，亦必得其仿佛，方與僾見愾聞之意有當。倏覓好手，另臨可也。且古者「虞而立尸」，尸服卒者之上服，四時之祭必設裳衣，謂其形魄憑依於此也。近世，像障不作平素冠服，往往僭侈。穀梁子曰：「生服之，死行之，禮也。」今或生被布緼，没繪采章，雖其子孫，亦嫌服改，不亦異乎。鎮有質庫二市，民每以惡衣敝褲强取厚直，稍拂意，喧嚷達旦，多至數十人。官爲禁戢，僅乃息鬥。固由民貧，亦緣俗薄也。

甲辰正月初一。賀歲如家法。往東關外謁關帝廟，甚著應，而殿宇淺隘，無以障護風日。慎齋謀於鎮人士，築墻蔽之，計費百緡，屬余作募言。大意謂「賁庸」「疏杼」，禮惟其稱，帝君既崇封爵號，所在仰托帡幪而妥侑之，方垣墉未繕，非所以昭誠敬、肅觀瞻云。後樓奉文昌神，行香訖，倚樓遐眺，清曠可喜。居民多用紅緑紙鑿花及「福」「禄」「壽」「喜」等字貼户上，布石灰於門外，或畫弓矢形，云可辟祟。莊子逸篇稱「插桃枝於户，連灰其下，鬼畏之不入」，蓋此意。丁丑春，余在高郵所見正同，江南無是也。

初二。閲千百年眼，殊無甚好議論。王半山詩云「看似尋常最奇崛，成如容易却艱辛」，惟書亦然。余豈不諒作者苦心，漫爲菲薄乎。然欲上觀千百年，非眼大於箕，未可易言。美名炫世，正恐不免。是書瀟湘張燧和仲纂，明萬曆年人。

初三。吾鄉是日迎竈。竈本老婦之祭。漢武帝用李少君術祠之，欲使丹砂化爲黄金，異矣。今竈神直稱司命，主一家禍福，事之加虔。舊説神爲祝融，姓蘇，名吉利，婦姓王，名摶頰。又云張單，字子郭，夫人字卿忌，有六女，俱名察洽。或云神名浩，又名髻。不能詳也。

初四。立堂欲歸，勉留之。偶適市，見蜂窠絶奇者，長二尺，形如寶塔，最下一層大如盤，漸以殺至第七層如碗，每綴根處七姑汁光鬒如漆，王氏治門樓得之。此物主富貴：蓋蜂者，萬也，萬爲盈數；又，窠音同科，爲科第之祥。但長過一尺以上者不恒有，而得自門樓，則家室倒懸之象，未爲貴也。是惟木蜂能之，一名葫蘆蜂。

初五。俗以是日祀財神，爆竹聲相繼。案：「爆竹燃草，起於庭燎」，言以竹著火，熚烞有聲也。今裹紙實火藥其中，有單響、雙響，多或至百響。江陰出者佳，論者稱「澄江第一雙聲」。

初六。餞立堂，作家書。

初七。立堂南歸。俗言是日宜秤人，主一歲康健。亦古上人勝意也。諸侄各來言斤重，余曰：「嘉話録載魏鄭公嘗於正月七日朝見，太宗勞之曰：『今日卿至，可謂人日。』爾曹須想此意。爹有執友祝人齋先生，〔洤〕。幼時母夫人日課二十字，每課必首揭『人』字，詔之曰：『人須是頂天立地。』故自號人齋，卒成碩儒。後游盱江，新城魯進士仕驥。請爲學之要，先生曰：『學者，所以學爲人也。』其言簡括，耐人百日思。爾曹雖小，志不可不早立。若徒估輕較重，雖智侔秤象，奚取焉。」

初八。午後有風。計立堂先已渡江，勿慮也。「十室之邑，必有忠信。」鎮雖小，當有賢豪辨博之士可與商榷政事者。魏文侯曰：「人始入官，如入晦室，久而愈明，明乃治，治乃行。」慎齋勉乎哉。

初九。雪積地寸許。去冬鮮雨，今始得雪，人皆稱瑞。史言候歲美惡，正月旦至十二日占其月，有雨爲美，雪爲惡。實不盡然。

初十。晴。余將北行，慎齋餞飲。

十一。曉發，行二十里，東北風大作，雪甚。遥望松柏林，瓊瑶錯落，殊可觀。入泰興城，宿袁少府泰。署。少府，錢塘人，印侄丈人也。

十二。辰刻，慎齋至。晚，霽月如晝。

十三。出城，過印莊，古柴墟也。宋紹興元年，岳忠武爲通、泰鎮撫使兼知泰州，嘗駐兵於此以禦金人，與戰於南霸橋。有廟。夜宿泰橋。是日，迎春市，人皆剪紙作燈。村中奉土地神，樹長竿盞燈，其前七層，凡四十九盞，取豐登之意。祠極痺小，而祈請亦頗有應，所謂

「無鄉之社，易爲黍肉」也。

十四。立春。從泰興行二十里許渡河，又數里渡山陽河。晌午，抵揚州鈔關門外，住盛姓店。

廣業傳詳藝文詩歌。

小說

黃橋鎮何某婦死報冤原無題

俞樾

泰興縣黃橋鎮有何某者，亦舊家子也。娶靖江盛氏女，美而賢。而何有外婦，遂仇視厥妻，日肆陵虐，盛順受之無怨言。何嗜鴉片烟，丙夜猶不寐，使婦供茶湯，稍不如意，以烟籤亂刺之，遍體無完膚。婦不勝痛，遂縊死。其父固長者，不聞於官，何得以無事。一夕，忽見婦來，流血滿身，語何曰：「我事君，無失德，何酷虐如此。今得請於神矣。」言已不見。數月後，何忽得奇疾，十指先作癢，爬搔之，癢愈甚，乃以齒咬之，指寸寸斷。以次及肩臂，及股，及足，凡口所及之處，無不齧者。血殷床褥，晝夜呼號，閱兩月而斃。（右台仙館筆記卷一一）

樾字蔭甫，浙江德清人。生於道光元年。三十年進士，改庶吉士。督河南學政。光緒三十二年卒，年八十六。有群經平議、諸子平議等。見清史稿卷四八二儒林傳。

賣薑翁

戴蓮芬

泰興黃橋鎮有賣薑翁，不知何許人，亦不詳其姓氏。其弟某負絶技，恃勇侮人，鄉里銜之。一日，至西市，與市儈哄，衆皆靡。鳴金四鄉，兵械麕至。某度不能脱，飛身上屋，迅若鷹隼。衆舉洋銃擊之，飄然墮及中市，鄉人圍之數重。某持梃，運如風，電光炫睛，利器不能入。猝爲銃子所中，仆地復起，衆乘勢紛擊之，刀石雨下，某乃僵。黠者慮其詐，舉鋤齒築其胸者三。撫之，冰矣。衆始散，遣健者十數人守，將報官詣驗而殮焉。日舂甫下，有耄者策笻至，腰背擁腫，步履甚艱，鬢翯翯如銀，帶眼鏡，似鄉塾童子師，從衆中擠而過，健者叱之：「老悖非無目者，何與鬼物爭道也。」耄者以繞道路且遠，哀之。衆易其老，許焉。耄者從容至尸前，數之曰：「吾曩嚴誡爾，恐以負勇攖衆怒。今且死，自取，復何尤。」衆聞大駭，知其兄也。然夙稔賣薑翁無勇名，輕之。群以械擊其首，耄者揮杖徐應，觸者踣相繼。復鳴金，衆又集，倏見某尸蹶然起，奪鄉人械，隨耄者衝道出。當者輒仆死無算，至河濱皆亡入水。衆呼聲相應，終無策。逾時，見二人從容出趨泰州大道去，衆不敢追。自此，黄橋無二人迹矣。

打人王

打人王，黄橋農夫子。膂力絶倫，能飛身逾重屋，履數丈官河若平地，屐不沾濕。泰境好勇者與鬥，多被創。遠近震其名，遂真以爲天下無與敵矣。然拳法無師傳，性又蠢，不可以情理喻，識者不屑與之搏也。南京甘鳳池，以拳勇聞江湖間。一日，過黄橋，行囊告乏，售技於市東，觀者雲集。王聞之大憤，鷄鳴奔甘寓，叱曰：「何物狂奴，目無餘子，獨不聞黄橋有打人王耶。」甘曰：「初經上國，實出不知，乞宥疏忽。」王不答，遽觸以首。甘退身避，且曰：「窮途行乞，非得已也。容竭誠負荆，可乎。」王摇首，復力觸之。甘猶退讓，既見觸不已，乃腹禦之，徐曰：「得罪，得罪。」王踉蹌，踣敗墻側，墻壞，顛糞窖中，力掙乃得出，抱首遁。晌午，見一四十許人，鬚髮如蝟，持酒榼入門。問姓名，打人王之兄也。甘大駭，疑必負絶技，爲乃弟報復者，聳身躍數十步外俟之，其兄笑曰：「勿爾，予非角力者。劣弟屢戒弗悛，今受創，始知天下尚有偉人，從此當不敢萌故智矣。今特以斗酒酬大德也。」甘始釋然，與爲禮。明日，詣其家謝罪，打人王慚弗見。（鸝砭軒質言卷三）

蓮芬字玉峰，通州人。同治九年舉人。有鸝砭軒質言。見光緒通州直隸州志卷一〇選舉志上。縣志校卷六志餘第七談逸：「考名人説部，記縣人軼事者頗夥。（略）春在堂全集右台仙館筆記之『黄橋鎮何某婦死報冤』『盧家莊盧某縱火焚死』『老儒何萱泰宿遷遇盗』『李東懷與拳僧角技』『陳潮生卒異徵』『陳繩祖亡妻轉生』六事，（略）俞樾得之於陳謂，（略）蓋皆以鄉人談里故者。至如通州戴蓮芬鸝砭軒質言所載『黄橋鎮賣薑翁』及『農夫子打人王』二事，尤爲詭異怪誕，不盡可信。正如東坡説鬼，客姑妄言之，而主人姑妄聽之耳。」

金石

經幢殘石

女弟子　杜五娘　□十娘　周四娘　馮十一娘
韓二娘　戴十一娘　嚴四娘　黄六娘　秦卅娘
吴廿一娘　王十□娘　韓四娘　蔣十一娘　韓七娘
許四娘　汪十二娘　曹四娘　劉二娘　劉七娘
黄三娘　張五娘　韓十一娘　陳四娘　劉六娘
蔣二娘　蔣四娘　陳三娘　夏十一娘

右第一面，共六行。

須五娘　趙□娘　王三娘　丁十二娘　周七娘
院主僧思敬　僧弘□　全迺
□□　智益

右第二面，共三行。「須五娘」行後原空一行。

周文宰　弟文安　文宧　男仲規　仲楷
仲矧　仲□　侄男神寶　孫男留奴

女憙娘　□李娘　孫女□女子　□娘子

劉五娘　男周行祥　處復　行□

侄周行言

右第三面，共五行。

弟子吳建奉爲亡　考妣

捨砌幢磚□足

劉康　□嚴　朱贇　黃英

□□　趙敬方　趙□裕

劉□憲　鍾離□□　劉可祐

韓□立　雷□珣　王七娘　男君祐

右第四面，共六行。

吳師□　師牧　師嬪　師群

吳□娘　譚十一娘　曹六娘

姜四娘　周□娘　臧五娘

臧□娘　高十娘　韓三娘

□訥　蕭贇

右第五面，共五行。

副使趙□　市長官揚操（缺）

王僔　吴建　蔣君慶　陳□□　□行□

臧衮　王□　臧仲積　趙敬宗　徐公及

常建　□位　高胤　徐廣贄　高會

劉衮　□遂　劉迺　劉敏　劉遠

謝素　□從興　倪贇　韓慶　包積

□□　□文□　王□　王安　李師棱

□□　朱昕　傅□　王楚　祖儀

右第六面，共八行。

□□□　李文質　殷宬　鄒會　蔡遂

陳智明　蔡奉　王祐　朱琳　□超

馮嚴　任君政　王長裕　蔣君迺　張□□

徐公適　臧有□　臧有球　高師及　王長□

蔣瑗 蔣環 蔣瓊 蔣璇 法老

韓□ □□ 趙簡 □□□ 宣娘

高季 趙舉 韓清

右第七面，共七行。

吴簡 韓□ 王□ 高訓 高公閏

石寧 花宗本 王從建 徐可宗 張行勤

邵□ 李吟 趙承萬 李□ 郭素

女弟子 杜五娘 宋七娘 周四娘 □十□娘

燕二娘 □□娘 嚴四娘 黄六娘 秦□娘

造幢石料 李弘書 韓□□

僧□思言 咸通十一年十一月

二日建立故記耳

右第八面，共八行。

右刻出真武廟，今置何氏宗祠。共八面，每寬約十八厘米，高約三十四厘米。兩底居中各有圓榫，高近一厘米，徑約二十二厘米。楷書，字體樸拙，大者徑約二厘米，小不足一厘米。

丁正祺黃橋記憶黃橋的碑石磚刻木刻「唐代經幢石」條：「觀此形似是經幢石上的一截，表侄何亞文說此經幢石是人家從真武廟弄走的，經拿經幢圖片走訪原廟旁耆老，皆云經幢原在大殿前，飛機炸毀大殿後經幢也倒了，可以證明此石應爲真武廟中經幢石之一截。」

應天府推官何樟父母誥命碑

奉天承運皇帝敕曰：旌獎賢勞，乃朝廷之著典；顯揚親德，亦人子之至情。矧予世宦之良，克振家傳之業。其爲褒寵，奚間存亡。爾故鴻臚寺主簿廳主簿何嵩，乃應天府推官樟之父。行履清純，才猷敏達。起自賓興之彥，職專文簿之勞。矧義方素切於家庭，致令子竟登乎府佐。刑書明啓，茂彰聽斷之能；禄養蚤違，宜錫追崇之命。用酬嚴訓，兼勵賢能。茲特贈爲儒林郎應天府推官，尚期神爽之昭，益迓寵靈之賁。

敕曰：教育之勞，母德不殊於父；褒封之命，君心實體乎臣。緣人子之至情，爲國家之定制。亦惟懿德，始稱名箴。爾張氏，乃應天府推官何樟之母。禀質端莊，持身謹飭。相夫盡職，著嘉績於鴻臚；教子登庸，播能聲於京府。方隆禄養，宜錫褒章。茲特封爲太安人，諒天道之有徵，服休光於未艾。

弘治十二年十一月初六日。

右刻出黃橋鎮西戴家堡，（聞於黃國建先生）今置黃橋公園。二〇一八年，以新額冠此碑，并置於彼龜趺上。寬近八十厘米，高約一百八十厘米，厚二十六厘米許。上下皆有榫，無以量。共十二行，行三十四字。楷書，徑約三厘米。

泰興何氏家乘卷首誥敕載應天府推官何橽父母誥命一道。

張氏墓志

明故何

孺人張

氏之墓

右刻二〇一三年十一月出戴家堡。此爲蓋，小篆。（泰州晚報二〇一四年一月二十七日第八版黄橋挖出17座古墓載蓋影像而未載底）

何嵩墓志銘同時出。

何岷墓志銘

明故文

林郎何

處士與

東之墓

右爲蓋。

明故文林郎何處士與東墓志銘有序

賜進士第通議大夫户部左侍郎前都察院左
賜進士第從仕郎兩京太常博士江陰卞思敏
賜進士第嘉議大夫都察院右副都御史海陵
泰興何處士與東年七十有九老於東皋之
止處士察其意謂曰汝以吾□而懼行耶汝
京師處士□以正月丙寅卒唱進士第之七
年十月二十七日□處士永豐鎮之東原與
右爲底。

右刻二十世紀八十年代出黃橋公園大門内，（據林任申黃橋名人録廣平府知府何棠）今嵌公園豐澤園西北壁間，門恒閉。蓋，小篆。（據黃國建先生所攝影像録入）底，楷書。（據黃橋名勝所載拓片局部録入）黃橋名勝第一部分歷史文化名勝八古碑石刻「明故文林郎何處士與東墓志銘」條：「何珉，字與東，號東皋，授文林郎，明正德年間，墓葬永豐鎮東。墓志銘厚 10 厘米，70 厘米見方。該銘文 34 行，行 33 字，由賜進士第通議大夫、户部右侍郎、前都察院左僉都御史儲巏撰文，賜進士第登仕郎、兩京太常博士卞思敏書寫，江東陶珠鐫刻。」

儲巏柴墟文集卷九、泰興何氏家乘卷四墓文皆載此銘。

嘉靖明堂證券

明堂證券
大明國直隸揚州府泰興縣
居住孝男何莹等爲
誥□母趙恭人亡故今奉
東官路北吉地一段係龍真
秀沙明用金□一十萬貫文
買先於正德年間起□今擇
年十二月初九日辰時安葬其
丈闊二十丈坐丑山未向
□龍四至明白周圍溝路爲
葬之後盡屬亡命管業千秋
無殃咎山妖土怪及一切邪
妄有侵犯如違定照上青
施行右券道刻磚給付亡□

□

嘉靖十八年十二月初九日安葬孝男何

右刻二十世紀五十年代修如黃公路時出黃橋鎮東石馬，（據林林明代明堂證券重見天日）今置何氏宗祠展櫃內，掩於他石。方約三十二厘米。楷書。「明堂證券」四字橫列於上，徑約四厘米。正文十五行，格方二厘米許，字徑約一點五厘米。

泰興何氏家乘譜傳：「（棐）配江都趙宗道女，諱慈惠。敕封『柔嘉』『謹飭』。恭人治家勤儉，教子有方。生成化戊子七月初八日，卒嘉靖戊戌六月初四日，享年七十有二。生二子：瑩，珽。二女：長適西鄉李鈿，次適金壇監生虞謨。（略）〇公妣合葬鎮東榮壽藏丑山未向正堂。」

丁正祺黃橋記憶黃橋的碑石磚刻木刻「明堂證券」條：「記得西門橋外馬家溝明墓上方磚還刻有永豐里十六都字樣。」

康熙明堂證券：

明堂證券

維

大清康熙三十九年歲次庚■■■日吉

江南揚州府泰興縣太平鄉■■何文源洎家

眷等伏緣故父何■■■■■■■原命甲午

年三月十九日亥時■■■■■熙三十三年

十一月廿二日巳時停■■■■■擇此本莊
西南方之原來去■■■■■■■用金錢萬
貫文買到墓地一■■■■■■巳向下穴左
止青龍右止白■■■■■■■玄武四方勾
陳管□劈四域■■■■■■■■封道路将
軍即行敕付河■■■■■■■爲信契財地
相交永保清吉若違此■■■■自當其咎内
外存亡悉皆安吉五帝使者女責律令券立□
本給付與墓中亡者收執爲證堪輿吕□□□

右刻今置何氏宗祠展櫃内。方約二十六厘米。楷書。「明堂證券」四字横列於上，徑近二厘米。正文欄高約二十三厘米，寬約一點二厘米，字徑約一厘米，首「維」字略大，末「吕□□□」四字稍小。（掩於標識牌，不可見者以墨釘代之）

臨下有赫匾

康熙歲次丁酉春王　元旦

臨

下

有

赫

右刻出真武廟，（聞於丁正祺先生）今置何氏宗祠。嘗改爲門板，上邊有鎖洞。匾芯今寬一百九十八厘米許，高約五十七點五厘米。「臨下有赫」四字行楷，徑三十厘米許，「赫」鋸而寬約二十四厘米。款徑五厘米許，楷書。

俊髦譽望匾

□□□

□□江□□

□□□□□

江南□□□

江南□□□

□□□□

賜進士出身

俊

奉髦

旨　譽

望

雍正拾□(缺)

右刻出北街王宅，即今明清民居建築群第一組合第二進，(據林任申十橋中路的前世今生)今置何氏宗祠。寬約二百零五點五厘米，高近七十八厘米。楷書。「俊髦譽望」四字徑約三十五厘米，「奉旨」二字徑約五厘米。兩端原有漆字款，今盡剥落。(據黃橋民居群江蘇省文物保護單位申報材料所載落款局部影像補録)延令王氏重修家乘卷二：

太子太保兵部尚書總督江南、江西等處地方軍務兼理糧餉提江兼都察院右都御史一等阿達哈哈

番加三級高其倬

奉旨

俊髦譽望

雍正十一年十月吉旦，國學生王嘉正立

上款與此匾不合。又載：

太子太保兵部尚書總督江南、江西等處地方軍務兼理糧餉操江兼都察院左都御史一等阿達哈哈

番加三級高其倬，總理糧儲提督軍務巡撫江寧等處地方都察院右僉都御史喬世臣

江南江蘇等處十二府州承宣布政使司布政使加八級白鍾山

江南分巡泰、通兵備道按察使司副使包适，奉直大夫知江南直隸通州正堂事加一級胡廷琦
賜進士出身文林郎知泰興縣加五級紀録一次趙鑒元
奉旨
獎勵
繁祉駢臻
鄉耆王加宜立
雍正十一年歲次癸丑孟冬吉日

此匾所缺上款或與之同。

同書卷四年表：「嘉正字廷棟。國學生。」

齒德可風匾：

齒
德
可
風
鄉飲耆賓何鼎立
康熙歲次辛卯孟冬　吉日

右刻出黄橋鎮東王家垈何昌鈞家，（據林任申齒德可風匾額溯源）今置何氏宗祠。嘗改爲門板，上邊有鎖洞。

匾芯今寬一百八十二厘米許，高五十六厘米許。楷書，「齒德可風」四字徑近四十厘米，「齒」鋸而寬約二十四厘米，款徑約六厘米。

泰興何氏家乘卷四八林公支譜傳：「鼎，允昌長子，字倫秩。鄉飲賓。讀書未成，教授生徒，以勤儉增置産業。弟熊卒，弟婦吕氏先亡，遺二子俱幼。與三弟儀各撫其一，爲之經理其事，婚娶成家。處兄弟最友愛，待鄉里極醇謹寬厚。人以緩急相求，無不應給。有負而不償者，亦聽之。於康熙辛卯年，宋邑尊獎以『齒德可風』匾額。生崇禎丙子十月初二日，卒康熙己亥正月廿八日，享壽八十有四。」宋邑尊即知縣宋生。

碩德永貞匾：

碩德永貞

鄉飲耆賓何鼎立

康熙歲次辛卯仲冬穀□

右刻與齒德可風匾同出同置。嘗改爲門板。匾芯今寬一百八十四厘米許，高約五十三厘米。楷書，「碩德永貞」四字徑四十厘米許，「碩」鋸而寬約二十七厘米，款徑約六厘米，「立」字殘。

以上四匾，今塵埃厚積，目不忍睹。

祠堂碑記

祠堂碑記

創置宗祠廷棟前已勒石以垂久遠今予復將族衆所出銀兩佽助之數鐫列於

右以爲後人紀焉

乾隆元年　廷棟出價銀壹伯捌拾伍兩整買建祠堂

明若出銀伍拾兩整

二年　廷棟修理共用銀壹伯零伍兩貳錢伍分整

南分衆族零捐銀共叁拾兩零伍錢玖分整

北分衆族零捐銀共伍拾貳兩肆錢陸分整

八年　松籌起造廳屋叁間厢屋叁間橱房叁間共用銀叁伯零伍兩整

大清乾隆十四年仲春月　穀旦十一世孫永昌敬立

右刻今置何氏宗祠。寬約六十七厘米，高約一百五十五點五厘米，厚約十八厘米。楷書，「祠堂碑記」四字雙鈎，横列於上，徑約十二厘米，餘徑二厘米許。

延令王氏重修家乘卷二載此記。

丁正祺黄橋記憶祠堂「王氏祠」條：「前幾年曾從壁上發現兩塊乾隆年間石碑。」一爲此記，一已亡失，疑刻延令王氏重修家乘卷二所載乾隆五年王嘉正宗祠碑文。

奉憲勒碑永遵碑

奉憲勒碑永遵

特授江南楊州府泰州正堂加十級紀録十次陳，爲違禁篾例等事：嘉慶捌年貳月拾伍日，奉本府正堂嵩轉「奉江寧藩憲先憲牌開『奉江蘇學院平批司核議，江寧府訊詳，泰興縣監生何冲上控泰州監生申志榮等盜買茔田一案，覆核議擬，具詳緣由，奉批據詳已悉繳』。等因。到司抄看，轉飭照擬發落，并飭勒碑永禁，以杜訟端」。等因。奉此，查泰州城東姜堰鎮後天目山載在州志，葬有前明嘉靖丁未進士官兵部主事何璇墳茔，周迴計田伍拾壹畝，前明捐送儒學，永爲學田，每年交納租銀柒兩陸錢伍分，歸學造報，其應完錢糧仍係何氏子孫分派完納，歷今無異。嘉慶肆年拾貳月間，該族何玉其藉有派完糧串，將茔田四畝揑稱祖遺分受，浼武生閆馥庵等説合，盜賣與監生申志榮即申燕芳葬墳。經族人何冲查知，控奉學憲，批送藩憲，飭提人證解省訊明，將申志榮等照律分别擬罪，其申志榮所葬之墳已經遷移，田仍歸學照例納租。詳奉，飭行。前因合行遵照，勒石嚴禁。爲此，仰該地鄉保莊民及何族人等知悉。嗣後，各宜凛遵憲示，永遠遵守。如再有不法棍徒仍萌故智，覬覦官産茔田，盜賣盜買，許何族人等并該鄉保指明，赴州具禀，以憑按律究詳。該鄉保佃户倘敢知情容隱，察出一并嚴究，决不寬貸。凛之，慎之。須至碑者，遵右碑通知。嘉慶捌年肆月初一日立。何源長、何學先、何其名、何冲、何學成遵鎸。

右刻今嵌何氏宗祠大廳西壁。額寬八十一厘米許，高約四十六厘米。身寬約七十三點五厘米，高約一百三十七厘米。座高約十九厘米，上寬約八十六點五厘米，下近九十厘米，上深約七厘米，下九厘米。正文共十五行，行五十六字。楷書，「奉憲勒碑永遵」六字爲額，徑六厘米許，「特授（略）爲」二十字、「嘉慶（略）立」十字徑近五厘米，「遵右碑通知」五字雙鈎，徑約七厘米，「赴州具稟」之「州」徑約三厘米，其餘徑皆約二厘米，惟「何源長（略）遵鎸」十六字稍小。

泰興何氏家乘卷一六塋域載此碑。

宗鏡碑記

宗鏡碑記

永豐宗鏡庵創於明初奚尼師，初名奚家庵。庵在鎮西王家巷外，兩庵對峙，此在路北，亦稱北庵。正堂三間，上供龍牌，塑釋伽及諸神佛龕象。禪堂五間，道正尼師所建，内供準提蓮座。并門堂、厢屋，共計二十間。女師遞傳。自道正、道潔師輝煌兹庵，徒秀林，徒孫深遠、興宗，曾孫彤修，玄孫廣譽，自幼招剃。彤修中年孀苦無依，皈兹净土，拜師興宗。自明及今，閲四百年，成古刹矣。久欠修葺，墻圮棟欹，秀林、興宗有願未遂。彤修偕廣譽承祖、師之命，恭請耆老紳士助爲經理，叩募善信，銖積檀施，今已幸有成功。塗葺丹雘，焕然一新，共計糜金數百兩。此庵有山田二十四畝，并廟基前後坐落四止開後。住持審能勤苦支持，於香火蔬水外，稍有餘力，苫葺以時，自應久而勿替。彤修感衆緣之功德，念承業之艱辛，望後人知所遵守也，請勒諸石，以垂不朽也。是爲記。邑人何湘、吕賡元撰書。

董事。閻馥庵，吴秩音，顧光輝，汪之盤，何景山，丁迴凡，韓令美，張蕙亭，李廣萬，何方宏，張華廷，何尊賢，汪載鯨，郭彤五，閻北正，朱燕五。倡捐：民瞻。碑首：搏萬，一德，學盛，顧炳，何學成。

本庵住基一方，東止土墻外何界、成祠池邊界，西、北二止路心，南止西吕家山界、東俞土墻界，應朝北南厢房。東西通直方長天井一方，巷後接朝北房，東山接長界。墻一條，其墻係興宗師買朱經年之墻。（契存）外場園田一方，東連庵基，西止接頭，應張、李平界，南止應南厢房後墻滴水，直西、北止張山墻界。庵田一丘，兩接二十畝，坐落吕家橋後莊龍墒溝北。南接八畝，東止李界，西止丁界，南止溝外土龍，北止本田接頭。又北接十二畝，東止何界，西止丁界，南止本接，北止溝心。計租七石二斗。又後田中夾巷東基地四畝，東、西二止吕界，南止溝心，北止何接頭。庵串庚三三册，名宗鏡庵，上忙錢三分，下忙錢三分半，逢閏加二厘、米一升六合。

住持尼僧彤修、廣譽。

大清嘉慶八年六月上浣吉日立。池揚青陽縣洪文浪鐫。

右刻在宗鏡庵，門恒閉。「宗鏡碑記」四字爲額，小篆，餘皆楷書。（丁正祺先生嘗拓數紙，黄國建先生攝以示余。拓本漫漶處，據丁先生簡化字鈔本補録）

丁正祺黄橋記憶黄橋的碑石磚刻木刻「宗鏡碑記」條：「嵌在大殿南壁上，高 160 厘米、寬 77 厘米；碑座高 8 厘米、出墻面 2 厘米。碑額高 36 厘米，中間淺刻宗鏡碑記四字篆文，兩側淺浮雕二龍戲珠。碑邊淺浮雕纏枝花卉，間以梅蘭竹菊。碑文前部爲寸楷，記述該廟建於明初奚尼師，（略）後半上部鐫何湘等 24 人名諱，下部綫刻小楷7行，行39字，記載廟田若干、座落何處、糧串號、課税數等。下款鎸『大清嘉慶八年六月上浣吉旦立』。碑因受潮日久，已有剥蝕，字迹漫漶不清，借夕陽光伏地細看方知其大意。」

勒石永遵碑

勒石永遵

署泰興縣正堂加五級紀録五次宋、黄橋巡檢司加三級紀録三次潘，爲祭田魆葬、勒碑永禁事：照得前明嘉靖間剿倭盡節忠義將軍王諱良者，祭田貳拾捌畝，坐落鎮西橋外。前因有人葬坟，道士勿阻，經生員封喬峰控案，續據黄橋司詳，董事孫鵠等仝呈前來，當經批示。該道士徐行法實屬不合，姑念相沿已久，且未經示禁，從寬免其究逐。嗣後，田内毋許葬坟，即行勒碑永禁。其田歸廟收租祭祀，契券原發封喬嶺收執，并着紳士何湘、丁椿協理。爲此，仰該廟道士、鄉保人等知悉。嗣後，如有仍蹈前轍盗葬祠田者，合即指禀究治。該廟道士倘敢隱諱，并究不貸。各宜凛遵。須至碑者，右碑通知。大清嘉慶九年十一月日吉旦立。

右刻今置黄橋公園。中斷。寬五十四厘米許，地上高約一百二十八點五厘米，厚約十四點五厘米。楷書。「勒石永遵」四字横列於上，徑約十厘米。碑文共十一行，行二十八字，徑二厘米許，「右碑通知」四字徑四厘米有餘。

重修直來橋碑

蓋永豐一區，北方曼衍。大川環於外，小港横於中。太平橋南近三甲市門，北接拱辰橋，而直來兼之。旁有支河，水流澎湃。百餘年未經修輯，以致石基敗毁，石欄傾圮，過往者以爲嘆。吾友尹子達聰、丁子豐占等目擊心傷，慨然欲倡公義。謀之於余，余以在外時多，諉其責於余侄探文。且同議之吴子金吾、李子廣萬亦喜探文鋭敏，英年堪任。自兹以往，相顧而起者又有吕子綺天、丁溶川、劉玉堂、王金芝、吕道五諸君子焉。時在甲子春初，諸子邀余同赴真武神廟，共議估工定捐諸事。廟中一輪師性頗好善，聞有修直來橋之説，亦願陪其後。丁子豐占又謂余曰：「計定宜行，時哉毋失。」從慂作簿首叙。隨往鎮中勸捐，與諸君子奔馳數日，載列捐銀四百餘兩。厥後，設局辦公，置買石料，豐翁與余侄持籌數月，余不與焉。越至仲秋，水淺，勢可動工。擇吉於九月初十日，匠師興作，高下悉如舊制，而廣闊稍倍於前。蓋便於徒行，尤利於車載也。但尹子定捐後以他務客羈於泰郡，而此董理工匠、晨夜不寧者，惟有丁子豐占與余侄探文焉。且八九月間，吾鄉貿易事繁，在鎮諸子無暇理及捐簿，吾友豐占不得已而邀余於三十里外助之催捐。余以館於海陵，鎮北鄉耆向與吾有至交，聞風相佽者不一而足。其時，李子廣萬、丁子溶川、吾徒王金芝之頻與余同車而往，頗賴其力。余歸而詣捐局中，與豐翁總計捐數約可以贍工用時，又適逢吾友尹子回里，喜出望外，且共議以餘力修理三官神殿。蓋豐翁之赴公不倦，尹子重倚之，而余侄亦踵其後而倍加踴躍也。從兹，鎮北廟宇橋梁舊址更新，祥光焕發。匪特同事諸君子有功於斯役，而鄉鎮之好施助捐者俱宜獲報焉。

十一月初七日，橋落成後，諸子甚余爲叙。余是以備陳端末，用俾後人之取鑒云爾。里人汪懋銓謹識。

朱恒茂五拾千，吴長生三萬五千弍伯，丁秩有弍拾四千，丁大椿弍拾千，丁豐占拾六千，尹達聰拾六千，金荆茂拾六千，吕乾泰拾六千，韓聆宜是華拾四千，江志大拾四千，王金芝、金爵拾四千，丁文錦拾弍千，丁迴凡拾弍千，汪探文拾弍千，丁鳳千、和年拾弍千，吴良佐左東拾叁千，成坤若、嚴汝璠合拾千，王永亮八千，吕昆林八千，丁泰年八千，何書美、李景士、陳允文合八千，江怡順六千五伯，丁南齡六千，丁焕如六千，何公守堂六千，何尊賢六千，蔡歆和、萬和六千，戴廣泰四千，余宗皋四千，丁其相四千，周永發四千，丁振凡四千，吕裕文叁千六伯，吕彦碩叁千五伯，王崇德三千，李世珍三千，成道德三千，吴金吾三千，韓卓田、正風三千，鼎豐號三千，吕淇川弍千四伯，吕國珍中廷弍千，賈春和弍千，吴尊周弍千，吴正芳弍千，趙益元弍千，閻馥庵乙千六伯，周德純乙千六伯，陶恒興乙千六伯，何正綱乙千六伯，徐兆鳴乙千六伯，閻金西乙千六伯，劉景徐乙千六伯，萬豐號乙千六伯，程汝良乙千四伯，戴琛獻乙千弍伯，劉玉堂乙千弍伯，李廣萬乙千，朱世昌乙千，程士奇乙千，何柏年乙千，張炯廷乙千，倪廷相乙千，何廷瑞乙千，蔡復貞乙千，高榮昌乙千。關西閻家莊：何志高弍千，何學成六千，何學先四千，閻興安叁千六伯，閻尊滿叁千弍伯，閻元文弍千，閻錦書乙千，閻秩有乙千。太平莊：何大德乙千，何咸若乙千，何貴德乙千，何友德乙千。曹家莊：黄盛田乙千。小劉莊：吴大年乙千，劉元章乙千。顧家莊：朱啓昆五千，顧錦籛乙千六伯，朱奉章乙千。吴家莊：吴國魁五千，吴鶴鳴四千，吴浩廷、怡廷叁千，吴耀廷乙千四伯，吴芝廷乙千，吴蘭廷乙千，吴從周乙千。張家莊：朱文海弍千四伯，朱光廷弍千，仇士珍乙千六伯，劉繼英、元乙千四伯。杏塘：劉志朋乙千六伯，劉景朋乙千。南徐莊：嚴汝蘭六千，嚴汝欣八千，徐世魁弍千。楊春岸：白宏有弍千。芮徐莊：蔣名選拾五千，徐孔來拾五千。内欠五千。白家莊：白登山乙千六伯，白遐山乙千五伯。吕家莊：吕錫蔭綺天弍千，吕國侯弍千四伯，吕志林弍千，吕彩良不出，徐應功不出。肖家莊：尹家禮乙千六伯。八尺溝：吕朝安叁千，吕大勛弍千四伯，吕大朋弍千，吕龍光乙千。樊家集：樊成山拾四千，楊大富不出，朱正萬乙千，張有信八伯。西雁嶺：朱超祖拾二千，朱榮祖六千，申恒安四千八百，申正萬乙千六伯。陳家堡：周永爵、周尚彩合五千。秦家垜：吴文裕弍千四伯。袁垜：周□章六千，周□萬弍千，朱□思弍千，丁□有乙千六伯，朱朝聘乙千，周崇文八伯。□家莊：王承禧弍千，王獻文乙千，王鳳盛乙千。東官田、王家莊：嚴錦山叁千，吴志有乙千，劉盛章弍千四伯，劉永德乙千六伯，劉盛寬同侄永峰慶弍千，翟朝富乙千，成士德乙千，王裕章八伯。申成莊：馬上玉、馬國富叁千弍伯，孫國安叁千，孫宏海弍千，成學臣乙千六伯，諶士宗乙千，孫世良乙千，孫國相乙千六伯，錢盛宗乙千，孫永輝不出。前顧莊七位叁千五伯，楊春岸七位弍千八伯。以上鎮鄉共實收錢陸伯捌拾叁仟弍伯文。

一、支錢叁伯伍拾千文，石料，匠工。一、支錢叁拾千文，石灰。一、支錢陸拾壹千叁伯文，杉木。一、支錢叁拾千文，泥木作工錢。一、支錢伍拾陸千文，打垻，搭廠，車工，小工，油，麻，茶，米，木鐵器。一、支錢弍拾陸千四伯文，開工、告竣酒席、喜錢。一、支錢拾四千叁伯文，修永昌、永豐橋工石。一、支錢拾弍千文，大碑。一、支錢拾千文，修紅橋杉木、匠工。一、支錢玖拾陸千文，修理三官神殿。以上共實支錢陸伯捌拾陸千文。除收，净虧錢弍仟八伯文。

嘉慶十年歲次乙丑孟春月吉旦立。

右刻出真武廟，今置直來橋南，保護不善。寬七十六厘米許，地上高約一百五十五厘米，厚十七厘米許。楷書。正文共十行，行七十六字，徑約二厘米。捐額、支款共十三行，行十六條，徑約一厘米，小字約零點八厘米。「嘉慶（略）孟春月」十一字徑約五厘米，「吉旦立」三字徑約四厘米。

丁正祺黃橋記憶黃橋的碑石碑刻木刻「重修直來橋碑」條：「2004 年，我在呂家橋後莊顧家見到碑額，兩邊浮雕雙龍戲珠，中間篆『重修直來橋碑』，不知因何流落此處。」

宋顧孝子墓石

之孝感天地格鬼神也

然有遺思焉爰命立石

無窮也

宋顧孝子墓

萬曆十九年知泰興縣事段尚綉立

大清道光十四年歲次甲午孟夏吉旦　里人重建

知泰興縣事李　震

黃橋司巡檢王有烈

大清光緒二十二年中元節吉立　後顧家莊

十六世孫宗道□□　顧宗道母親不安許修

右刻今置黃橋公園。餘殘石三，綴成一通。寬近八十一厘米，高約一百九十二厘米，厚約二十三厘米。楷書。「宋顧孝子墓」五字徑約二十三厘米，餘徑三厘米許，「無窮」之「無」、「知泰興縣事段」之「興」「縣」、「歲次甲午」之「次」「甲」皆殘。「大清光緒（略）後顧家莊」十七字在「知泰興縣事」上，「十六世孫（略）許修」十七字在「黃橋司」上，此三十四字形稍異，徑不足三厘米，乃後刻。

縣志補卷二建置志第二名迹：「宋顧孝子墓，明萬曆十九年，知縣段尚綉立石。段尚綉孝子墓石刻。宋顧孝子墓。丙戌秋，余莅兹土。展謁顧孝子祠，索傳讀之，知孝子之孝感天地、格鬼神也。辛卯秋，因公事過黃橋，里人告以墓處，今□□然有遺思焉。爰命立石，以示不朽，亦以風後之爲子者儀型於奕□無窮也。萬曆十九年，知泰興縣事段尚綉立。大清道光十四年歲次甲午孟夏吉旦，里人重建，知泰興縣事李震，黃橋司巡檢王有烈。按：康熙志稱『墓址久堙』，今石刻在墓亭前。」

顧氏族譜卷一：「兹蒙縣公段大人以孝爲政，欲旌其門而無由，故求其墓於黃橋之西，當即差人封土，誠恐久而湮滅。又樹碑於墓門數十步之外以爲志，庶使後代子孫追遠百世永遠有憑耳。碑文：丙戌歲，余莅兹土。展謁孝子祠，索傳讀之，知孝子之感天地、格鬼神也。辛卯秋，因公事過黃橋，里人告以墓處，令後人殷然有遺思焉。爰命立石，以示不朽，亦以風後世爲子者儀型於奕世而無窮也。萬曆十九年，知泰興縣事○段尚綉立。」

顧孝子亭柱

孝列史書五十載晨昏不改

墓憑碑石二百年風雨無傷

右刻今置黃橋公園。數年前，好事者漆以紅。高約二百六十三厘米，方二十八厘米許。楷書，徑約十八厘米。

林任申黄橋名人録孝子顧昕：「這200年應該是指從明萬曆到清道光的200年。據此推斷，顧孝子碑爲明代立，顧孝子亭則是清道光年間建。」

余氏祠告示碑

署江南通州泰興縣正堂加十級紀録十次衛，爲建立宗祠事：據孀婦余閻氏同孫議叙九品余俊彦呈稱「故夫文生余律元遺囑氏將住房南首瓦房一所建立祠堂，以祀宗祖。坐落本鎮三甲河東，坐東朝西瓦店屋二間，通後天井一方，左厢屋二間，右厢屋一间，坐東朝西瓦敞廳三間，共計瓦房八間、随房地基五分整，情願入公建立祠堂，以垂久遠。恐有房族不肖子孫窺氏邁孀孫懦，因祠屬公産，强住作践，以污先靈。爲此，陳情立案，并叩賞示諭禁等情到縣」。據此，除批准立案外，合行示禁。爲此示，仰該族人等知悉。自示之後，倘有不肖族人以及附近居民强向該祠硬住作践，許即指名禀縣，以憑究懲。各宜凛遵，毋違。特示。咸豐叁年拾貳月十九日示。

右刻今置何氏宗祠。寬約六十二厘米，高約一百三十六厘米，厚約十三厘米。底下有榫，上寬約十七厘米，下約十四厘米，高約十七厘米。楷書。「署江南(略)爲」十九字居右，徑約五厘米。「咸豐(略)示」十一字居左，徑四厘米許。餘下共八行，行三十一字，徑約三厘米。

丁正祺黄橋記憶黄橋的碑石碑刻木刻「余氏宗祠碑」條：「原在余氏宗祠壁上，擴建十橋路時被發現。」

何公太冶坊鑄鐘款

□清咸豐八年

孟冬月穀旦立

沈增林　余孔□

朱登□萬春　玉田福田

□海　□□

泰興老字號之章静何公太冶坊：「2000 年春，黄橋歷史文化研究會作文物調查，在距黄橋二三公里的泰興水泥機械配件廠發現一口鐵鐘。鐘高 60 公分，鐘紐 20 公分，爲雙龍戲珠狀，腰徑 46 公分，重約 60 公斤。鐘身自上而下有八卦、萬字紋、水雲紋等圖案，中部鑄有四十多位捐資者姓名，落款爲『大清咸豐八年孟冬穀旦立』、『黄橋何公太冶坊』。文字雖然古拙，但圖案精美。（略）可能是横巷一座廟裏的。」（據該書所載局部影像録入）

丁氏墓志

丁氏墓志

皇五十月初還葬分金

清隆七五十日於向丁

太乾年年日十鎮丁財

學於九七辰初北山兩
生生月豐時月陳癸旺
顯君初咸擇正家扦富
考府五於於年莊穴貴
丁□日歿光六前正綿
公□亥時緒十新塋長

右刻今置何氏宗祠展櫃内。方約二十六厘米。楷書。「丁氏墓志」四字横列於上，徑約三點五厘米，框高約五厘米。餘下格方約二點五厘米，字徑約一點五厘米。

丁家節孝坊額

皇清旌表衛千總銜國學生丁翕之妻王氏坊

右正面。

光緒己丑年春月禮部
奏請
皇清
旌表

奉政
奉大夫
旨國學
生丁
福寶
妻季
氏坊
男丁德馨敬附
光緒辛卯年秋月鎸
右背面。

右刻今置黄橋公園。中斷。寬約一百九十厘米，地上高約三十六厘米，厚約九厘米。兩側上端皆有耳。楷書。正面十八字横列，徑約十厘米。背面「皇清（略）季氏坊」十八字徑約十厘米，「奉旨」二字徑約五厘米，「奏請」二字徑近六厘米，款徑約四點五厘米。

丁氏楷三房支譜：「人鵠，楷次子，原名翕，字承堂。國學生。候選千總。（略）娶本鎮監生王圻女，生嘉慶乙亥七月初六申時，殁咸豐乙卯十一月十三日子時。生一子：福寶。一女：適如界高明莊教諭高淳（字薇仙）。」又：「福寶，人鵠子，字介甫。清國學生。候銓府同知，例授奉政大夫。力學嬰疴，旋逝。（略）娶本邑季家市監生季兆熊女，生道光己亥年八月初七日子時，殁於民國丁巳年五月二十五日卯時。清立坊旌表節孝，誥封宜人。以堂兄振基次子德馨爲嗣。」

又有王氏坊殘石一，刻「婿高增烜」「同孫丁德馨敬立」，楷書，散落珠巷西之南，今已亡失。（聞於王程先生，并攝以示余）

王氏節孝坊中柱

十四年冰雪同清儀範遠宗分雀賦

右正面。

憶零丁孤苦何惜西郊片壤永樹芳型

侄式曾謹志

右背面。

右刻今置黃橋公園。地上高約三百三十五厘米，方近三十九厘米。聯框寬二十厘米許，高約二百三十五厘米。楷書，字徑約十一厘米，款徑四厘米許。

王氏節孝坊邊柱

一片在壺中不愧冰清玉潔

三生幸石上永昭蘭秀芝榮

弟見恒拜撰

右正面。

撫子奉姑兒時親見
含辛茹苦母德常垂
　　姨侄葉平壽恭記

右背面。

右刻今置黃橋公園。地上高約二百四十七厘米，方約三十八厘米。聯框寬近二十一厘米，高約一百七十厘米。楷書。正面字徑約十二厘米，款徑四厘米許。背面字徑近十五厘米，款徑四厘米許。

黃橋周莊發現貞節牌坊石柱載此三柱出黃橋鎮西北周莊一組，用作橋板，二十世紀五六十年代爲建電灌站而取自此鎮。

又有坊石一散落周莊南之野屋基，亦建電灌站而取自黃橋鎮者，或即此坊之枋歟。（聞於王程先生，并攝以示余）

光緒縣志卷一九人物志一之二選舉表下載葉平壽字子衡，同治九年舉人，大挑教諭。延令王氏重修家乘卷一之平壽自來公傳贊：「吾胞母舅硯香公。」卷六年表：「（圻）次子見恒，字硯香，號月清。附貢生。」卷五年表：「（五光）次子圻，字金爵，號青林。國學生。（略）（側室陳氏）生一子：見恒。生一女：適衛千總銜國學生丁翕原名人鵠。（略）（側室劉氏）生一子：見剛。生三女：長適監生葉墉，次適即用復設訓導附貢生丁人植，三適即用從九品監生嚴燻。」則知平壽父名墉，此坊爲王立。光緒縣志卷二五列女志一之三節婦今録：「丁翕妻王氏。年二十八，夫歿。奉姑撫孤。守節十四年。〔光緒九年旌。〕」與此坊兩柱合。家乘所載見恒姊妹，別無守節十四年者，遂知此坊爲丁翕妻王氏立。家乘又載式曾爲汝南（字自來）長子，汝南爲培（字金芝）三子，培爲五光長子。式曾確係王氏侄，與此坊中柱落款相合。

嚴氏墓志

□氏墓志
民一月寅年日巳何吕
國十三甲七五時後匡
先年十國月十合莊田
冢子日民十月天橋内
媳戊戌於八二地家之
嚴緒時歿日十和吕庚
氏光居巷戌年□西山
孺於黃猪時本奉鎮甲
人生橋□葬於□□向

右刻今置何氏宗祠展櫃内。寬近三十一厘米，高二十七厘米許，厚約三點五厘米。楷書，徑二厘米許，「十八日戌時」之「戌」殘，「□氏墓志」四字横列於上。

重建文明橋記

重建文明橋記

泰興僻居江表距縣治四十里之北通泰縣西徑縣城以入於江□也市南有文明橋當孔道爲行□久不復行人苦於厲揭縣紳米□巨工立舉經始於民國五年丙辰程功不逾兩載而先生經營其家資悉遣子弟渡海求學無餘財請於有司以嘗貸於病死會歲偏灾官中因移取歸養名德日崇先生益慨然□所謂有志者事竟成耶抑其略列狀於石俾垂來祀而風後

寒暑雨無間口不言勞厥功尤

民國六年歲次强圉大□□□

右刻今置何氏宗祠。下半斷失。寬約八十一厘米，高七十至七十九厘米，厚約二十二厘米。楷書，「重建文明橋記」六字横列於上，徑七厘米許，餘徑約三厘米。

文明橋徵信碑

中華民國七年歲次戊午夏曆清和月穀旦吉立。

生猪捐。（缺）花生捐。（缺）油酒捐。（缺）雜糧捐。（缺）腌臘捐。（缺）洋油捐。（缺）烟業捐。五百□十元□。自三年六月至六年五月統共局支。□□□□□□八十四元九角，□茶□□三百四十九元。以上除支，實收六千六百十元五角九分。厘捐局。四百元。泰興商會。六十元。孫新盤。三十元。胡協廷。何次金。尹子餘。朱占魁。刁學品。王錦□。何。（缺）

吴迎五。十元。顧盛魁。二十元。徐□嵐。五十元。王小香。□百十元。石若愚。四十元。丁永興。大房，三百元。倪萬麟。百元。泰興無名氏。百元。豫興典。四百元。仁益典。四百元。丁鼎大。二百元。王利、同興。百八十元。丁永興。四房，百元。成德寅。朱德泰。李恒源。丁文伯。以上俱百元。泰合成。百二十元。丁潤泉。舒湘浦。以上俱二十元。

丁均昌。五十元。無名氏。三十元。丁子嘉。四十元。王臚卿。十元。尹竹卿。二十元。徐次堂。閶崧甫。韓銀塘。以上俱三元。韓明甫。十元。韓子安。十元。張冕卿。十二元。丁練秋。三十元。朱仁源。百元。仁源生。八十四元二角。萬源昌。七十元。王永茂。裕泰和。陸萬成。以上俱六十元。協泰隆。成同興。以上俱五十元。

韓其昌。少記。李蓮卿。韓丁氏。以上俱五十元。王雲樵。韓其昌。三房。以上俱四十元。汪天吉。三十二元。□德□。何瑞甫。王瑞五。丁迪庵。朱泰昌。文華齋。吴合興。以上俱三十元。談恒順。二十九元。無名氏。二十六元。何希仙。葉岐山。以上俱二十五元。恒隆昌。朱□□。□□□。以上俱。（缺）

何鎰大。江正興。何明輝。丁泰和。仁和源。李慎祥。何德盛。孫源昌。丁誠齋。以上俱二十元。戴子嘉。十八元。謝明軒。汪星三。以上俱十五元。朱良甫。江同記。以上俱十二元。李道生。戴同盛。丁銘臣。封伯宇。泰來生。房恒順。以上俱十元。

余□。張金泉。許乾成。封復昌。劉鴻甫。韓太祥。王巖樵。以上俱□元。何宗韶。沈瑾。裕康祥。以上俱八元。李子光。戴載之。以上俱六元。陳毓齋。無名氏。裕和豐。成同順。恒泰豐。何隆昇。無名氏。恒大祥。

汪益美。朱天成。以上俱五元。汪子雲。一善祀。楊萬盛。王長三。何鑒之。以上俱四元。王顯甫。三元。丁瑞卿。閶子善。以上俱二元。朱鶴書。無名氏。以上俱一元。僧亦樂。五十元。廟後廁缸。售百元。各户助送四百九十元七角九分。西路莊。五十三元八分。東金家堡。二十元。東路莊。三十元一角三分。吳韓莊。四十七元。西金家堡。二十元。鹽泥場。三十三元。郡韓莊。二十三元七角五分。朝陽莊。十九元。姬家堡。九元八角。□莊息。七百二十三元二角。以上共收大洋六千七百□十七元□角□□。支。建文明橋□□一百八十元。支。犒匠一百八元。支。桌椅、香几、茶几三□十九□二角。支。勸捐、開工、紀念、合龍四項酒□一百四十八元八角。支。賞錢、喜錢、節錢、□□四項一百二十二元六角。支。搭浮橋、接陰溝、填溝三項一百四十九元七角。支。造公井六座二百五十七元七角。支。駁坎、木樁、黃石、石灰、匠工五項洋一千五百九十元二角。支。建石亭六百六十二元。支。立石碑兩座、印徵信録二項百元。支。砌圍墻、修廟、加屋三項洋四百元。以上共支大洋一萬二千七百元。連□付抵□，□存大洋□□□□□。

提倡：瞿□齋，王□前，王子□，郭□□，金蘅意，何緒之，孫□□，□星樓，朱勵生。發起：江澤滋，王秉綸，丁子嘉，丁潤泉，王臚卿，尹竹卿，朱瑞卿，王植三，丁文□，丁石□，韓明甫，韓星五，王小香，王子幹，丁秀甫，□□□，丁□□，李□清。

右刻今置裕泰和茶葉店。數年前移置時斷爲兩截。寬約八十一厘米，高約一百六十二厘米。「中華民國(略)立」十三字居右。正文共八行，行二十項。「提倡」「發起」各一行，人名行三，共十一行。楷書，徑二厘米許，小字一厘米許。

丁正祺黃橋記憶黃橋的碑石磚刻木刻「秀水縣修置公廨碑記」條：「在文明橋徵信碑背面，内容爲明宣德間析嘉興縣置秀水縣，公廨多草創，20多年後莊瑩中任秀水縣令，經營規劃『節用致財，養民以致力』，8年中置屋310間，莊令考滿，縣丞主簿刻碑立於神廟以紀念。碑文字體如九成宮而飄灑過之，可爲範本。碑立於成化四年（1468）。民國初廢秀水縣，可能縣衙移作他用或拆除，此碑作爲廢石賣給黄橋，背面被刻了修橋徵信碑，今已在墻中。」（丁正祺先生嘗拓數紙）

文明橋徵信録：

民國三年六月二十一日開辦，至六年五月初四日截止。

統計數目，前已給過收條，兹復刊列於左：

泰縣、黄橋猪業洋三千九百八十元七角九分。油酒業洋一千二百四十八元三角八分。花生業洋一百六十四元零三分。雜糧業洋一千二百五十二元三角九分。腌臘業洋二百七十一元三角二分。□油業洋一百五十七元五角。□業洋五百六十九元零七分。□□局洋四百元整。□□□收大洋八千零四十三元四角（缺）。（缺）開辦費酒席烟茶油炭等共支洋八十七元（缺）。（缺）司二、□一名薪工共支洋八十五元五（缺）。（缺）份局司二、役一名薪工支洋二百零一元四角（缺）。□念酒席烟、茶、油、炭支洋一百零八元三角五分。貼角色支洋三元五角二分。□年份局司二、役一名薪工支洋二百零四元整。烟、茶、油、炭支洋八十六元三角整。六年份局司二、役一名薪工支洋一百九十四元整。烟、茶、油、炭支洋六十三元六角三分。三年半統共局支大洋一千零三十三元九角。除支，净實收大洋七千零零九元五角九分。

本鎮、南鄉莊名、各捐户台銜刊列於左：

□興商會助大洋六十元。吴君小山手。孫所長新盤助大洋三十元。□君錫廷助大洋十元。鹽店營官。何君茨青助大洋十元。泰興。□君子瑜助大洋十元。肖家莊。朱君占魁助大洋十元。元垛莊。□君聖魁助大洋二十元。刁家旺莊。刁君學品助大洋十元。同上。□君錦壽助大洋十元。香甸頭莊。何君伯蔭助大洋十元。霞蟆圩。□君晴嵐助大洋五十元。向家堡。吴君迎五助大洋十元。蓮子蕩。□□氏助大洋一百元。孫君新盤、徐君茨堂、丁君文甫、丁君少卿、李君麟卿同手。（缺）後東厠售大洋一百元。王君小香□大洋□百十元。□□□□助大洋四十元。鐵索一根。倪君萬（缺）。（缺）大洋三百元。又無名（缺）。（缺）大洋三百元。又無名（缺）。（缺）房助大洋二百六十元。又無名（缺）。□□□助大洋一百五十元。又無名氏（缺）。□□、同興共助大洋一百八十元。成君德寅助大洋一百元。□永興四房助大洋一百元。朱德泰助大洋一百元。□恒源助大洋五十元。又無名氏助大洋五十元。□君文伯助大洋五十元。又無名氏助大洋五十元。□合成助大洋一百二十元。丁君潤泉助大洋二十元。□君湘浦助大洋二十元。尹君竹卿助大洋二十元。□均昌助大洋五十元。又無名氏助大洋五十元。丁實甫手。□仁源助大洋五十元。又無名氏助大洋五十元。陳子昌手。□源生助大洋四十元。又無名氏助大洋四十四元二角。陳子昌手。□源昌助大洋三十元。又無名氏助大洋四十元。□永茂助大洋六十元。裕泰和助大洋三十元。□無名氏助大洋三十元。韓君仲佺手。陸萬成助大洋三十元。□隱名氏助大洋三十元。陸君鏡卿手。丁君芷佳助大洋四十元。□泰隆助大洋二十元。又無名氏助大洋三十元。殷君焕芝手。□同興助大洋二十元。又無名氏助大洋三十元。李君厚甫手。□其昌少記助大洋五十元。李君蓮卿助大洋四十元。（缺）氏助大洋十元。李君蓮卿手。王君雲樵□□□□元。（缺）助大洋三元。韓君子（缺）。（缺）房助大洋四十元。韓丁氏（缺）。（缺）大洋四十元。何瑞甫手。汪天□（缺）。（缺）大洋三十元。何君瑞（缺）。□□□五助大洋三十元。丁君迪庵（缺）。□□練秋助大洋三十元。譚恒順助大洋二十元。□無名氏助大洋九元。無名氏助大洋二十六元。丁君少卿手。□泰昌助大洋二十元。文華齋助大洋二十元。□名氏助大洋二十元。朱君茂齋、石君若愚手。何君希仙助大洋二十五元。□□岐山、興和助大洋二十五元。恒隆昌助大洋二十元。□君俊卿助大洋二十元。吴合興助大洋二十元。□無名氏助大洋十元。吴君竹波手。何君麟德助大洋二十元。□鎰大助大洋十元。江正興助大洋二十元。□君明輝助大洋二十元。丁泰和助大洋十元。□無名氏助大洋十元。丁泰和手。何德盛助大洋十元。又無名氏助大洋十元。何君雲程手。無名氏助大洋十元。何君蔭堂手。□和源助大洋十元。又無名氏助大洋十元。馮君佩之手。□慎祥助大洋十五元。又無名氏助大洋五元。嚴君渭濱手。□源昌助大洋二十元。無名氏助大洋二十元。丁君成齋手。□君子嘉助大洋十元。又無名氏助大洋八元。戴君子嘉手。□君星三助大洋十元。又無名氏助大洋五元。汪君星三手。□□明軒助大洋十五元。朱君良甫助大洋十二元。□□□卿助大洋十二元。江同（缺）。□□□甫助大洋十元。李君（缺）。（缺）助大洋十元。戴同（缺）。□□□臣助大洋十元。封君（缺）。（缺）助大洋十元。無名氏□□□十元。□君□□手。□恒順助大洋十元。張君金泉助大洋十元。□乾成助大洋十元。封復昌助大洋十元。□君鴻甫助大洋十元。韓泰祥助大洋十元。□君巖樵助大洋十元。何君宗韶助大洋八元。□康祥助大洋八元。沈君瑾助大洋八元。□君紫光助大洋六元。戴君介之助大洋六元。□君毓齋助大洋五元。無名氏助大洋五元。李君挹清手。□和豐助大洋五元。成同順助大洋五元。□泰豐助大洋五元。何隆昇助大洋五元。□泰祥助大洋五元。無名氏助大洋五元。葉君少廷手。□益美助大洋五元。朱天成助大洋五元。□君子雲助大洋四元。一善祀助大洋四元。□萬盛助大洋四元。王長山助大洋四元。□君鑒之助大洋四元。徐君茨堂助大洋三元。□君崧甫助大洋三元。無名氏助大洋三元。王君顯甫手。□□瑞卿助大洋二元。閻君子善助大洋二元。□□鶴書助大洋一元。無名氏（缺）。□□□尚助大洋五十元。（缺）□四百九十元七角九分。（缺）助大洋五十三元八分。劉君鏡波手。（缺）共助大洋三十元一角三分。錢君月（缺）。（缺）共助大洋四十七元。東金家□□助大洋二十元。侯君手。□□家堡共助大洋二十元。李君小芳手。鹽泥場共助大洋三十三元。丁君手。□韓莊共助大洋二十三元七角五分。李君輝手。□陽莊共助大洋十九元。朱君連勛手。□家堡共助大洋九元八角。李君丙西手。共收本鎮、南鄉大洋五千六百三十五元七角五分。總共除局用，净收大洋一萬二千六百四十五元三角四分。典鋪、錢莊生息大洋七百二十三元二角。

支消項下：

支文明橋洋九千一百八十四元。支犒賞石匠洋一百零八元。支安水磐石、合水旱龍門等喜錢洋一百二十二元六角。支勸捐、開工、紀念合龍酒席洋一百四十八元八角。支填溝、搭浮橋、造陰溝洋一百四十九元七角。支公井六座洋二百五十七元七角。支石駁坎木石料洋一千五百九十元二角。支刻徵信録、勒石碑洋一百元。□石亭洋六百六十二元。□□圍墻、修廟、添屋洋四百元。□□桌椅、茶几洋十九元二角。（缺）共支銷大洋一萬二千七百（缺）。（缺）共除支净存大洋六百二十六

（缺）。

文明橋題字

北分淮委南接江潮

右刻寬近三十七厘米，高約二百七十二厘米。楷書，徑約十八厘米。原有石四，今亡失三。吴曾蔭中國名鎮黄橋印譜詩聯題詠載聯曰：「北分淮委南接江潮，湍水波湉筆峰景秀。」又：「功侔鞭石頓教險坎平康，影瀉卧波重睹離明景象。」丁正祺黄橋記憶黄橋老橋「文明橋」條：「北分淮委，南接江潮；筆峰景秀，水波湍湉。」又：「景寫卧波，重睹離明氣象；功侔鞭石，頓教坎險平康。」

何棐墓坊石

恩榮七誥佳城鬱鬱有龍光

右刻今置黄橋公園。地上高二百二十四厘米許，方約三十七點五厘米。框寬約十六點五厘米，高約一百二十厘米。楷書，徑約九厘米。

又有柱頂二，高約九十厘米，徑約三十五厘米。

宗祠碑記

宗祠

碑記　勸捐

右刻今嵌何氏宗祠大廳東壁。額寬約八十九點五厘米，高近四十九厘米。身寬約八十九點五厘米，高約一百四十厘米。座寬約一百厘米，高約七厘米，深約六厘米。楷書。「宗祠碑記」四字爲額，雙鈎，徑七厘米許。碑文被鑿，僅「勸捐」二字隱約可辨，徑近三厘米。

附。〔一〕〔二〕〔三〕〔四〕〔五〕

〔一〕修真佛堂告示碑：

泰興縣知事阮，爲給示勒石事：案據黃橋鎮公民成德寅呈稱「切民住居黃橋鎮，創有住宅店房數處。乃民妻曹氏與三女慧明素好誦經供佛，虔誠修道，由坤道師顧培德保舉民妻曹氏□立道名玉清。續三女慧明物故，民妻玉清以世界皆空，虔修佛道更誠，朝夕誦經供佛，清守佛□。因思民既有住宅數處，居有寬餘。是以願將所置宗鏡庵前西首坐西朝東瓦住房一所，經□□造，前後三進，每進三間，又坐北朝南瓦厢屋五間，連同基地二畝，其地東、北二止王界，西止路心，南止宗鏡庵地界，及院墻等，一并施歸玉清，改建修真佛堂，收徒傳道。嗣後，該堂永歸玉清保管，師徒相傳。但該房及地既然改就佛堂，民之子孫等均應遵守遺命，不能復行收回。玉清師徒等亦不能改志忘爲，私將該堂變賣。粘呈該房地契。據呈乞備案，已蒙批准。恐該堂年久，徒等不知創建之緣因。縣署雖然有案可稽，而堂内無迹可考。再乞准予給示，以便刊勒石碑，而垂千古」。等情。據此，查此案前據該公民呈請，業經批准備案。在案。據呈前請除批示外，合行給示勒石。爲此示，仰該族人等知悉。須知該公民成德寅願將所置住房改建佛堂，係爲曹氏玉清收徒、傳徒、静修之處。凡爾族人不能復行收回，即玉清師徒亦不得私將該堂變賣。其各凛遵，毋違。切切。特示。中華民國十六年三月八日告示。

右刻今置何氏宗祠。寬約七十四厘米，高約一百三十七厘米，厚約十二厘米。下有榫，上寬約十九厘米，下約十六厘米，高約八點五厘米。楷書。「泰興縣知事阮爲」七字居右，徑約五厘米。「中華（略）告示」十三字居左，徑約四厘米。餘共十三行，行三十五字，徑約二厘米。「十六年」下刻「泰興縣印」白文篆印，外方約六點四厘米，内約五點五厘米，字徑二厘米許。

縣志續卷一〇下人物志第五之五列女下：「成元祥女。名慧明。事父母孝。守貞不字。年已二十七。」

丁正祺黄橋記憶黄橋的碑石磚刻木刻「成氏佛堂碑」條：「老鄰居告訴我，此乃成大德藥店老闆劃給大老婆的産業，怕小老婆的子女來争而呈縣立案的。」

致富橋題字：

咸豐己未年

民國己卯年

致

富

橋

里人重建

右刻二。寬約二百四十六厘米，高約四十八厘米。楷書。「致富橋」三字雙鈎，徑約二十七厘米，款徑近六厘米。

睫園門額：

睫

園

右東向。

鋤

月

右西向。

右二刻在今丁文江故居内花園東門門額。東向者，寬五十二厘米許，高約三十二厘米，楷書，徑約十五厘米。西向者額爲扇形。

〔二〕插屏式座屏風題字：

醉鄉之宜十有一：醉花宜晝，醉雪宜夜，醉月宜樓，醉暑宜舟，醉山宜幽，醉水宜秋，醉佳人宜微酡，醉文士宜妙令、酌無苛，醉豪客宜揮觥、發浩歌，醉將離宜鳴鼉，醉知音宜樂侑、語無它。天啓壬戌，夏時行。

右刻今置何氏宗祠。寬約一百一十三厘米，高約二百三十點五厘米，深約七十厘米。底座嵌「鶴鹿同春」透雕，寬約八十點五厘米，高約四十六厘米。屏心寬近八十六厘米，高約一百一十六點五厘米，刻醉鄉之宜十有一。共七行，行十一字。隸書，徑約八厘米。末以行書署「夏時行」，寬約二厘米。款下刻「夏時行印」「深山野人」二朱文篆印，皆方約三點四厘米。（參考林任申明代插屏發現記，林任申、王扣明

標注醉鄉之宜十有一）

李詡戒庵老人漫筆卷四：「田汝成醉鄉律令一篇，其引云：『皇甫嵩作醉鄉日月，條刺飲事三十篇，自謂酒史之董狐矣。第其叙述稍冗，肯綮弗章，讀之不能無遺悵焉。予也陸沉丘壑，托契麴生。晨夕相從，情好甚篤。惜其風味久溷於俗子，而品咏未罄於高賢也。取皇甫氏之意而芟繁撮要，易其未然而補其未備，著爲醉鄉律令一篇。庶使湎身濡首者有所禁而不淫，齊聖温克者有所循而益謹爾。嗟乎。選勝賞心，能無崇飲。千鍾百榼，貴在德將。在昔賢豪，咸非懵者。酒中之趣，先得我心。予誠有味於酒乎，聊以韜精光、澆磊落耳。嘉靖三十年春三月，逃禪子書於西湖社中。』醉鄉律令：『醉鄉之宜十有一：醉花宜晝，醉雪宜夜，醉月宜樓，醉暑宜舟，醉山宜幽，醉水宜秋，醉佳人宜微酡，醉文士宜妙令、酌無苛，醉豪客宜揮觥、發浩歌，醉將離宜鳴鼉，醉知音宜樂侑、語無它。』酒徒之選十有三（略）」

乾隆如皋縣志卷三〇文苑傳：「〔清〕夏時行字寅甫。邑庠生。幼悲風木，村居守墓於夏家岱。父嗜魚膾，每時祭，必薦鮮鱗。一日，值歲旱，嘆『星罶』，清晨臨溪籲河伯，遇童子持竹罶置涸流取鮒，倏有鯉入罶中，長二尺餘，持歸祀饗，鄉人稱其孝等王琅玡焉。工詩文，尤善書法。鐵畫銀鈎，中鋒直追顔、柳，真草篆隸俱精。皋人珍藏甚夥，四方無不推重。風規古峻，奕奕乎見其字想見其人焉。」

竹刻對聯：

花朝命友牽紅艇

涼月彈琴上小樓

石庵

右刻今置何御史府展櫃内。行楷。款下刻「劉墉之印」白文篆印、「石盦」朱文篆印。

陳氏墓石：

清故振卿徐公原配陳氏之墓

嘉慶十二年二月　（缺）立

右刻今置黃橋公園。寬約三十三點五厘米，高約一百四十一厘米，厚約十五點五厘米。楷書，正文十二字徑近七厘米，款徑四厘米許。

隸書石柱：

山水湍流快人清聽

右柱一。

緑藏書榻松葉凌雲

右柱二。

右二刻今置黃橋公園，另配柱二建四方亭。高近三米，方約二十厘米。隸書，寬約十四厘米。兩句不相對偶，恐非一聯。（聞於丁正祺先生）

〔三〕其他無考石刻：一刻「流芳百世」，散落黃橋公園；一刻「里人公建」，作黃橋公園石橋橋板；一刻「利濟經營」，嵌西寺橋橋墩；一刻「琴鶴堂□」，在真武廟左右。今皆亡失。（聞於王程先生，并攝以示余）

〔四〕丁正祺黃橋記憶黃橋的碑石磚刻木刻「買地券」條：「趙場某人家有一方磚，上有綫刻文字：『正德十六年辛巳十二月己卯朔，越十九日丁酉，直隸揚州府泰興縣太平鄉十六都黃橋鎮居住信士何琢，伏緣故兄何珙買得墓地一方，長十三步、闊十五步，前青龍後白虎上朱雀下玄武（略）』字不規則，似草草了事，從字義看是買地券，放置墓前給鬼鄰看的。」泰興何氏家乘譜傳載珙、琢皆樾子。何御史府藏弘治中太平鄉十八都錢姓「幽堂證券」一方。（丁正祺先生嘗拓數紙）

丁正祺黄橋記憶古街老店「王家巷」條：「何氏大院在韓宅東鄰，前臨王家巷，後至小巷，前後有五進共30間屋。臨街五間中，西三間是店房和大門堂，東兩間後有小天井，是清末秀才何卓甫的書房。向後有一堵隔墻，門旁嵌有鐫了『秀才』二字的青石。」

戴家賓黄橋鎮最早電源耀黄電燈公司：「1988年編寫泰興縣電力工業志書時，曾於黄橋南壩橋外一居民家中發現『耀黄電燈公司奠基石』一塊。可惜當時衹拍了照片。」

〔五〕飲仙草聖帖一卷，唐張旭臨晋王獻之書，清汪小圃鐫。北京大學圖書館藏清拓本，首題「唐長史張旭書」，刻簽題「飲仙草聖」，别名「張旭臨王獻之草書帖」此石刻於泰興縣，後佚。一九八三年，第一石出黄橋鎮。（據「北京大學數字圖書館古文獻資源庫」網站）一石今置泰興市博物館，爲奉别帖。（丁正祺先生嘗拓另一石鵝群帖數紙）

後記

二〇一七年九月二十六日，我在保研面試時説，打算編寫一本記載黄橋鎮的自然、政治、經濟、文化、社會、人物等情况的書。在斷斷續續、孜孜矻矻之後，終於基本實現了這一願望。

該書得以完稿，離不開程杰、葛恒剛兩位老師，丁正祺、張定、何蔭吾、吴曾蔭、王永生、黄國建、何雨生、周新天、王程、王德甫、閭啓文、尹之麗、袁春偉諸位先生，羅强、石光澤、周翊、丁佳浩、張運、李志睿、胡大力、李超、李江才、喬梁、吕建業、張益諸位好友的幫忙。該書得以出版，離不開黄橋歷史文化研究會，特别是劉鵬旋、何雨生兩位先生的支持。劉鵬旋先生特地請了陳仲明先生題寫書名。編輯徐珊珊女士提供了很多意見和幫助。家人給予了很多關心和支持。這些都使我銘感。

當然，該書還有許多缺點和錯誤，尤其是没有引用吉林大學圖書館收藏的泰興縣志稿，所以懇切地希望得到大家的批評。

二〇二〇年二月一日